U0904105

日本史をこう読めば良かつたのに

你早该这么读日本2

揭开维新后狂热外侵的真相 剖析废墟中经济飙升的秘密

郝 雍◎著

CNS PUBLISHING & MEDIA 中南出版传媒 湖南文艺出版社 HUNAN LITERATURE AND ART PUBLISHING HOUSE 博集天卷 CS-BOOKY

【前 言】

在世界各国走向近代化的例子中，日本无疑是最耀眼的一个，它是亚洲近代唯一实现现代化的国家，而作为日本近邻的中国被远远地甩在了后面。创造这一奇迹的是世界史上赫赫有名的“明治维新”，它让日本华丽转身，犹如“彗星那样登上了世界舞台”。

日本是中国“搬不走的邻居”，无论如何，中国与日本还要世代交往下去，雾里看花只能剪不断、理还乱，知己知彼才能通达文章、交流合作，才能知道如何在矛盾交织中一起走下去。然而，弄懂日本、弄懂日本人谈何容易？因此，知难而上，正是我辈不可逃避之责任。

今日之果，皆缘于昨日之因。要理解日本的现在，就要穿过扑朔迷离的表象去了解日本的过去。明治维新，让日本成为亚洲弱小、落后国家竞相效仿的对象，但是，强大起来的日本帝国却走上了侵略之路，“大东亚共荣圈”的迷梦，让东亚、东南亚各国人民备受战争的蹂躏。然而，走上军国主义、法西斯化的日本如昙花一现，其六七十年来积累的现代化成果在战争中几乎丧失殆尽。

战后，日本迅速复兴和崛起，“全球出击”，一跃成为世界第二经济大国，被称为世界经济中“耀眼的太阳”，这番神奇的力量让其他国家亦喜亦惧。然而，从 1991 年开始，泡沫经济一夕决堤，日本神话再度覆灭，此后近 10 年时间，日本一直在低迷中徘徊。进入 21 世纪，日本经济又焕发出勃勃生机，又一次让世界目瞪口呆。

日本现象成了全世界所关注、研究的对象，仁者见仁，智者见智，日本近代史更是众说纷纭。不可否认的是，在这个时代中，涌现过无数鲜活生动的传奇人物以及足可铭记的故事，客观地看待这些历史有助于我们更好地处理中日关系。

本书试图对日本近代做一次全面的扫描，在记录历史的同时也间或阐发作者的一点浅见，尽量以浅显易懂、轻松活泼的笔调来叙述日本过去发生的事情，尽力把那些重大的历史事件，有关经济、文化、政治的主要方面以感性的、不太枯燥的方式展现于读者面前而同时又不流于泛泛。

一 明治时代——走向新格局的开端 /1

明治时代缔造了一个传奇。一场自上而下的改革，将一个曾经又小又穷、资源贫乏的国家推上了可以与西方列强比肩的地位。

二 大正时代——信心爆棚，野心扩张 /73

外面的世界没有想象的强大，只要有实力，曾为“东方小夷”的日本也可以成为世界的霸主。中日甲午战争、中俄战争的胜利，让日本验证了自身的实力，也增强了空前的自信，太阳照射到的地方，能否都成为天皇的土地？

三 陷入战争——世界大战的泥潭 /151

法西斯统治下的日本歇斯底里地疯狂和残忍。从卢沟桥事变开始，直至战败投降，法西斯化下的日本在践踏他国的同时，也蹂躏着本国的人民。然而，邪恶总是以失败收场。妄图吞并世界的人，最终两手空空。

四 昭和中期——被占领的岁月 /189

1945年8月，随着两朵蘑菇云先后在广岛和长崎升起，大梦初醒的日本人终于竖起了免战的白旗。从此，日本开始了长达近七年的被军事占领时期。在这一时期，由于东亚形势的转变，美国对日政策的转变，为日本的政治经济转型创造了条件。日本以此为契机，加快了重新崛起的步伐。

五 昭和后期——日本可以说不 /223

20世纪50年代中后期到70年代初期是日本高速发展的时期，经过十多年的休养生息后，日本一跃成为仅次于美国的世界第二经济强国。日本在成为经济强国后，不少日本政治家和民众不甘心成为美国的附庸和打手，逐渐产生了重新成为政治大国的愿望，开始执行独立自主的外交政策。正当日本人跃跃欲试，准备大干一场的时候，连续两次石油危机，使日本想成为政治大国的计划被迫搁浅。

六　危机再起——应对新世纪的挑战 /263

日本经过短暂的经济复苏，又进入新一轮的经济衰退期。随着日元进一步的升值，日本的泡沫经济大崩坍，经济陷入了长期的停滞阶段。与此同时，随着日本首相参拜靖国神社和教科书事件，日本国内的军国主义出现死灰复燃的苗头，右翼势力开始抬头。这些不仅使日本发展前景堪忧，也给亚太地区的局势笼罩上了一层阴影。

一 明治时代

——走向新格局的开端

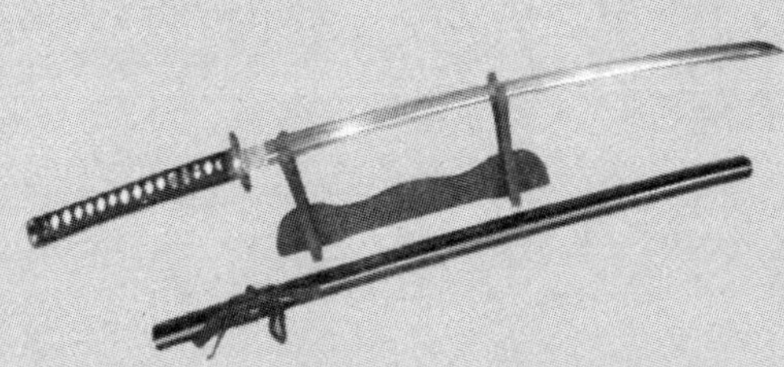

明治时代缔造了一个传奇。一场自上而下的明治维新，将一个曾经又小又穷、资源贫乏的国家推上了可以与西方列强比肩的地位。其间发生了太多太多动人心弦的故事，成功的，失败的；崛起的，没落的；丑陋的，美丽的……过去的一切仍吸引着世人不断地回头望，那一个个离去的背影造就了一个个永不褪色的传说。

明治时代之父——小栗忠顺

日本有一种妇孺皆知的妖怪，妖力十足，上天入地无所不能，曰“天狗”。它穿着修验僧服和高齿木屐，脸色赤红，鼻子很高，身材威猛，住在人迹罕至的深山老林中，具有神秘、强大的超能力，轻轻一挥就可以将人类撕成碎片。它背上生有一对翅膀，可以在天空自由翱翔，它还有一把宝扇，威力堪比铁扇公主的芭蕉扇，扇风所到之处，飞沙走石，大树连根拔起。

如果用天狗来形容一个人，那这个人必定具有非同一般的能力。日本人民将这一光荣的外号送给了一个人——小栗忠顺，明治时代之父。

当年德川家康打天下，小栗忠顺的祖上一直追随其左右，功成之后小栗家自然少不了高官厚禄，小栗忠顺的父亲就是幕府的高官。所以说，小栗忠顺系出名门，家庭背景不错。

小栗忠顺铜像

但是，小栗忠顺实在是一个让父母头疼的孩子，一点也不让大人省心。他生就一副倔脾气，想干什么就一定要干什么，别说牛了，天狗都拉不回来他，任凭父母如何打骂，他依旧“劣性”不改。

虽然劣迹斑斑，但作为“官N代”，小栗忠顺17岁就进入幕府工作了，可对官场潜规则他是一点不买账，比如做官要低调等，他大少爷根本就不吃这一套，不管是什么时间、什么地点、什么场合，只要他大少爷高兴，什么都敢说、什么都敢干，没过多久，整个幕府都让他给搅得鸡

飞狗跳，撤他的职那是意料中的事。

不过，小栗忠顺确有才能，幕府里倒有个把人很欣赏他，如幕府重臣井伊直弼，所以小栗忠顺东山数起，仍旧在幕府当差。

1860 年，小栗忠顺和胜海舟等人被派往美国公干，在此之前，绝大多数日本人还从未与美国人有过接触，头一次与外国人交流难免露怯，可小栗大少爷不是一般人呀，虽然他此前也从未与美国人有过交往，但是人家会装，不卑不亢，侃侃而谈，搞得美国人还以为他是日本代表团的头儿呢。

到了美国，自然要参观考察一番，需要说明的是，小栗忠顺等人是真参观、真考察，可不是乘机借着公款参观美国的红灯区，考察人家的女人。小栗忠顺考察的是美国造船所，可能是因为小栗忠顺出众的个人风度，折服了陪同的美国官员，让人家一下子对他说了掏心窝的话。

这位美国官员说日本的海军建设方法存在极大的问题，这让小栗忠顺一惊，又十分不解，因为在海军建设方面幕府可是花了大钱的，买的都是各国最先进的军舰，这会有什么问题呢？这位美国官员吊小栗忠顺的胃口，说军舰是用来打仗的，打坏了怎么办？小栗忠顺觉得这个问题很白痴，坏了就修呗，这还用问？美国官员“嫣然”一笑：“您会修？”不会，不但小栗忠顺不会修，整个日本也没人会修，日本还没有修军舰的技术和人才，小栗忠顺沉默了……

是啊，日本是从各国买了不少很先进的军舰，但是对军舰的维修是一无所知，甚至连如何使用都还没有搞懂，水平还停留在打方向盘、鸣几下笛这样最最简单的操作上，这要是拉出去打仗，别说坏了怎么修了，就是能不能打都是个问题，强大的海军不应该是这样子的。

小栗忠顺沉默地思考，让那位美国官员觉得他孺子可教，他弯腰捡起一枚小小的螺丝钉，意味深长地说：“连一枚螺丝钉都造不出来的国家，却妄想拥有强大的海军，怎么可能？就算买再多、再先进的军舰，除了浪费钱外，不会对日本的海军发展有任何好处。”

这话实在有损大日本国的体面和自尊，听着实在刺耳，但刺耳的大都是忠言。沉默过后，小栗忠顺伸出双手，接过那枚螺丝钉，紧紧地攥在手心里，然后给这位美国官员鞠了一个标准的日本躬，满怀感激地说：“您的话非常

有道理，我牢记于心，多谢您的赐教！”

说干就干一向是小栗忠顺的风格，他回国之后立马就向幕府提出了建造日本军舰的计划，他的计划是这样的：先整一家铁厂，最起码造出日本螺丝钉来，然后再搞一家造船厂，建造日本牌的军舰。这绝对是一个具有长远战略眼光的计划，一条强国必走之路，但当时明白这个道理的日本人没几个，因此当小栗忠顺这计划一出来，立刻招致了一片反对声。

反对者认为小栗忠顺此举是脱裤子放屁——多此一举，自己造的是军舰，买的也是军舰，同样是军舰，何必非要自己造呢？自己造多麻烦，又是螺丝钉又是造船厂的，那玩意儿得花几年才能造得出来吧，那得花多少钱，敢情不是你掏腰包？再说了，就算造出来能赶上世界先进水平吗？还得发展N多年吧，那军舰不还得向外国去买？这么算下来还不如直接从外国买合算。

这要换了平常人，估计也就偃旗息鼓了，可小栗忠顺天生一副驴脾气，认准了的事那是非干不可（天意呀，日本注定要强大一回），他坚持自己的主张，一副众人皆醉我独醒的姿态。还别说，真有人吃他这一套，这人就是幕府末代将军德川庆喜，他大手一挥，小栗你干去吧，钱不是问题。一把手都说话了，下边的人也不好再反对，于是小栗忠顺风风火火地干了起来。

经过一年多的考察和准备，当时日本最大的横须贺造船所终于开工了，并且思想新潮，外聘了法国人莱昂期·维尼作为总工程师。这件事对日本来说意义非凡，莱昂期·维尼带来了西方先进的企业管理制度和理念，如加班、企业员工培训、雇佣规则，等等。日企能有今天的成就，与小栗忠顺的功劳是分不开的。与此同时，幕府在横滨开设了一所法语学校，教授法语。

正当小栗忠顺野心勃勃地建设日本海军之时，他所效忠的幕府已是风雨飘摇。鸟羽伏见会战中，幕府军一败涂地，士气大落。是战是和，大臣们吵得不可开交。以德川庆喜和胜海舟为首的一派，主张投靠新政府，以求得新政府保留其一些土地和财产，而小栗忠顺则是个坚定的主战派，他说：“我是德川家的家臣，自然要效忠德川家。江户幕府自德川家康将军开创以来，已有两百多年的历史，历经十五位征夷大将军，无论如何您不能让祖上的基业断送在您手中啊！”那意思就是要德川庆喜宁死不屈，别给祖宗丢人。

但牺牲身家性命这样的伟大事情德川庆喜将军大人可从来没想过，安享富贵才是最现实的。所以，他虽感到脸皮羞红，但仍不改初衷。小栗忠顺意图力挽狂澜，他陈述了自己的作战计划，就是在箱根设下重兵，引新政府军在此决战，然后再派榎本武扬率海军从海上对新政府军施行炮火打击，绝对万无一失。但是德川庆喜和胜海舟觉得这个计划过于冒险，一旦失败，连同新政府谈判的资格都没有了，因此否决了小栗忠顺的提议。

新政府军的总指挥是大村益次郎，多年之后的一次偶然的机会，他得知了小栗忠顺对付他的这个作战计划，不由得惊出一身冷汗。他情不自禁地摸着自己的脖子，喃喃自语道："天皇保佑，幸亏没真那么干，要不然我的脑袋早搬家了。"

更遗憾的还在后头，否决了小栗忠顺的作战计划后，德川庆喜又说："小栗呀，农村是个广阔天地，在那里是可以大有作为的！"一句话，小栗忠顺被免职撵回了老家去种地。这也不能全怪德川庆喜，幕府军节节败退，他已经没了信心，只想与新政府求和，而小栗忠顺是个死硬分子，每次开会都是喊打喊杀的，让领导难以做人，只好让他到农村去"战斗"了。

虽然被逐回了农村，小栗忠顺也不泄气，一心搞起了农业建设。他在老家开设学校，让那些家庭条件不好的学生也有受教育的机会。并且又是修路又是搞水利建设，一副要在农村扎根的样子，日子倒也过得平静。

正当小栗忠顺快要变成农业专家的时候，新政府军找上了门。干吗？要钱！

新政府无缘无故的怎么会向小栗忠顺要钱呢？这就要怪小栗忠顺自己了，当初搞什么造船所，花钱如流水一般，手笔大得惊人，前后大约花了四十万两黄金，让大家都误以为他手里有一笔秘密"巨款"，所以花起钱来不知道心疼。

关于这一点，日本人民充分发挥了想象力，竟传出了"德川藏金"的谣言。并且还把这"德川藏金"的来龙去脉说得有鼻子有眼的，说这笔金子是被暗杀掉的幕府大佬井伊直弼埋藏下来的，他预感到幕府的危机，于是提前将一大笔黄金埋藏起来，并将埋藏地点告诉了他最信任的人——小栗忠顺，

还说什么“等幕府最需要的时候挖出来用”。井伊直弼死了，小栗忠顺成了唯一的知情人，于是也成了江湖追杀的对象。

德川庆喜投靠了新政府后，新政府的人立刻迫不及待地找上门来，连哄带逼，勒令小栗忠顺交出“德川藏金”。唉，这也不能怪新政府猴急，新政府穷啊，一听说有“德川藏金”，不管有枣没枣，先搂一竿子再说，没多总该有少吧？

不过，新政府这么笃定也不是没有理由的，因为小栗忠顺在幕府的公职是勘定奉行，相当于财务大臣，管钱的，财神爷，幕府有多少钱、这钱在哪儿，他应该门儿清啊。他要说没钱谁信呢？

“德川藏金”在哪儿埋着呢？小栗忠顺答：什么藏金？我怎么不知道？

幕府的钱放哪儿了？小栗忠顺答：幕府没有钱。

真是敬酒不吃吃罚酒，新政府的人恼羞成怒，随即将小栗忠顺抓进了监狱，严刑拷打，就一个问题：“钱呢？”小栗忠顺始终就一个答案：“没有。”真是茅坑的石头——又臭又硬，恨得新政府军咬牙切齿：“算你小子有种，没有钱那就拿命来吧！”

我得不到的谁也别想得到，新政府抱着这样的觉悟，下令将小栗忠顺斩首示众。执行死刑的当天，得到消息的老百姓纷纷赶来，替小栗忠顺鸣不平。由于群情激愤，与执法人员爆发了肢体冲突，场面十分混乱，眼看局面就要失控，被五花大绑的小栗忠顺喝止道：“安静！你们安静一下！”

为了感谢父老乡亲的深情厚谊，小栗忠顺阻止了他们的无谓牺牲，从容赴死。在处死他的地方，

后人为小栗忠顺在处决地所立的石碑

后人立了一块石碑，石碑上写道：

伟人小栗上野介，无罪却在此处被斩。

上野介是小栗忠顺的官称。

但新政府还是不死心，下令抄了小栗忠顺的家，希望可以抄出点金子来。但他们掘地三尺，也没抄出一两金子来，谁能想到一个财政大臣竟然是个穷光蛋呢？

“找到了！”突然有人一声高呼，众人一阵狂喜：“在哪里？在哪里？”只见一个执法人员捧着一个做工精致的小木匣子，“藏宝图肯定就藏在里面。”有人忍不住说道。众目睽睽之下，小木匣子被打开了，里面包了好几层丝绸，更加印证了大家的猜测。当最后一层丝绸被打开后，所有人都瞪大了眼睛！

“什么？！”他们简直不敢相信自己的眼睛，“螺丝钉？！”这么郑重收藏起来的东西就是一枚螺丝钉？还是铁的。“混蛋，又让小栗忠顺给耍了！”

小栗忠顺无意戏耍任何人，那枚螺丝钉对他来说，比宝贝还要宝贝，是当年他在美国考察时，一个美国官员送给他的。东西虽小，却意义重大，包含了一个日本青年富国强兵的梦想，是日本未来的预言。

是非功过留待历史评说。明治三十八年五月二十八日，日俄在对马海峡大战，日本海军力克强敌，俄国舰队几乎全军覆没。明治政府敲锣打鼓，为日本将士举行庆功宴，日本海军指挥官东乡平八郎受到了最为热烈的欢迎。有人问他：“此时此刻，您最想感谢的人是谁？”

领奖台上的演员一般都先感谢导演，这是标准答案，而得胜的将军一般都先感谢领导，照这样的思路，东乡平八郎应该最感谢“大日本天皇陛下”，但是他思考了一下（估计是在心里挣扎，说假话还是说实话？），回答说：“我最感谢的人是小栗上野介，当年要不是他大力发展日本海军，建造横须贺造船所，就没有我们今天的胜利。”

作为一个经过血与火考验的军人，东乡平八郎明白在战场上什么才是最重要的，高呼一声“天皇万岁”取得不了胜利，实力才是决定一切的筹码。

所以，他选择了说实话，感谢小栗忠顺。

然而，日本为这次胜利也付出了巨大代价：伤亡惨重，国内适龄的男人基本上都被拉去战场了。第三军指挥官乃木希典胜利归国时，悲伤难抑，作了一首诗：

皇师百万征强虏，野战攻城尸做山。愧我何颜见父老，凯歌今日几人还。

乃木希典是少数几个在战争中保持清醒头脑的人，他在庆功会上的第一句话就是："吾乃杀乃兄乃父之乃木是也。"会上顿时哭声一片。

遥远的地方也有人在哭泣，那是中国的东北，这场战争的主战场。在长达十九个月的炮火中，日俄两军拆毁民房、毁坏民田、砍伐树木、驱使民工，给中国东北地区带来了深重的灾难。战后，据清廷方面统计，直接死于炮火的中国人约有两万多人。

泣血的花样年华——白虎队

"把你的心我的心串一串，串一株幸运草，串一个同心圆"，这是 20 世纪 80 年代末、90 年代初期中国台湾歌坛的"小虎队"唱的歌，三个曾经青涩的少年，唱出要"自由自在地恋爱"。青涩的时代本应是做梦的年纪，然而日本幕府末年却有这么一群懵懂少年，一支白虎队，没打入娱乐圈，却向往着战场。

幕府末年烽烟四起，为了对抗新政府，各藩组成了"奥羽越列藩同盟"，挑头的是会津藩藩主松平容保。因为三春藩的变节投敌，同盟军大将西乡赖母在攻打白河城时，一败涂地。

而三春藩的投降，让与其唇齿相依的二本松藩立刻暴露在新政府军的枪口下。识时务者为俊杰，二本松藩内部就有不少这样的"俊杰"，一看新

松平容保

政府势大，就劝老大丹羽长国投降新政府算了。

丹羽长国倒不是孬种，决意与新政府过过招。但是也说了，三春藩与二本松藩是唇齿相依的关系，两家都知根知底的，对于二本松藩的情况，三春藩是门儿清啊。因此，新政府军在三春藩的带领下，很快将二本松城围了起来。

几场血战下来，二本松城内能打的男人基本上都打光了，只剩下些老幼病残孕了。而此时，新政府军在三春藩的引领下，一步步向城内逼近。

穷途末路。丹羽长国已接近疯狂，他把藩内 12 岁至 17 岁的武家少年集中起来，成立了一个二本松少年队，总共有 62 人，由 22 岁的木村铳太郎担任队长。12 岁，大多数孩子还在妈妈的怀里撒娇，他们的思想还是一张白纸，任何一番狂热的言论都能将他们蛊惑。丹羽长国一番大仁大义的演说，让这些还不知战争为何物的孩子热血沸腾，想象着子弹向敌人的身上打去。

那些被送上战场的日本少年被灌输了侵略的思想，一个个变得嗜血残杀。人在少年时最易被洗脑。那些被迫卷入战争的孩子，在很小的时候就知道把敌人引入埋伏圈，以牺牲自己的代价，消灭一大队敌人。无论如何，相信任何一个有良知的人都无法对这样的事情去大加歌颂的。

不管怎样，二本松队的 20 个少年接到了出战的命令，个个一副武士的打扮，腰间别着两把一大一小的武士刀，好几斤重的铁炮压得他们直不起腰来。他们要赶到二本松城南面的大坛口去，丹羽长国想在那里设一道防线，阻挡新政府军的进攻。

在大雾的掩护下，少年队试图穿越森林，沉重的武器让他们步履艰难。毕竟，在这 20 人的队伍里，大约有一半都是不满 15 岁的孩子，最小的队员

久保丰三郎才 12 岁，高桥辰治等六人刚满 13 岁。

很快，少年队就被新政府军发现了，子弹呼啸着从对面扑来，炮弹也一个接一个地在他们身边炸开。面对这突如其来的状况，这些孩子一时不知所措，一开始连躲避都不知道，很多队员还没明白发生了什么事就倒了下去。

队长木村铳太郎毕竟大几岁，他最早反应过来，急忙大喊："撤退！快撤退！"可没等他撤退一步，一颗子弹击中了他的手腕，又一颗子弹打在了他的腰上。这两颗子弹虽说没有当场要了木村铳太郎的命，可是却阻滞了他的行动能力。这时他不急着逃命，而是满脑子"负伤的光荣"、"牺牲的荣耀"，他大声召唤队友，对他们说："我受了重伤，没有力气回到城里了。与其被敌人俘虏受辱，不如现在痛快一死，快，把我的头割下来带走！"

宫本武藏曾说："谁能阻止少年武士赴死？他们听不到，斗士的剑一挥出，必会听到战败者的哀号。"少年的狂热带有一种盲目和天真，以为他们的剑一挥，就必定会"听到战败者的哀号"，事实是，他们还没弄明白"挥剑"的意义，那颗年轻的头颅就滚落了下来。

杀人如同砍瓜切菜？此时此刻，这些少年队员们不再这么认为，单是割下木村铳太郎的头就费了他们一番力气。

一个人头大概有多重呢？这个实在不好说，活人不好称量，死人也不好冒犯，医生好像没在这方面发表过意见，那些干过碎尸的好像也没心思做这项工作。还好，单田芳评书有讲，说一个人头八斤半。

八斤半对一个孩子来说太重了，何况他们还要逃命，以至于不得不让两个少年队员一手拽一把头发，拎着木村铳太郎的头在大雾中狂奔。

而此时，在二本松城里，连个像样的男人都没有了，新政府军没费多大力气就将其拿下了，藩主丹羽长国逃去了米泽。少年队员们的牺牲没有任何意义，20 人的队伍，最后只有 5 个人幸存下来。

拿下了二本松城，新政府军指挥官大村益次郎决定攻打会津藩。会津藩可是块硬骨头，那里不但地势险要，易守难攻，而且会津藩战斗意志坚决，老大松平容保誓要与新政府军死磕到底，西乡赖母曾劝他投降，结果被他关了禁闭。

新政府军也不敢轻敌，集结了 75000 人，向会津藩杀来。但是刚刚说过，会津藩地形险要，通往会津的道路倒有十几条，但是“这里的山路十八弯”，没一条是好走的，大部分都是羊肠小道，不利于大部队行军。查来看去，只有一条路可以选择，那就是母成峠。母成峠后面有个猪苗代湖，湖边有个日桥川河，河上有座十六桥，过了这座桥，就离会津城不远了。

新政府军打什么算盘，会津老大松平容保是一清二楚的，所以他对母成峠加强了防守，派大鸟圭介在那里坐镇。可惜呀，松平容保所托非人，就如同当年的诸葛亮派马谡去守街亭一样，大鸟圭介君可以说是日本的赵括，说起兵法，不管是东洋的还是西洋的，他是张嘴就来呀，可一上阵就露了原形，之前打白河口时，他没开一枪就逃跑了。

新政府军本来也没幻想松平容保突然老年痴呆，忘了在母成峠设防，完全做好了强攻的准备，拿几个人当炮灰，不惜代价拿下母成峠。谁知到了母成峠，发现对方把兵力都布置在正面，正等自己送上门去找死，而侧面则没什么防守。新政府军当然不会傻到送上门去让人打，悄悄从侧面发动了攻击。

在侧面防守的会津士兵刚一交战便败退闪人了，大鸟君逃跑时一向不落于人后，见新政府军杀来，立刻挥一挥衣袖：咱们撤退。领导都跑了，手下的人也紧跟领导的脚步，溜之乎也。不到半天，新政府军就占领了母成峠。

接下来就好瞧了，会津藩军在前面跑，新政府军在后面追。到了下一道防线十六桥，会津军士气全无，一打就跑，新政府军很轻松地又拿下了十六桥，直逼会津城。

再说说这位大鸟圭介君，绝对的好战派，军事理论学得呱呱叫，就是实战不行，打了大半辈子仗，就没一次打赢过，屡战屡败，再战再败，别人都替他脸红，他自己倒说：“本官虽然没有将才，但有将器，本官怎么输也始终面不改色。”无语了。

不过，大鸟圭介君倒是一个忠心耿耿的人物，死不投降，与新政府军一直战到了最后，被俘后送进了监狱改造。后来天皇特赦，被放了出来，替新政府工作，被改造得很成功。1889 年，大鸟圭介君出任驻中国特命全权公使，后来又转任驻朝鲜特命全权公使。中日甲午战争中，这厮扮演了极为重要的角色，此乃后话。

再说眼前，会津城里，松平容保急得如热锅上的蚂蚁，没想到新政府军这么快就杀到家门口了，可眼前能领兵打仗的人都没有了，只剩那个还在关禁闭的家伙西乡赖母。情势危急，松平容保只得把西乡赖母放出来，想给他一个戴罪立功的机会。

可西乡赖母一张嘴就让松平容保投降，把松平容保气得够戗。西乡赖母说得也不是没有道理，会津城现在势孤力单，兵力大部分都被派到各个关口防守去了，就像刚被新政府军扫平的二本松城，城里面只剩下老弱病残了，还有一支白虎队。

松平容保

白虎队，名字听起来很威风，其实是由12岁至17岁的少年组成的，是会津藩未来的生力军。其中，白虎队一番队的队员是精心挑选出来的，负责松平容保的保卫工作，有一些战斗力。但其他几个番队的队员比普通孩子强不了多少，要是真让他们跟那些拿刀扛枪的武士去打，基本上等同于把羊羔扔进狼群。

西乡赖母大声疾呼："大人，难道您打算让这些孩子去跟敌人血战吗？万万不可呀！您明明知道他们一去只能是送死啊！"松平容保不理会他，只在那里来回踱步，沉思了良久，他毅然地说："事已至此，只有让白虎队上了！"

西乡赖母刚要张嘴说什么，"我会和他们一起去。"松平容保又补充了一句，表情坚定而沉静，西乡赖母只能垂头流泪了。

相对于西乡赖母的沮丧，白虎队员们却是兴奋异常、跃跃欲试，他们早就希望能像个真正的武士那样，拿起武器，用大刀向敌人的脑袋砍去。所以，

他们嘲笑西乡赖母，说他是个胆小鬼。

白虎队员们都毕业于同一所学校，就是会津藩的藩校日新馆。当初，会津藩的家老田中玄宰，极具长远眼光，认为“会津藩想要兴隆，就必须依靠人才”，有人才就必须有学校。因此，会津藩耗费巨资建了日新馆，送会津子弟到里面学习，以备将来之用。

同任何学校一样，日新馆也有自己的校规，一共有七条，不多，看起来也很简单。不过，越简单的越不容易做到，举一个例子，校规之一“不得在外和陌生女子搭讪”（这不是要某些人的命吗），貌似能做到这条的人没几个。

如今，曾受过这些严苛校规约束的白虎队队员，在老大松平容保的号令下，在会津城下集结起来，一共三百多人，一人持一杆老火枪，肩膀上有一个白底红圈的臂章，算是标明他们的身份。

最先出发的是士中二番队，接到的命令是夺回被新政府军攻占的十六桥。士中二番队的队长叫日向内记，已经四十多岁，是队中唯一的成年人。

出发一个多小时后，命令再次传来，要求他们火速驰援户之原的会津守军，他们正在那里与新政府军激战。队员们士气高涨，为了加快速度，队长日向内记让所有的队员把干粮和暂时用不着的东西存放在一个茶屋里，大家轻装前进。

到了户之原后，队员们立刻与新政府军干了起来。这伙新政府军的主力是以能打、打起仗不要命而著称的萨摩人，虽然白虎队员们也抱着不是我亡就是你死的决心，但毕竟双方实力太悬殊了，不出意外的话，这些白虎队员很快就会变成死虎。

幸好此时有一支会津敢死队杀了过来，上来就对新政府军一阵猛砍，孩子们这才捡了一条命，队长日向内记带着他们撤退到一块长满野草的湿地，隐蔽了起来。

打仗可是个体力活，之前又是急行军，白虎队员们隐蔽了一段时间后，头脑渐渐从战斗的紧张中冷静下来。突然几声异响此起彼伏地在队员中间响起，那是他们的肚子在叫。今天体力消耗得太多，再说天色近黄昏，也是吃晚饭的时候了。可队员们摸遍全身，一个饭团也没有，倒是摸着几块金币，

可这有钱也没处花呀，所有的干粮都还在别处放着呢。

饥饿难忍，这样下去也不是办法，队长日向内记说：“我去敢死队那边搞点吃的，很快就回来。”可是到了月黑风高时，日向内记也没回来，孩子们饿得眼冒金星。偏偏老天不开眼，又下起了瓢泼大雨，饥寒交迫的白虎队员决定兵分两路，在侦察地形的同时，伺机弄点吃的。

队长日向内记去哪了呢？他迷路了。他也不知怎么走的，敢死队没找着，七拐八拐地竟然回到了会津城。就算现在折返回去，他也未必找得到他的队伍，所以，干脆留在城内战斗吧。

他队长倒是干脆了，那些孩子们可是令人揪心。

话说白虎队员分成了两路，其中一路由筱田仪三郎带领。筱田仪三郎这孩子真是初生牛犊不怕虎，竟带着大家去偷营，想法是很好，可人选不对。一群小孩子摸进敌营，简直如同肉包子打狗呀。

结果可想而知，这些队员还没开始偷袭呢，就让新政府军发现了，没过几招他们就败下阵来，大家撒腿就往回跑。可是天黑路滑，他们慌不择路，一口气跑到了饭盛山脚下。

山脚下有左、中、右三条岔路口，老天爷呀，这时候出什么选择题呀。没时间考虑了，他们各自随意选择了一路，接着逃命。除了酒井峰治，其他的队员不是向左就是向右，也就是说，只有酒井峰治一个人选择了中路。

左、右两条岔路在山腰处又汇成了一条路，所以选择这两条路的队员又聚在了一起，总共有 20 个人。

选择题又来了，向下走还是向上走呢？筱田仪三郎觉得向下可能还要和敌军交战，不如向前进吧。可前进的道路是一个黑魆魆的、一眼望不到头的山洞，没办法，大家只好壮着胆子钻了进去。

还好。大家胆战心惊地穿过了山洞，发现自己就在饭盛山的山顶，阳光格外灿烂。正当大家为劫后余生欣喜时，突然发现会津城冒着浓烟，到处是火。大家都呆了：我们的城池沦陷了？

又饿又累，加之逃命急奔，让这些无助的孩子彻底陷入了绝望，他们不禁哭了起来。自己的父母和朋友可能都战死了吧？他们该怎么办呢？武士的

热血涌入他们年幼的心里。

筱田仪三郎一脸痛苦和悲伤，说："现在，是切腹的时候了吧？我们就在这里自尽吧。"

孩子们跪在地上，朝着会津城的方向，磕了三个头，脱下了上衣。刀锋在阳光下闪闪发光，映射在他们还显羸弱的胸膛上。

这是武士的时刻，筱田仪三郎大声背诵起文天祥的《过零丁洋》：

辛苦遭逢起一经，干戈寥落四周星。山河破碎风飘絮，身世浮沉雨打萍。

惶恐滩头说惶恐，零丁洋里叹零丁。人生自古谁无死？留取丹心照汗青。

牺牲的豪情平静了白虎队员的心，他们要用自己的生命捍卫武士的尊严和自己的铁血丹心。

石田和助再有一个月他就 15 岁了。他腰部受了伤，一直坚持到现在，他把刀对准自己的胸膛，说出了最后的话："腰上的伤实在疼痛难忍，我先走一步了，抱歉！"

一声刀与肉的摩擦声，石田和助倒了下去。

筱田仪三郎割破大拇指，将鲜血涂在石田和助失去血色的唇上："凋落的樱花，依旧鲜艳，死亡，不能夺去武士的生气。"

几分钟后，20 个孩子都倒了下去，阳光下的鲜血比盛开的樱花还要鲜红。

不知过了多久，一个孩子忽然睁开了眼睛，是 14 岁的饭沼贞吉，他是被渴醒的，因为他失了很多血。自尽的时候，他因为人小力弱，没能将自己的喉咙彻底刺穿。他很渴，很渴，想喝水。

一个农民来到了这里，他先是受到了惊吓，然后又感到了惊喜。他惊喜不是因为发现有人还活着，而是因为发现了金子。

金子就在每个孩子的身上。武士经常出征，难免会受伤，出门的时候身上多揣些钱，万一受伤可以出钱让人帮忙照料自己。要是不幸战死，任何看到他尸体的人都可以拿走他身上的钱，但拿走钱后别忘了把人埋掉。

这个农民很高兴地拿走了所有的钱，按照惯例他应该去挖几个坑，把这些孩子埋掉，但是他没有这样做，他想拍屁股走人。当他跨过这些尸体离开时，一只裤腿被什么东西绊住了，他低头一看，一个浑身鲜血的孩子，不断说着“我要喝水”。农民吓得屁滚尿流，发疯似的就跑，那个孩子却死死抱住他的大腿不放手。跑到了山下，这个农民又踢又拽，终于甩开了这个孩子。这个孩子只想找水喝，他爬呀爬，不知爬了多久，终于爬到了一条小河边。他大口痛饮了一番，筋疲力尽地躺在地上。两个农民恰好路过这里，将他抬了回去。

饭沼贞吉就这样活了下来。活下来的还有另外一个孩子，就是那个走中路的酒井峰治，他也差点切腹自尽，正好被人拦了下来。最后，他幸运地找到了组织，回到了会津城。

对于白虎队的一切，是对是错，是忠勇是迂腐还是极端，世人争论到现在也没个结果。这个问题一定要想清楚了再说。

再说说那个拿钱不办事的农民。半年后的一天，他做了一个梦，梦中一只白虎张着血盆大口，狠狠地向他扑来。惊醒之后，他终日精神恍惚，一次上山砍柴，竟掉到山崖下摔死了。

报应吗?

也不尽然吧。人做了亏心事，终逃不过良心的折磨。常言道，日有所思，夜有所梦。白虎入梦，也未必是鬼魂索命，只是人心难安罢了。更何况，老百姓大都信鬼神的，都希望善有善报、恶有恶报，为了让善良的人们得到一些心理安慰，不妨就把这看做报应吧。

东洋俾斯麦——大久保利通

大久保利通，留着络腮胡子，在日本人中非常瞩目，是日本明治维新的第一政客，纵横捭阖铁血无情，顺我者昌、逆我者亡，凡阻挡他改革的人都

大久保利通

难逃灰飞烟灭的下场，因此有“东洋俾斯麦”之称。

大久保利通出生于一个萨摩藩的下级武士家庭，父亲是一个开明藩士，擅长阳明学、禅学，通晓历史。他的外祖父是个医生，精通兰学（因西方文化大都由荷兰传入日本，故称“兰学”。），熟知海外事务。大久保利通自幼受到他们的熏陶，对他以后的政治生涯产生了很大的影响。

大久保利通 17 岁当上了萨摩藩属下记录所的助理，前途看起来颇为远大。但没过几年，萨摩藩内发生了内讧，起因是藩主的接班人问题。其实这也是封建大家庭常见的戏码：大老婆生的儿子和小老婆生的儿子争夺财产，当老子的偏心小老婆，大老婆的儿子不甘心，于是乎想抢班夺权，结果被老子无情地镇压下来。

事儿就是这么个事儿，现任藩主岛津齐兴的大老婆生的儿子叫岛津齐彬，爱妾生的儿子叫岛津久光。爱妾嘛，岛津齐兴自然想让儿子岛津久光接自己的班，支持岛津齐彬的人可就不干了，于是他们密谋政变，不料却让岛津齐兴的爱妾得知，添油加醋地传到岛津齐兴耳朵里。岛津齐兴大怒，立刻对支持岛津齐彬的人进行了无情地镇压，大久保利通的父亲就在被镇压之列，被流放到了鬼界岛（一听就知道不是什么好地方）。作为犯官之子，大久保利通也被免了职，家中还有母亲和三个妹妹要养活，生活的重担一下子全压到了大久保利通身上。

但这无足为惧，大久保利通是属弹簧的，压力越大，弹力也越大。他一面精心照顾家人，一面又和西乡隆盛、有马新七、伊地知正治、小松带刀等人结成一个“精忠组”，共商国家大事，时刻准备着“为国尽忠”。

机会说来就来，幕府的首席老中（德川幕府行政官）阿部正弘支持岛津齐彬，手握重权的他迫使岛津齐兴提前下岗，把位置让给了岛津齐彬。大久保利通和西乡隆盛等人立刻活跃了起来，大久保利通不久官复原职，父亲也停止了流放生活。

28岁时，大久保利通步入了“围城”，爱情丰收了，但事业却不尽如人意，虽说已升为步兵监督，但与大久保利通的理想还相差很远。大久保利通左思右想，想要实现理想就必须拥有权力，想拥有权力就必须得到有权人的赏识，得到有权人的赏识不如自己成为有权人……有了这样的“觉悟”，大久保利通开始大踏步地前进了。

这时，岛津茂久成了萨摩藩的新藩主，不过实际掌权者是他父亲岛津久光，就是上面那位小老婆的儿子。大久保利通琢磨着如何才能与岛津久光套上近乎，正好，大久保利通有个一块儿光屁股长大的朋友税所笃，税所笃的哥哥常陪岛津久光下围棋，在领导面前能递得上话。

要不说多个朋友多条路，这哥俩仗义，在岛津久光面前胡吹乱擂，说大久保利通精通围棋，打遍藩内无敌手，并久仰久光大人的棋艺，一直想与久光大人切磋一番。

“切磋?！”大久保利通差点崩溃，对这哥俩彻底无语了。他们明明知道他是棋盲，竟脸不红心不跳地说他是围棋九段，这不是欺君之罪吗？弄不好非把脑袋“切磋”下来不可！

可事已至此，死马只好当活马医。大久保利通一头扎进税所笃哥哥吉祥院乘愿（这家伙是个和尚）的家里，从零学起，拿出“一万年太久，只争朝夕”的精神，苦练棋艺。乘愿也使出浑身解数，不辞辛苦（谁让他敢吹！），日夜传授围棋秘诀。

事实证明，大久保利通不是学围棋的材料，苦练了一个月，他的围棋水平还停留在业余初段，想要达到专业水平估计还得等个十好几年，但那哥俩与岛津久光约定的时间已到，大久保利通只能硬着头皮与岛津久光“切磋”去了。

岛津久光开始还挺高兴，没想到自己藩内还有一个围棋九段，人才呀，

要培养。但是，几盘下去，岛津久光就不得不思考了……第一盘，大久保利通输得很快很彻底，岛津久光以为他是紧张；第二盘，大久保利通输得也不慢，岛津久光以为他是故意的，还好心地鼓励他不要有顾虑；第三盘，岛津久光怀疑乘愿那个家伙是不是在骗自己（他本来就是呀，唉），还是眼前这个家伙故弄什么玄虚（高人就是这么装出来的）？

这样下棋还有啥意思？岛津忍不住问道："大久保，乘愿那家伙跟我说你非常会下棋。"

"是的，大人，我会下棋。"大久保利通知道关键的时刻到了。

"但以你刚才的表现看，可不像是围棋九段的水平，十分业余。"嗯，领导就是有水平，一看就知道有人是来蒙事的。

大久保利通立马装作很惭愧但又很无悔的样子说："大人明鉴，其实我连业余都算不上，围棋也是刚学的，我太想见大人您一面，所以才……都是我的错，与吉祥院乘愿大师无关，请大人责罚！"

会说话。岛津久光的怒火还没生起来就被掐灭了，他反倒十分欣赏大久保利通的胆识，转怒为笑说："原来如此，算你无罪，回去吧。"

虽说大久保利通的棋臭，但给领导留下的印象不臭，没过多久，岛津久光就把大久保利通调到自己身边工作。虽说这工作不太体面，相当于首长的勤务兵，但所谓近水楼台先得月，升官加速度啊。没用两年，大久保利通就成了萨摩藩的第一秘书，为岛津久光服务，终于进入了到萨摩藩的权力中心。

当上第一秘书没多久，大久保利通就跟随岛津久光一起上洛（就是去京都），在那里成功处理了寺田屋事件，干掉了自己早年的伙伴、"精忠组"的主力成员有田新七。起因也不复杂，大久保利通现在是公武合体派（暂时），而有田新七是尊攘派，两人是道不同不相为谋，便分道扬镳了。

有田新七成立了一个恐怖小组，想搞暗杀，岛津久光便派得力干将大久保利通前去处理。大久保利通深知有田新七的个性及武功，所以他没打算"舌战"，他精心挑选了九个萨摩剑术高手，其中有"高手中的高手"之称的萨摩剑豪大山纲良，直扑萨摩人在京都的聚集点——寺田屋旅馆。

有田新七果然没同大久保利通废话，昔日的战友拔剑相向。不过，大久

保利通没动手，因为他武功太低，他带来的高手三下五除二就将有田新七的人马解决了一多半，有田新七也血溅当场。剩下的几个恐怖分子如大山岩、西乡从道等人，在“高手中的高手”大山纲良的求情下，逃过一死。之所以要提到这几个人，是因为这其中有两个很不简单，大山岩后来成为了日本陆军元帅，西乡从道则是日本海军元帅。

通过这次事件，大久保利通声名鹊起，岛津久光也面上有光，更加对大久保利通信任有加。此后日本发生的政治大事，如大政奉还、王政复古、伏见鸟羽会战等，大久保利通都插了一腿。

在京都待了一段时间以后，大久保利通向天皇提了个建议：迁都，迁到大阪去。迁都可不是小事情，大久保利通这提议一出，立刻遭到铺天盖地的臭骂。这可以理解，特别是对公家人来说，好不容易在京都置了点家业，盖了几间房子，清福一点儿还没享呢，又要从零开始，这不坑人吗?

眼看朝中又吵成了一锅粥，大久保利通只好退而求其次，说这样吧，大伙先去大阪住两天，体验一把，感觉还行的话再迁都。谁料不住还好，一住大家更吵得凶了，把大阪贬得一文不值，连支持他的重臣岩仓具视都说迁都可以，但不能迁到大阪，因为大阪离京都太近了，迁了就跟没迁一样。

无奈，大久保利通只好妥协，大家伙儿得意扬扬地又搬回了京都，心想这回大久保利通不会再出什么幺蛾子了吧? 可没过多久，有一个叫前岛密的人给大久保利通写了一封信，说江户是个好地方，让天皇去那里怎么样? 并且他还考虑周密，说可以借鉴明朝的经验，设两个首都，京都还是京都，江户也搞成首都，如何?

大久保利通眼前一亮，这是个好主意啊。江户确实是个好地方，是当时日本最繁华的地方，自德川家康以来，幕府在那里经营多年，不但经济发达、人口稠密，人均文化水平也高，实在是迁都的不二之选啊。

大久保利通铜像

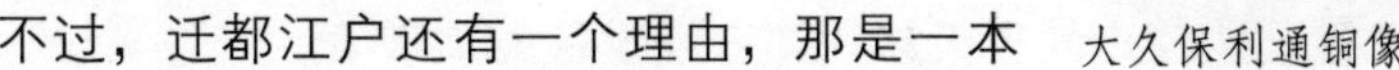

不过，迁都江户还有一个理由，那是一本

书，叫《宇内混同秘策》，是一个叫佐藤信渊的人所写。书中说日本应设立三个首都，京都算一个，另外两个分别是东京（江户）和西京（大阪），天皇应迁到东京居住。不得不说，这人很有远见。

不过，这个佐藤信渊还写了一段话，这段话中国人看了会极端不舒服。他是这样写的：

凡经略异邦之方法，应先自弱而易取之地始之。当今之世界万国中，皇国易取易攻之土地，无比中国之满洲为更易取者。

不用解释，能看这本书的人都能知道上面那几句话的意思，提炼几个关键词就是“中国”、“满洲”、“易取”。

再说《宇内混同秘策》这本书，其实是一个论述侵华方略的学术文章，提出日本想要“宇内混同”，即统一世界，就要先攻取中国的东北，然后再“经略”整个中国，然后冲出亚洲走向世界。

不过，书中这般野心勃勃，也不是没有根由的，书中一再强调：

今夫详知万国地理，以明察我日本全国之形势，可知日本……万种物产，应有尽有。四周环大洋，船舶海运极其便利，万国无双；人杰地灵，勤劳勇敢，迥异他邦。其势堂堂，四海独秀，鞭挞宇内之实力，乃天然齐备焉。若以神州之雄威征伐蛮夷之蠢类，混同世界、统一万国，何难之有哉！噫！造物主恩宠皇大御国，真无以复加矣。

想必这些极具民族自豪感的煽情言论，也大大鼓动了大久保利通的心，何况他本来就是一个野心勃勃的人。

暂且不讨论这本书吧，再说迁都这事，大久保利通又给明治天皇上书，说天皇您搬到江户吧。当然，又是骂声一片。岩仓具视又出来和稀泥，说大家别吵了，老办法，咱们先去江户住两天再说。不过，这一住就再也没搬回来。从明治天皇到达江户的当天起，江户就改名为东京了。

大久保利通是个急性子，强国心切，常想“日本与世界列强并肩”。他很崇拜德国首相俾斯麦，坚信“非常时期要用非常手段”，用铁腕来对付那些反对他的人。有人说他太过激了，他不以为然：“一定会出现过激现象，到那时让后代的政治家去修正好了，如今必须在这个道路上突飞猛进。”

羡慕嫉妒恨。耀武扬威的西方列强实在让大久保利通眼红，他在改革上“突飞猛进”，实行专制，对于那些敢于反对、反抗他改革的人，他就如秋风扫落叶一般残酷无情。就拿曾经提拔过他的人岛津久光来说吧，他上书天皇要求撤掉大久保利通的职务，结果被大久保利通一脚踢回老家养老抱孙子去了。

暴力往往是专制的结果。大久保利通一系列“铁血手段”早已引起很多人的不满，正当他信心满怀地在改革路上大步狂奔时，一场针对他的刺杀计划也在悄然地进行。

明治十一年五月十四日的清晨，天气没有什么异常，也没什么杀气罩过来。大久保利通正在住处接待福岛县令山吉盛典，他听取了山吉盛典的工作汇报，并就福岛县的疏水工程作了一番指示。公事完毕后，山吉盛典不敢多有打扰，向领导说再见，不料大久保利通却将他挽留了下来，这让山吉盛典受宠若惊，以为领导还有什么重要训示，不料大久保利通却向他吐露了心声：

维新已经十多年了，国内国外事件不断。我从担任内务卿以来，没干出什么成绩，真是惭愧得很。现在形势大好，正是把维新进行到底的大好时机。要想实现维新的目的，需要三十年。明治元年至明治十年，这十年时间为第一期，是创业期；明治十一年到二十年为第二期，这期最重要，要充实国力，很艰难，但不管多困难，我都要完成这个目标；明治二十一年以后的十年为第三期，为守成期，这期就等待后起的人才来完成了。

不知为什么，大独裁者大久保利通会对一个小县令大诉衷肠，是心血来潮？也许是冥冥中自有天意吧。

送走山吉县令后，大久保利通乘着马车到太政官去办公，路上他还争分

夺秒地阅读了一些文件。上午八点左右，六名“歹徒”截住了大久保利通的去路，没有前奏，也没有喊：“此路是我开，此树是我栽，要想从此过，留下买路财！”什么废话也没有，直取大久保利通的性命！

白刀子进，红刀子出。大久保利通不愧为“铁血宰相”，在身负重伤的情况下，还沉着冷静地将放在膝头上的文件用绸布小心包好，然后倒向前方，死了。

凶手很快就抓住了，是一个被称作自由民权派的组织的成员，叫岛田一郎。行凶的原因很明确：“为国除害”。当初大久保利通铁腕当道，镇压一切反对意见，曾将许多民权派的领袖投入监狱，依日本人的狂热性格，大久保利通招来仇杀在所难免。

其实，被害人大久保利通和杀人凶手岛田一郎竟有几分相似之处：大久保利通“铁血无情”，岛田一郎有“铁石之志”。而且两人目的也一致，大久保利通要“富国”，岛田一郎“为国家万万不忍坐视”。可惜呀，同样爱国的人因为政见的不同，同归于尽了。

人一死就得给下个结论，尤其是大人物。壮志未酬身先死，大久保利通虽未能完成自己的理想，也因为专制而备受诟病，但终不失为一名杰出的资产阶级革命家和政治家，日本帝国的崛起，有他一份功劳。

不过，在后面的行文中，还会多次提到他。

国之根本——寺子屋的教育

百年大计，教育为本。中国如此，日本亦是如此。日本很早就开始重视教育了。前面的白虎队就是在自己的藩校学习的，还有一堆“清规戒律”似的校规。

对于如何育人，争论一直就没停止过。不过，更多人更倾向于那种因材施教、因人而异的教学方法。孔子桃李满天下，教书育人独有心得。《论语》

中就说：冉求胆小，遇事退缩，孔子就鼓励他勇于前进、克服自己的弱点；子路好勇斗狠，孔子就告诫他不要冒进，遇事想了再干。千人千脾气，万人万模样，一刀切的教育方式效果肯定不佳，孔子认识到了这个问题，因此针对学生的各种不同情况和性格，作出了不同的对待和教育方法。

话说回来，一对一的教学方法虽然教学质量高，但我们也得对老师的健康负责。一个老师，几十个学生，甚至更多，要是老师对每个学生都去了解考察，非得活活累死不可。再说了，老师也不能把全部精力放在学生身上，也要谈恋爱，过个小日子啥的。

付出不是那么容易做到的。不过，在日本教育史上有一段寺子屋的教育历史，提起来那是人人向往。

大久保利通为什么要迁都到东京，也就是江户呢？除了前面提到的原因外，还有一个重要原因就是：江户不但人口多，有 150 万常住人口，而且江户那边的综合素质和文化水平是当时世界上最高的。

这绝非虚言，一比较就出来了。同时期的伦敦，识字率为 20%（男性，女性更低），而巴黎不到 10%。再来看看当时的江户，那是相当了不起，武士阶层的识字率达 100%，整个男性的识字率也高达 70%。兴之所至，连种地的农民都能和歌一曲，不服不行。

有人该问了，咋没说中国呢？中国可是教育大国呀。唉，这可真是一言难尽，日本迁都江户这会儿，正是中国清朝的同治时期，是慈禧老佛爷当家做主的时代。那时中国清政府实行的是愚民政策，再加上八股文章，中国人民的识字率实在难以启齿。

还是谈谈日本的教育吧。日本史上最早的教育法规可追溯到文武天皇时的《大宝律令》，其中有“学令”一条，就是专门讲教育的。学令规定在中央设“大学寮”，各国设立“国学”（跟我们中国现在的国学热有很大不同）。大学寮可以说是培养国家官吏的职业性机构，跟中国的国子监很类似，因为前途光明，一毕业就是捧铁饭碗的，因此入学资格有严格限制：五品以上官吏的子弟可自由入学，六、七、八品以上官吏的子弟就要“择优录之”，至于八品以下的官吏，那就对不起喽。真是“学好数理化，不如有个好爸爸”，

大学寮可以说是一种官吏垄断制度。

平民百姓是没有机会进入这种机构的，只有当国学没招够人，或是上头有人，或其他特殊原因，有才华的庶民子弟才能入学学习。学习内容也以中国儒家经典如我们熟悉的“四书五经”等为主，此外还有文学、算术等科目。地方的“国学”还设有医学、药学等科目。

望子成龙是天下所有父母的心愿，那些“庶民”也想自己的孩子将来有出息，也想让自己的孩子上学校，可是官办的学校不接纳庶民子弟，难道庶民子弟只能当文盲了不成？俗话说，有需求就有市场。应广大庶民父母的要求，一些私塾纷纷在各地涌现，招收那些没有经济条件的庶民子弟。

私塾的教师有很多是“归化人”，这要解释一下，归化人也称渡来人，是对日本古代从中国或朝鲜移民到日本的人及其后裔的一个总称。日本有很多赫赫有名的家族自称是归化人的后代，如岛津氏、服部氏、长宗我部氏等，他们大多宣称是秦始皇、汉高祖等人的后代，长宗我部氏就称他们是秦始皇之五世孙弓月君的后人。之前日本天皇对陵墓这事没什么概念，死了就死了，刨个坑就埋了，归化人这么一来，天皇一死就不能随便了，要建陵墓，而这建陵墓的工作大多是由归化人主持的。归化人为日本带去了先进的生产技术，忍术也是归化人传到日本的。当然，传过去的还有文化。所以，归化人很多做了私塾先生。僧侣也有很多从事这个职业。

因为“仕途”基本上被官办的学校给把持了，所以这些庶民子弟不学什么四书五经、之乎者也，老师教的东西以实用为主，如工艺美术、木工、瓦工、雕塑、建筑等。

12 世纪末，日本进入幕府统治时期，武士兴起，文化教育也出现了大变动，什么“大学寮”、“国学”等都已被扔进了垃圾堆，取而代之的是各种官办及民营的学校。因为武士当权，所以除了传统的儒家经典外，教学中又加入了关于武士修养及技艺方面的知识。

到了江户时代，程朱理学得到发扬，儒教与日本的传统神道并行，史称“神儒一致”。后来，德川幕府实行“文治”政策，教育又出现了一个飞跃。中央设有“学问所”，各藩分别设有“藩校”。这时期的教学内容除了传统的

科目外，又增加了“兰学”。

不要误会，“兰学”不是教人种兰花的，而是指的西学，就是西方的自然科学及社会科学的总称。因为江户时代奉行锁国政策，只在长崎等地与中国和荷兰保持着贸易往来。西方科学文化知识大都是由荷兰传入到日本的，所以把西方学问称为“兰学”。

当时还有另一种基础教育机构，叫“乡校”。但是，学问所、藩校、乡校招收的大都是贵族及武士子弟，庶民子弟要求上进的心是不能泯灭的，于是，一些私塾如雨后春笋般地涌现出来，专门招收庶民子弟，这些私塾就称作“寺子屋”。

早在平安时代，寺子屋就出现了，是由寺院兴办的。跟中国的和尚不同，日本的僧侣热衷办学，好为人师，特别是儒学、神学崛起，使佛学受到了冷落，于是僧侣们就更加积极地办学了。前来上学的孩子叫做“寺子”，看来和尚们很早就明白“教育要从娃娃抓起”，为了弘扬佛法真是不遗余力。

上学的“寺子”的年龄一般从六七岁起，到十二三岁止，大概相当于现在的小学生。不过，当时男尊女卑思想严重，来寺子屋上学的几乎全是男孩，女孩子受教育的权利基本上被无视了。

老师还好，寺子屋三分之一的老师是女性（不让女孩子上学，却让女人当老师，什么逻辑?！）。老师的来源也不限，出身庶民的占了四成，武士占两成六，僧侣占到一成八，其余还有些医生、神官等。

说到老师的收入，也就是学生的学费，那没个固定，学生家长的收入决定了老师的收入。为啥这样说呢？因为学费不固定，全凭家长量力而行。有钱的捧个钱场，没钱的捧个人场，上不封顶，下不设限，天上飞的、山上跑的、水里浮的、地上长的，来者不拒，给什么要什么，不给就不要。总之，您看着办吧。

但您绝对不用担心，万一家里实在穷得慌，只给老师送了根葱，而邻居送了两斤鲍鱼，那也不会影响孩子的教育。老师一视同仁，绝不会厚此薄彼，或给您儿子小鞋穿。

因此，许多家境贫寒的孩子都有了上学的机会。据有关资料统计，江户

时代先后成立了近两万所“寺子屋”。单是江户就有一千多家，要不说江户人民素质高呢，世界第一当之无愧。

而且，老师的教学方法更是让人敬佩，那就是一对一教学法。老师会把自己的学生挨个儿地教下来，每个学生什么性格、特点都一清二楚，并对他们将来的发展给出指导意见乃至规划。中国这两年流行什么“人生规划”、“职业生涯规划”，还以为是新鲜玩意儿，原来几百年前日本早就风行了。

前面说过，一对一的教学，工作量非常大，一个老师平均每天要给十个孩子单独授课，要搁现在，非哭着喊着涨工资不可，但寺子屋的老师一个喊累的都没有，绝不是因为收入高，那些农民一年到头才能给他几根葱？但他们就这样坚持下来了，所以他们赢得了最宝贵的财富——尊敬，发自内心的尊敬。

我们老说要“尊师”，这老师必先要有可尊之处，我们才能尊师、敬师。徒挂一块老师的牌子，而不能为人师表，也好意思跟学生要尊敬？

寺子屋的孩子都学什么呢？这个很杂，很不统一，因为老师们开课具有很大的任意性和自由性，教什么的都有，看您的选择了。不过，总的来说就是“读书、识字、打算盘”。

主要是读书这一项，书有很多，读什么好呢？这就说到教材了。当时的教材大致可分为五类：第一类是传统类，以《庭训往来》和《商卖往来》为主，“往来”就是教科书、课本的意思。《庭训往来》主要是讲授做人的道理和一些常识；《商卖往来》好理解，讲的是生意经，很实用。第二类是地理类，相关课本有《国尽》和《田丁村尽》，相当于日本地理，没什么好说的。第三类就是识字书了，有从中国进口的《千字文》，及日本的百家姓《苗字尽》。第四类是历史，关于日本史的教材有《国史略》，关于中国史的有《资治通鉴》和《十八史略》。第五类大家比较熟，就是儒学，“四书五经”那是经典科目。

教材是枯燥的，结果是惊人的。寺子屋的繁荣，打破了上层阶级垄断教育资源的局面，成为了平民教育的主体。这种不分阶级差别，庶民、僧侣、武士、医生、神官等集体反哺下一代而形成的庞大基础教育系统，成就了日本全国惊人的识字率。

寺子屋有很多特色值得现代教育借鉴。比如其“因材施教”的教学方法、灵活自主的办学模式、实用性的教学目标、提倡学生的自主学习能力等，这些东西都是中国现代教育所欠缺的。

明治维新时期，日本能迅速吸收西方思想文化，借力打力，华丽转身，发展成为一个强大的现代化国家，与寺子屋打下的平民高素质水平有着直接的关系。无怪乎“清末怪杰”辜鸿铭曾说：“明治维新以来不过五十年的时间，就如蛟龙出水，迅速升腾为世界五大强国之一。”

为什么日本能迅速成为“五大强国之一”，而中国却行不通？很多中国人想知道原因，这也是为什么晚清时候很多中国青年留学日本的原因，这些人研究来研究去，终于得出一个结论：中国民智未开。

说来说去还是个教育问题，愚民、顺民、良民都是一种教育的体现，“开启民智”才是救国的根本，鲁迅、郭沫若投身文学，正是想唤醒中国人麻木的灵魂。

明治维新成功后，小学立刻在日本普及，其中有许多小学是在寺子屋的基础上建立起来的。寺子屋虽然暂退出了历史（以后的事不好说），但其对日本近代化进程的推动作用却功不可没。

虾夷共和国

白虎队的命运暗暗预示了会津藩的未来，白虎队的孩子自尽后，会津城迎来最后的决战，这就是会津城防战。此时，新政府军数万人马已将会津城团团围住，仅仅三天，就有2700多枚炸弹落在会津城内，在连续不断的炮声轰鸣中，会津城摇摇欲坠。然而，穷途末路的会津藩，老幼妇孺争着上战场，坚守城池，使得新政府军围攻了一个月之久，才逼得会津老大松平容保出城投降。

作为胜利者的一方，新政府中的长州藩成了会津藩的监督和管理者。

但是出于仇恨，长州藩下了一个命令：所有在会津之战中战死的会津人，一律不准下葬。也就是说，任由那些战败者的尸体暴尸荒野，成为食腐动物的食粮。

要说长州藩也够狠，数以万计的尸体躺在野外，竟能视而不见，无动于衷。就这样，半年过去了，长州藩还没有安葬这些尸体的意思，倒是萨摩藩的人坐不住了，跑来跟长州藩说："还是埋了吧，万一闹出瘟疫怎么办？"这倒是挺恐怖的，于是，长州藩下令处理掉那些尸体。

要搁那时的规矩，不论失败者还是胜利者，战死的武士都要好好安葬，以示尊重，但长州藩仍恨意未消，他们只是随便刨了几个大坑，把这些尸体往里一扔，再铲几锹土盖住，就算完事了。

想想那些还活着的会津人，只要一出门就能看见无数同胞的尸体，可能是他的亲人或朋友，眼看着他们被风吹日晒，喂肥了野狗，营养了成群的乌鸦，而他却无能为力，这对于荣辱感极强的会津人来说，那是怎样一种折磨啊。

又一颗仇恨的种子就是这么埋下的。

一百二十年后，物是人非，日本早已不是原来的日本，原来的长州藩老巢，成了现在的山口县萩市，而会津城也成了会津市，大家都是统一的大日本的子民。一百二十年了，是化解积怨的时候了吧？

萩市的市长向会津市的市长提交了份建议书，建议两市结成友好城市，共创美好未来。

但会津市市长一口回绝，至于理由，无须说出口。萩市市长心知肚明，于是再修书一封，其中有一句话，作为画龙点睛之笔："已经过去一百二十年了啊。"

"才一百二十年呢。"回信就这么一句话。

这话说得未免过远，赶时髦穿越了一把，还得回到一百二十年前。

随着会津藩的沦陷，奥羽越列藩同盟也土崩瓦解。不过，仍有一帮不愿投降新政府的幕臣，其中就有屡战屡败的常败将军大鸟圭介君。松平容保在投降之前，派新选组副组长土方岁三护送他们离开了。离开是离开了，

去哪儿呢？

无独有偶，江户无血开城，幕府有个人也拒不投降，还带着军舰离开了。这个人就是榎本武扬，他本来是打算去投靠奥羽越列藩同盟的，谁知他还没赶到呢，奥羽越列同盟就散架子了。这下可好，榎本武扬没了去处，只得做个“铁掌海上飘”。在海上游荡。此时此景，让他不由发出“天要亡我”的哀叹。

要说这榎本武扬，经历也颇为传奇。他是江户生人，本姓箱田，因为做了榎本家的上门女婿，就改姓榎本。榎本武扬的父亲是个下级武士，非常有学问，对测量、天文、历法很有研究，由于父亲的工作地点离德川将军家很近，因此，榎本武扬自小就与将军家有着比较亲近的关系，这也是他为什么忠于幕府的重要原因之一。

榎本武扬

由于受父亲的影响，榎本武扬也立志搞技术工程。由于勤奋上进，从小就是个学习尖子，再加上与将军的特殊关系，榎本武扬作为幕府的一个有为青年，被送进长崎的海军传习所，那时幕府急缺海军人才。

为了发展海军，幕府决定向美国订购军舰，并内定榎本武扬作为海军留学生到美国留学去。不巧的是，美国南北战争正打得火热，自顾不暇，哪儿还有时间管日本这档子破事，于是“say sorry”（说抱歉）了。幕府只好向荷兰订购一艘军舰，榎本武扬便“肩负祖国的重托，带着家乡人民的殷切期望，踏上征程，奔赴荷兰”了。

中国人常说“日本人好凿死卯子”，意思是说日本人做事认真。榎本武扬本就是个好学的人，到了荷兰后，那绝对是“服从命令、听从指挥，圆满完成幕府和人民交给的各项任务”，他不但学了驾驶术、炮术、蒸汽机等，又跨专业学了采矿学、国际法等，超额完成了任务。

可以说，榎本武扬在荷兰留学这几年，真是一点儿没有虚度光阴，学了个够本。军舰“开阳”号竣工之日，就是他归国之时。不过，他还没来得及向领导汇报自己的学习心得以及对将军的思念之情，就被火急火燎地派到大阪去了。因为，幕府快撑不住了。

刚刚回国的榎本武扬对局势还不太了解，他开着“开阳”号在大阪“见守”。鸟羽伏见之战打响后第二天，他在大阪湾待命，准备从海上配合鸟羽伏见战役。

这天天气不错，风平浪静的，榎本武扬正在那里“面朝大海，春暖花开”，忽然发现有三艘敌舰准备从自己眼前溜走。岂有此理，榎本武扬立马开足马力，驾着“开阳”号就追了过去。

这三艘敌舰中有两艘是运输舰，分别是“翔凤”号和“平运”号，不具备战斗力。另一艘是它们的护送舰——“春日”号，是这三艘舰中唯一能打的。这三艘舰正跑得欢呢，发现“开阳”号追了过来，立马“同志们，闪”！

不跑不行啊。“开阳”号排水量近 2600 吨，而“春日”号的排水量还不到 1100 吨，两艘舰根本就不是一个级别的。还有，“开阳”号配备了 26 门炮，而“春日”号上只有 6 门，这要真打起来，“春日”号还不白白送死啊？所以，三十六计，走为上计。“春日”号开足马力，跑就一个字。

正所谓尺有所短，寸有所长，“春日”号的时速为 17 节，而“开阳”号为 12 节，所以，“春日”号虽然打不过但是跑得过，“开阳”号就是追不上，把榎本武扬气得差点跳海。

估计榎本武扬真是气坏了，隔着 1500 米的距离，朝“春日”号开炮，总共发了 25 发。“春日”号也不甘示弱，也回击了 18 发，加在一起共 43 发。43 发按说也不少了，但是这 43 发中只有一枚炮弹到了它该去的地方，但也只给对方造成了轻微的擦伤，基本上可以忽略。

真是浪费哟，不知道的还以为是演习呢。“春日”号本是打算掩护“翔凤”号逃走，可“开阳”号铆足了劲儿追，它也只好铆足了劲儿跑，结果，“翔凤”号就落到了后面，眼看就要被“开阳”号堵个严严实实。“翔凤”号全体官兵决定弃船逃走，但是本着不给敌人留下一针一线的革命精神，他们下船时

放火将“翔凤”号焚毁，赶来的榎本武扬连块木板都没捡着。

“春日”号是逃之夭夭了，舰上有三名还名不见经传的人物也得以捡了条性命，如果榎本武扬知道这三名官兵将来的发展的话，估计非跳海不可。这三个人分别是东乡平八郎、井上良馨、伊东祐亨，先后都成为了新政府的海军元帅。

不管怎么说吧，榎本武扬是打了一个胜仗，也算给幕府军长了脸吧。因此，榎本武扬特地跑到大阪城内，向德川庆喜将军报喜。德川庆喜哪有什么喜？他刚从前线败逃回来，惊魂未定，榎本武扬这点喜实在难以安抚他受伤的心灵。但是，领导嘛，总得做做样子，德川庆喜首先“代表幕府及幕府人民，代表天皇陛下，祝贺阿波冲海战的胜利，并向参加战斗的全体官兵及技术人员，表示衷心的祝贺和亲切的慰问”。

然后，他紧紧握着榎本武扬的手，满怀深情地说：“武扬君您辛苦了！”榎本武扬心情激动，决心为了将军为了幕府赴汤蹈火在所不惜……“你把船停哪儿了？”

“呃？”榎本武扬脑筋没转过弯来，下意识回答，“停在大阪港了。将军？……”德川庆喜忙笑道：“哦，没事没事，我就是随便问问。好了，武扬君，这次你立了大功，就在大阪城里好好休息几天吧。”

榎本武扬也没多想，从将军那里出来，就去泡温泉洗桑拿了。谁知他前脚刚离开，他的将军大人就直奔他的“开阳”号去了。

“快！开船！回江户！”德川庆喜拿出了将军的威风，命令“开阳”号副舰长立刻起锚回江户。副舰长一头雾水，面露为难之情，小心翼翼地对德川庆喜说：“可是将军大人，舰长还没回来，没有舰长的命令……”德川庆喜一瞪眼说：“我大还是舰长大？！再不开船信不信我命人将你丢到海里去！”副舰长挠挠头皮，有些犹豫不决。“不用担心，一切有我！这可是考验你对幕府忠心的时刻！”在德川庆喜的威逼利诱之下，副舰长只好启动“开阳”号，向江户而去。

“将军大人，您也太不厚道了……”榎本武扬哭笑不得，堂堂幕府将军就这样背信弃义，不打一声招呼（画外音：打招呼我还走得了吗？），还美

其名曰地骗他去休息，偷了他的船溜掉了。唉，咋摊上这么个不争气的主子啊。

没办法，榎本武扬只好在大阪替将军大人善后，把城内的 18 万两黄金装上"富士"号，运往品川。打仗就是烧钱啊，还是榎本武扬明白事儿。然后，榎本武扬搭了个顺风船，回到了江户，回到了"开阳"号上。

接下来发生的事大家都清楚了，德川庆喜与胜海舟主张与新政府和谈，从而使新政府军兵不血刃接管了江户，这就是前面所讲的无血开城。但榎本武扬拒不投降，也拒绝交出武器，带着八艘军舰，包括"开阳"号在内，离开了品川。但是在胜海舟软磨硬泡之下，榎本武扬只得留下四艘战舰，驾着另四艘军舰，带着那些不愿意投降的幕臣向北撤退。

何去何从？榎本武扬真是犯了愁，总不能一直在海上漂着吧？

突然有一天，他听说会津藩投降后，有一批幕臣逃了出来，继续与新政府军顽抗。知音呀，榎本武扬大喜，于是就派人与这些人取得了联系，并与土方岁三、大鸟君等人进行了亲切会谈。

三个臭皮匠，顶个诸葛亮。几个人经过热烈地讨论后，一下找到了出路，他们决定去虾夷之地。

虾夷之地，听着蛮荒凉的一个地方，不过，说起它现在的名字，估计大家都知道，就是北海道。北海道是日本四主岛中最北的岛屿，面积占全日本的五分之一，但是人口密度极低，人口数量只有东京的一半。作为一个旅游胜地，北海道有不逊于普罗旺斯的薰衣草花海，花开季节，美轮美奂。还有数九隆冬，泡在温泉里欣赏漫天飞雪，若再有美人相伴，喝两口小酒，至尊享受呀。

唉，跑题了，原谅我的情不自禁。北海道虽说美，但发展到现在，它都不是一个人扎堆儿的地方，更何况一个半世纪以前？虽不能说成是一个鸟不生蛋的地方，说它荒凉是一点儿也不为过的。

榎本武扬率着三千多人的队伍来到了虾夷之地。此地的守军早已逃走，但是他们占领这个地方后，又出现了新问题。因为队伍是杂牌军，到底听谁的呢？榎本武扬到底留过洋，见过世面，便提议说："咱们投票吧。"

投票结果表明，榎本武扬人气还是比较高的，得票率最高，成为了这支

队伍的一把手。榎本武扬新官上任三把火，说咱们不能师出无名，成立一个共和国吧，于是，虾夷共和国就这么应运而生了。共和国领袖自然是榎本武扬，官称总裁。

枪杆子里出政权，没有武力拿什么跟新政府军对抗？但是这都要钱啊，当初大家逃出来的时候没带多少钱，这么一大帮人连吃带喝的，只进不出，共和国真是穷得叮当响了。因此，共和国来了个搞钱总动员，为了搞钱不择手段，争取做到风过留痕、雁过拔毛。

于是各种税收政策火热出炉，当地人民顿时陷入水深火热之中。但共和国副总裁还嫌不够，他又想出了一个绝妙主意，向各商家强行征收他们的战略储备物资。说是什么强行征收，其实就是明火执仗地抢，这跟强盗土匪有啥区别？可其他人还拍手叫好，要这么搞下去，不用新政府军来攻打，当地人民就要起来反抗了。幸亏陆军副奉行兼新选组副长土方岁三厉声制止，虾夷共和国才没有变成强盗共和国。

不过，虾夷共和国的外交倒搞得有声有色。新任外交官永井尚志四下出击，积极和各列强联络感情，通常只会热脸贴个冷屁股，只有英国驻箱馆的书记官亚当斯抱着冒险的心理，来到了五棱郭。接待人员立马对亚当斯等人进行了“腐蚀”活动（情色贿赂），搞得亚当斯晕头转向，对虾夷共和国的好感连升三个加号。

腐蚀得差不多了，榎本武扬适时出现，与亚当斯进行了亲切友好的会晤，并与英国签订了谅解备忘录。其他列强见风使舵，也纷纷与榎本武扬建立了外交关系，宣布保持中立。

然而，天不遂人愿，当榎本武扬搞定了列强后，他的爱舰“开阳”号出事了。他带舰出征江差冲，赶走了那里的新政府军，然后他带着手下登陆休整，只留了一小部分人在“开阳”号上。到了次日晚上，忽然狂风大作，竟把“开阳”号吹离了原来的位置，一头撞向了礁石，结果葬身海底。“开阳”号是主力舰，失去了“开阳”号，榎本武扬舰队的作战能力立马大大削弱。

而在另一方面，新政府军也没闲着，他们集结兵力，准备在过冬之后，给这些幕府的残兵游勇以致命一击，指挥官是萨摩藩的黑田了介。

天上掉馅饼了

正当虾夷共和国在欢度自己的第一个新年时，新政府这边又搞起了一个版籍奉还的活动，活动的发起人是萨摩藩、长州藩、土佐藩及肥前藩的四大藩主。所谓版籍奉还，是把原属这些藩主的领地及领地上的居民通通“还”给天皇陛下，由朝廷统一进行管辖。

可以肯定的是四大藩主没有吃错药，那为什么他们会把自己的地和人还给天皇呢？这是因为幕府被推翻之后，日本正在逐渐走向统一，那么统一之后的日本该走怎样一条道路？由谁管理？怎么管理？

显而易见，天皇是唯一的合适人选。但是，如果清除了幕府残余力量，如新鲜出炉的虾夷共和国，那各地的领主是不是还要各回各藩、各找各妈？这样的话跟幕府时代还有什么区别？天皇还是傀儡，日本还是四分五裂，那他们现在做的这些事还有什么意义呢？

因此，为了跟国际接轨，为了保证日本的统一，萨摩、长州等四藩一致决定，搞中央集权制，让整个日本全归在天皇名下（至少是名义上的）。这集权的第一步，就是版籍奉还，然后以点带面，达到“普天之下，莫非王土；率土之滨，莫非王臣”。

这年头还有这样的好事？明治天皇高兴得合不拢嘴，真是祖宗保佑啊，立刻笑纳了萨摩等四藩的美意。

干完了这件事，新政府又开始琢磨怎么对付虾夷共和国那帮人。虾夷共和国就那么几号人，经不起琢磨，也就是榎本武扬的舰队厉害。所以，新政府也花重金重建海军，从美国手里购买了一艘装甲军舰，命名为“东舰”。

“东舰”有东洋第一舰的意思，它是日本第一艘也是当时唯一一艘铁甲军舰，战斗力可想而知，可以说是日本当时最强的军舰。

可是话说回来，美国不是宣布中立了吗？所谓中立，就包括不卖给虾夷

共和国和新政府武器，但现在美国怎么反悔了呢？这要归功于新政府的外交政策了。

新政府虽说不把虾夷共和国那点人马放在眼里，但对榎本武扬的舰队还是有所顾忌的，毕竟阿波冲海战还没过去多长时间呢。因此，新政府就看上了“东舰”，它足可以与“开阳”号匹敌。

为了让美国取消中立，新政府忙派人与英国公使帕克斯深入沟通。帕克斯是个利益至上的人，现在看日本新政府最大，将来能给他带来大大的好处，于是就单方面取消了中立的协定。其他各列强怕好处都让英国占了去，也纷纷宣布放弃中立，争先恐后地向新政府卖武器。

不过，各列强也同时向榎本武扬总裁卖武器，但是榎本总裁是个穷总裁，哪有钱买武器？其实，榎本武扬早就相中了“东舰”，曾有意购买，但当时美国说自己讲信义，严守中立，只能等到他跟新政府打完以后才能考虑。榎本武扬想着自己还有“开阳”号，所以就没再纠缠。

现在可好，新政府连搞几个小动作，将“东舰”收归名下，海军实力大增。而榎本总裁的“开阳”号却沉入了海底，实力削弱。此起彼伏，虾夷共和国前途渺茫啊。

如果说以前虾夷共和国还有跟新政府一拼的资本的话，那全仗着海军的优势，如今没了优势，还拿什么与新政府对抗？榎本总裁思来想去，想出一个高招：把“东舰”抢过来。

这主意确实不错，属有的放矢，榎本总裁的抢舰计划看起来也万无一失：由“蟠龙”号和“高雄”号从两旁对“东舰”形成左右夹击之势，“回天”号从中路冲进去，靠近“东舰”后，抢舰小组跳上“东舰”，夺取“东舰”的控制权。

计划赶不上变化。就在实行抢舰计划的晚上，风翻浪涌，走着走着，“蟠龙”号就没了影，而“高雄”号也“瘸”了，速度慢了一半，只剩“回天”号孤军直入了。“回天”号上新上任的抢舰小组组长土方岁三真是欲哭无泪，他找“回天”号的舰长甲贺源吾商量，甲贺源吾倒也干脆，说不管他们了，咱们自己干。甲贺源吾不知从哪弄了一面美国旗，让人挂到舰上冒充美国舰。

新政府军还真没想到榎本总裁胆敢劫舰，丝毫没有防备，“东舰”正趾高气扬地在向北海道方向行驶，与对面的“美国友舰”不期而遇。“东舰”正想打个招呼时，忽然发现星条旗变成了日章旗，而且船舷上站了一帮人，看那意思好像是要跳过来。

“东舰”上的人十分惊讶，一是惊讶友舰变成了敌舰，二是惊讶那些人真要跳过来吗？跳得过来吗？

答：几乎跳不过来。榎本总裁的计划本来万无一失，但他遗漏了一个细节，那就是“回天”号的船帮子比“东舰”高出三米，且两舰之间还有一段空隙，要想从“回天”号跳上“东舰”，非高手莫能为之啊。

事实证明，高手还是有的，在这样的难度下，抢舰小组中仍有七个人跳到了“东舰”上，不过有五个人当场报销，另外两个人见势不对，立马翻身跳到了海里，算是保住一条小命（这才是高手中的高手）。

这次抢舰计划完全可以用“偷鸡不成蚀把米”来形容，不但牺牲了“回天”号的舰长甲贺源吾，那个“瘸”了的“高雄”号因为跑得慢，被新政府军抓了个正着。榎本总裁的海军优势荡然无存。

在这样的情况下，榎本总裁只能收缩防线，以五棱郭为中心，在周围重防三个据点，分别是函馆、二股口和矢不来。二股口由新选组副长土方岁三率三百多人防守，矢不来则由以屡战屡败著称的大鸟圭介防守。

难道真是无人可用了吗？每次都把常败将军大鸟圭介搁在重要的位置上，估计榎本总裁在幻想一个奇迹，一个人总不能百战百败，就是瞎蒙也得赢一回吧？但是大鸟君以他的实际行动证明，失败也乃失败之母。大鸟君没顶住新政府军的进攻，非常果断及熟练地下达了撤退的命令。

大鸟君撤了，防守二股口的土方岁三立刻陷入危险的境地，新政府军随时都有可能将他包了饺子。不得已，土方岁三也只得下了撤退的命令，退回他们最后的据点——五棱郭。

新政府军从四面八方涌向五棱郭，其海上舰队也在向七重浜逼近，计划从那里配合陆军作战，从海上对五棱郭实施炮轰。

不管是新政府军，还是幕府旧臣，心里都明白，最后的决战终于来临了。

很快，新政府军对五棱郭完成了包围，新政府军指挥官黑田了介先礼后兵，给榎本总裁先致了一封劝降信。劝降信嘛，古往今来都一个套路，不外乎放下武器、停止抵抗，我们优待俘虏等。

是战是降？这是个问题。五棱郭内只剩不到两千人，拿什么去跟新政府军拼？拿命。这是土方岁三说的，他坚决不同意投降，他说："我知道，幕府不可能再振兴，新政府才是时代的潮流，不可阻挡，但是因为它不可阻挡我们就要投降吗？谁要投降我不拦着，哪怕只剩我一个人，我也会战斗到最后一刻。"

武士的热血又回到了幕府残兵的身体里，榎本武扬断然回绝了黑田了介的劝降。

那就不用客气了，黑田了介一声令下，从海、陆同时对五棱郭发起了攻击。新政府的"朝阳"、"丁卯"两舰直入弁天台，准备对那里的250名守军一举消灭之，对停泊在那里的"蟠龙"号选择了无视。不是新政府军轻敌，实在是这"蟠龙"号它就没像条龙过，净给榎本总裁抹黑了。

谁知，最后关头，"蟠龙"号竟然雄起了一回，一发炮弹竟然恰好命中"朝阳"舰的弹药库，刹那间只听连声巨响，"朝阳"舰遍体着火，冒着黑烟缓缓消失在海面上。赶来救援的土方岁三趁机鼓舞士气，大声说："敌舰被打沉了！杀敌的机会到了！杀呀！"

旧幕府军一时人心大振，爆发了小宇宙，竟将来势汹汹的新政府军给打压了下去。正在这时，一个消息传来，说由箱馆登陆的新政府军把250个弁天台守军给围住了，土方岁三立刻决定前去救援。

土方岁三骑在马上，挥着心爱的战刀，指挥旧幕府军发动进攻。土方岁三的骁勇、镇定和坚持，给了旧幕府军极大的信心，他们一个个以一当十，把新政府军杀得节节败退。

就在这时，一颗流弹，无声无息，击中了土方岁三的腹部。他使劲捂着伤口，想拒绝死神的邀请，但只有数秒，他从马上倒了下来，永远停止了战斗。

最能打、最坚定的土方岁三死了，旧幕府军没了灵魂，对新政府军来说

是个好消息，黑田了介又给榎本武扬去了一封信，劝他及早回头是岸，可是榎本武扬断然拒绝，宁可战死绝不投降。

然而，在最后时刻，榎本武扬，还有那位大鸟君都选择了投降，理由是为了剩下的那 800 人，不作无谓的牺牲。

虾夷共和国完了，没完的是土方岁三，留下了很多传奇。

要女人，不要老婆——土方岁三

“其实我就是美貌与智慧并重，英雄与侠义的化身，改变社会风气，风靡万千少女，刺激电影市场，提高年轻人内涵，玉树临风、风度翩翩的新选组副长，我名叫土方岁三。”

有图有真相。

土方岁三，“风度潇丽”，浑身散发着一种成熟男性的魅力，一个曾见过他的少年说：“我父亲常说他漂亮得像演员一样，乌黑的头发浓密蓬松，大眼睛水汪汪的。虽然只比近藤（近藤勇，新选组局长）小一岁，但看起来像小了三四岁。他自称是药屋的儿子，但一点儿也看不出来。我也这么认为。”

土方岁三

土方岁三是遗腹子，出生前父亲就过世了，没能亲眼见到父亲一眼是他永远的遗憾。更惨的是，他刚六岁时，母亲也病殁了，年幼无依的他只能跟着二哥二嫂过活。

土方岁三的成长之路注定艰辛，十一岁时他就去当学徒，但不久就走人

了。据说，是因为少年土方岁三长得实在过于眉清目秀，店老板（男）企图“不轨”，土方岁三便抄起一把算盘，摔到了店老板脸上（解气！）。之后，土方岁三也干过别的工作，都不长久。他一边讨生活，一边学习剑道，想成为一名真正的武士。

后来，通过姐夫佐藤彦五郎，土方岁三结识了之后的天然理心流第四代传人岛崎胜太，就是近藤勇，随后也成为天然理心流的入门弟子。接着又与师兄弟们一起参加了拥幕的浪士组，到了京都后，因为清除那些乱搞“天诛”的激进攘派有功，浪士组被赐名新选组，土方岁三成为了新选组光荣的一员。

新选组最开始由近藤勇和芹泽鸭、新见锦共同领导。但是俗话说得好，一山不能容二虎，除非一公一母，新选组三位男领导，肯定不能和睦相处。

芹泽鸭，姓芹泽，名鸭，性情暴烈，常醉酒闹事，甚至干出用大炮轰炸大和屋的举动，他的所作所为与土方岁三、近藤勇等人追求的报国尽忠相去甚远，因此，灭“鸭”行动势在必行。

在土方岁三的策划下，灭“鸭”小组正式成立。在一个风雨交加的晚上，芹泽鸭正搂着情人阿梅大醉共寝。新选组成员近藤勇、土方岁三、山南敬助、冲田总司、原田左之助共五人悄然逼近。

鸭虽是神道无念流的高手，但面对五名高手，再加上醉头醉脑，只能一命呜呼了。而在此之前，新见锦陷入土方岁三设计的圈套，犯了队规第一条“不得违反武士道”，作出“出卖芹泽鸭”的行为，被迫切腹了。

芹泽鸭和新见锦死后，新选组进行了人事变动，近藤勇担任局长，土方岁三出任副长，负责出谋划策。

不过，大家更习惯叫土方岁三“魔鬼副长”。他搞了一个《局中法度》，法令之严苛，现今看来仍使人心惊肉跳：

一、不可违反武士道；

二、不可擅自脱队；

三、不可私自侵占公金；

四、不可擅自提起诉讼；

五、不可私斗。

违反的唯一结果，也是唯一惩罚方式，就是切腹。并且，土方岁三在执行法规以及对待敌人时毫不手软，给人留下了无情、冷酷、残忍的印象。据说，土方岁三创造了一种刑罚，他在审犯人时，会把犯人倒吊起来，然后在他的脚上钉钉子，钉好后再拔出来，再在伤口上滴上融化的蜡油。

土方岁三的种种恐怖行为，为他赢得了一个“新选组魔鬼副长”的称号。

但是，土方岁三又是个极重感情的人。新选组山南敬助，本同是天然理心流的师兄弟，因为有叛离新选组的举动，被令切腹自尽。作为执行人，土方岁三充满了痛苦，在山南敬助自尽后，失声痛哭。

新选组一番队队长冲田总司，也是土方岁三最关心的人之一。据说，冲田总司是一名弃婴，被天然理心流道场——试卫馆主人近藤周作捡回，成为了近藤勇、土方岁三等人的小师弟，也是由近藤勇、土方岁三等人带大的，因此，土方岁三待他如兄如父，十分关心。冲田总司自幼练习剑术，是天生的练武奇才，成为新选组第一剑术高手。可惜，年纪轻轻就染上了肺结核，26 岁就死了。

近藤勇就别说了，土方岁三跟他的关系不是用“铁”可以来形容，为了近藤勇，他可以付出一切。千叶弥一郎说：“近藤要没有土方，可能早在京都就已经被勤王党人给暗杀了，但土方非常仔细地加以留意，从不让近藤做多余无谋的事，近藤的命因此才得以延续。”

中里介山的《新选组》中说：“土方性格深沉，但一旦发起怒来比近藤还可怕。对幕府来说，操纵近藤易，操纵土方难。”

这样的一个人，却又是一个非常有才情的人。“岁三非常喜欢学问”，爱好和歌、俳句，他的一些俳句，非常富有浪漫主义的色彩。心情喜悦时，他会作：

轻梅尤未放，遍寻枝头开一朵，其余尚含苞。

而悲伤时，他会吟：

岁月常相似，花开依旧人不复，流年尽相催。

土方岁三是个孤独者，为了理想执著前行，“明知不可为而为之”。当周围的人都选择明哲保身、随波逐流时，他依然初衷不改，无论面对怎样的绝境，他都不动摇半分，他作句以明心志：

谁知生平愿？或见飞蛾自投火，心有戚戚焉。

这样的男人，注定是女人的灾难。

作为一个男人，土方岁三太成功了，他是新选组的“魔鬼”，也是女人的“魔鬼”。英俊的外表，武功高手，副长，酷，有学问，心思深沉……他还有出众的口才。“我进入盐谷宏阴门下时，曾和土方进行辩论，当时他滔滔不绝地讲了两个多小时，我一句话也没能插进去，其辩才如此。”一个和土方岁三接触过的幕臣曾这样说。

所以，对土方岁三来说，女人手到擒来（羡煞死个人啊）。所以，土方岁三也以风流闻名。当年他 17 岁时在店里做工，就搞大了一个女人的肚子，结果被老板撵走了（万一他勾引老板娘咋办）。此后，土方岁三的风流更是一发不可收拾，欠下不少风流债。

近藤勇为此还挨了打。近藤勇一想起这事就郁闷，想他堂堂新选组局长，人见人怕，竟因为女人被人揍得鼻青脸肿的，而且还是别人的女人，唉，英名扫地啊。这全都是因为土方岁三，他在外面乱搞女人，经常被女人堵上门来。为了杜绝这些女人的纠缠，近藤勇只好充当恶人，帮土方岁三善后擦屁股。

因此，大家都劝土方岁三早点结婚，收收心，少去祸害女人，可土方岁三的口号是：“要女人，不要老婆！”所以，即使他订了婚，也拖着不结婚，至死他都没“脱光”，将单身进行到底了。

然而，随着幕府的落败，朋友、兄弟一个接一个死去，土方岁三越来越感到孤独。凭他的才能，如果投降新政府，他可以有一个好的出路，连那

个常败将军大鸟圭介投降后都混得不错。就算不想投降新政府，他还可以去法国。当年他带着不到二百人的队伍，凭着单发步枪，在台场山。将人数达五千人、拥有新式步枪及数十门大炮的新政府军玩得团团转，不但让新政府军心惊胆战，也让法国皇帝另眼相看，向他伸出了橄榄枝：只要他亡命法国，就是法军师长。

土方岁三只为日本而生。尽管他才能卓著，取得了不少胜利，然而独木难成林，他辛苦取得的胜利很快就会被那些成事不足、败事有余的“同志们”败光，大厦将倾，他只能飞蛾扑火了。

在最后的那段岁月，新选组的成员都感到了土方岁三的转变，“岁三天生英才，气性刚直，但随年龄增长，日益温和，人心所归，如赤子恋母。”可能是知道来日无多，土方岁三格外珍惜眼前的队友。

他死后，“在炮台的新选组，闻其长逝，如赤子丧母，悲叹不已”。温情脉脉的魔鬼副长是让人难以抵挡的。

对于自己的未来，土方岁三可能早就预料到了，他的遗作就表达了他的心迹：

孤臣身殉虾夷岛，忠魂永卫东方君。

土方岁三死了，有人说他是愚忠，有人说他是英雄，对于他，没人能说得清，也许没有谁对谁错，只有成王败寇。

不过，可以肯定的是，正如本节第一段所讲，土方岁三真的是“刺激电影市场”，有关他的电影、电视剧有很多很多，小说、戏剧也有几十部，更是漫画中的一个重要题材……所以说，这样的人，怎么可以简单地用愚忠或英雄来形容？

校长不听话——福泽谕吉

虾夷共和国总裁榎本武扬投降新政府时，对他是杀是留意见不一。有杀人癖倾向的长州藩，主张将榎本武扬一刀切了，不过，其他人都表示了反对，“一哥”黑田了介更是有心留榎本武扬一命。

为啥黑田了介对榎本武扬手下留情呢？这要感谢一个人，就是福泽谕吉，当时他作为黑田了介的一个助手，曾大力赞扬榎本武扬，说他是一个人才，一定要留他有用之身，好为日本造福。

提起福泽谕吉，去日本留学的朋友可能比较熟，因为日本知名大学庆应大学，全名庆应义塾大学，就是福泽谕吉一手开创的。像中国人比较熟的小泉纯一郎、小泽一郎，“黄花岗七十二烈士”之一的林觉民，就是这个学校的知名校友。

在日本人民的心目中，福泽谕吉是可与德川家康、坂本龙马并肩的人物，他的头像曾连续两次印上一万日元的纸钞，可见人气之高，是“明治时期教育的伟大功臣”。不过，人们更喜欢用“日本近代教育之父”来尊称他。

福泽谕吉出生于一个书香世家，父亲是一个德望颇高的汉学者，非常喜欢收藏中国的古书。有一次，他购到了中国清代的上谕条例六十多册，开心

一万日元上的福泽谕吉头像

福泽谕吉

得不得了，到了晚上，他的小儿子又呱呱落地，真是双喜临门。他觉得这是个好兆头，便给小儿子取名“谕吉”。

他刚学会走路时，父亲就一病而逝，母亲不得不带着他们兄弟姐妹五人从大阪回到了老家中津。日本当时是一个等级森严的社会，福泽家是低级武士，身份低微，福泽谕吉从小就感受到了这种身份差别带来的屈辱。但福泽谕吉从小生就一副倔脾气，他不服。

其他身份低微的小朋友出去买东西时，比如帮大人买酱油打醋时，都会像阿拉伯妇女似的，蒙头罩面，并且还非得等到晚上才去买，偷偷摸摸像做贼一样。而福泽谕吉可不管这一套，他是有多大脸就露多大脸，左手一瓶醋，右手一壶酒，昂首挺胸，走在阳光下，行在春风里，非常的与众不同。

十二三岁的时候，福泽谕吉对身份差别的反抗就更明显了。话说有一天，一贯“昂首”的福泽谕吉进屋时，一脚就踩在了他大哥铺在地上的废纸上。废纸嘛，踩了就踩了，没什么大不了，谁知他大哥却勃然大怒，狠狠地把福泽谕吉教训了一顿。

原来，被福泽谕吉踩在脚底下的废纸上写有藩主“奥平大膳大夫”的名字，作为家臣，践踏主上的名字是严重破坏家臣道德的。福泽谕吉赶忙乖巧地向大哥认错，可是如果我们看见他的眼睛，就会发现他眼里写着一个字：屁。

不让踩是吧？我偏要踩。福泽谕吉不但在纸上写上藩主的名字大踩特踩，还把神佛的名字踩个稀巴烂，这还不解恨，他还把写有藩主和神佛名字的纸用来擦屁股，多么有创意的孩子！

这不由得让人想起了蜡笔小新。当然，这还不足以形容福泽谕吉的顽劣，他又干了一件让善男信女们咬牙、掉下巴的事。

他跑到家附近的稻荷神社，想看看神是什么模样，当然，他没看到，倒看到一个神龛，难道神就在里面？四下无人（好聪明！），他就大胆打开了龛盒，发现里面有一个狐仙，就是一座狐狸石像，看不出有什么神奇之处。他

玩心顿起，抓起狐仙就丢到了臭水沟里，捡了一块破石头放了进去，然后关好龛盒，整得跟没人动过一样，然后得意扬扬、心满意足地走了。

接下来，福泽谕吉就等着有什么报应，老人们不是常说对神不敬就要遭报应嘛。但等来等去，福泽谕吉发现自己“牙好，胃口也好，身体倍儿棒，吃嘛嘛香！”再看看神社，每天还是有人去跪拜，丝毫没发觉自己跪拜的只是一块破石头，这就是所谓的神仙！

从此，福泽谕吉就成了一名无神论者和等级制度的坚决反对者。

当年兰学在日本盛行，就像中国人为英语疯狂一样。后来，福泽谕吉进入了大阪一个叫适塾的兰学学校，这个学校是由一个叫绪方洪庵的人创办的，教授兰学和医学。有“近代帝国军之父”之称的大村益次郎就毕业于这个学校，是比福泽谕吉高几届的师兄。

适塾是福泽谕吉人生的一个转折点。以前，他是一个“反动”青年、愤青，什么狗屁的等级制度，什么虚伪的忠孝仁义，什么恶善的神佛鬼怪，他压根就不放在眼里。但是，进入适塾后，他的思想慢慢发生了改变，这要感激校长绪方洪庵潜移默化的影响。

绪方洪庵爱生如子，他对待自己的学生就像父母对待自己的孩子那样，关心备至，时时呵护。有一次，福泽谕吉生了重病，绪方洪庵亲自为他诊病煎药，但仍旧不放心，另请了一名医生为福泽谕吉看病。这大家都知道，一般再高明的医生也不为自己家人看病，因为关心则乱，开处方时难免缩手缩脚，所以一定要另请高明。

大村益次郎塑像

绪方洪庵的言行举止深深影响了福泽谕吉，对他以后的为人处世也产生了直接的影响。福泽谕吉对绪方洪庵夫妇非常尊敬和孝敬，即便绪方洪庵夫妇死后，他只要一回大阪，就先上绪方洪庵夫妇的陵园去

扫墓，并且拒绝随行人员的帮忙，亲自动手将墓碑擦洗得干干净净，然后再行跪拜礼。

后来，黑船来航，日本被迫开国，福泽谕吉被邀请到江户开设兰学学校，当起了老师。当时，横滨成了外国人在日本的聚集地，福泽谕吉抱着考察兼好奇的心理去了一趟，大受刺激，因为他突然发现自己落伍了，他所精通的兰学在横滨几乎派不上用场，因为大行其道的是英语。

英语才是时代的潮流，才是强者的语言。福泽谕吉认识到了这一点后，立马改学英语，可是苦于找不到能教英语的老师，于是他只好凭借《兰英对译字典》和《兰英会话》等书，埋头自学起来。

半年后，福泽谕吉有了一次到美国出公差的机会，但是因为时间紧任务重，他没能对美国作一番全面的了解，只携带了一部《韦伯斯特大辞典》回来了。这也是日本输入这种辞典的开始。

回国之后，福泽谕吉进入了外交部，翻译日本与外国往来的公文。借此机会，福泽谕吉又大大增强了英语能力。有感于英语的重要性，福泽谕吉废除了家塾的兰学，改授英文。

此后，福泽谕吉又两次赴欧美公干，对西方社会有了更全面更深入的了解，西方的强盛、开明，让他对日本落后的等级制度更加深恶痛绝。他先写了一本书叫《西洋事情》，全面介绍了西方的权利义务观念、文教政经等情况，大大开阔了日本人的眼界，成为当时有识之士的必读书。

只有强者的语言才能通行，英语取代了荷兰语。日本一向崇拜强者，所以学习英语的日本人越来越多，但在江户教授英文的学校只有一所，就是福泽谕吉所办的家塾，简直是人满为患。尤其是日本内乱平定后，很多曾持刀扛枪的年轻士兵从军队中退下来，拥入学校学习英语。但这些人兵痞作风严重，动辄拔刀相向，斗殴更是家常便饭，眼看就要把福泽谕吉的私塾变成黑社会团伙。为了整顿校风，福泽谕吉制定了几条校规，并以身作则，以个人魅力征服之。

福泽谕吉实在是个好老师，他深爱自己的学生。有些学生家境贫寒，不得不花费大量时间和精力去抄录兰书以获取一些生活费，福泽谕吉便把自己

所得的稿费拿出来资助他们，以免他们耽误大好时光。要是学生久病初愈回到学塾，他就高兴得像看到久别重逢的亲生儿子一般。

在福泽谕吉的熏陶和谆谆教诲下，他的义塾蔚然成为学术气息浓郁的学园。1868 年时，义塾迁到新钱座，改称庆应义塾。

福泽谕吉不但是一位伟大的教育家，同时还是一位多产的著作家，他写了很多本书，阐述自己的思想。他还花费大量精力翻译国外书籍，共约有 60 多部，包罗万象，如同百科全书。

要想了解他的思想，他所著的两本书非看不可，即《劝学篇》和《脱亚论》。

《劝学篇》开篇第一句，在日本几乎尽人皆知："天不生人上之人，也不生人下之人。"与秦朝陈胜起义时所说的"王侯将相，宁有种乎"有异曲同工之妙。福泽谕吉写作这本书的动机，就如《玉川百科大辞典》中所言，因"坚信尽快扫除封建思想，达成每个人的自主和独立是时代的要求、国家的富强之路，而写作了《劝学篇》"。

《脱亚论》，很多中国人比较熟，福泽谕吉在文章中写道："与其坐等邻邦之进，退而与之共同复兴东亚，不如脱离其行伍，而与西洋各文明国家共进退。"这就是福泽谕吉"脱亚入欧"的观点，对日本影响极深。就是今天，日本人也乐意把自己归属为西方世界，而不愿与亚洲国家为伍。

我家天皇是神

前面说过，明治维新是一个"自上而下"的运动，世袭藩政制度早已不得人心，那些维新志士想建立统一的日本制度，归政天皇，行使中央集权制。这样的话，就要对日本旧有制度进行全面的改革。

但是，改革可是个危险系数极高的活儿，弄不好要掉脑袋的。康有为等人搞的什么戊戌变法，不就是现成的例子吗？日本这事也很多。就拿大村益次郎来说吧，想搞兵制改革，农民可以加入军队变成武士，武士不合格就要

被踢出队伍成为农民。这政策一出来，是有人欢喜有人愁，欢喜的自然是农民，愁的当然是武士，特别是那些被踢出革命队伍的武士，因怒生恨，恨不能将始作俑者大村益次郎活劈了。

但是大村益次郎可没工夫答理他们，他正忙着别的事。什么事呢？建造靖国神社。这可是天皇亲自主抓的工程，目的是纪念那些为天皇战死的烈士。大村益次郎不敢怠慢，日夜赶工，只用了十多天的时间，就把神社的主体建筑结构完工了，看这效率！

天皇也非常高兴，亲自题名“东京招魂社”。首批进驻神社的人有7751个，其中包括维新先驱吉田松阴、坂本龙马、高杉晋作等人。作为建造指挥的大村益次郎估计没想到，他很快也会成为其中的一员，后面会讲到。

十年后，明治天皇有一次翻看中国的《左传》，看到“僖公二十三年”时，其中有一句话“吾以靖国也”启发了他，于是，把“东京招魂社”改名为“靖国神社”。

建好了靖国神社，大村益次郎又回到军界搞他的兵制改革。其实，他自己也知道，自己干的都是得罪人的事，而且得罪的还是那些扛刀的、容易冲动的武士，所以，他也提高警惕，小心出入，以防不测。

千防万防，还是万一难防。这天，大村益次郎与教授安达幸之助等人正在吃晚饭，忽然楼下有两个武士来访，大家还没搞明白怎么回事，这两人怪吼一声：“大村益次郎！”冲上来就是一顿猛砍。大村益次郎等人因为正在吃饭，所以没把刀带在身边，只好慌忙躲避。

正在这时，灯忽然灭了，黑咕隆咚的，杀手也摸不清谁是大村益次郎。教授安达幸之助这时从楼上跳下来，一边逃一边喊：“快来人啊！有刺客！”杀手还以为他是大村益次郎，立刻追了出去。可安达幸之助没跑多远，前面闪出一个人来：“你就是喊破了喉咙也没有用！”原来这里有伏兵，真是前有狼后有虎，安达幸之助被砍成了人肉排骨。

大村益次郎倒没被砍死，就是大腿上中了一刀，伤势很严重。日本医生及外国医生，包括他老师绪方洪庵的次子惟准、好朋友楠木稻，从各地赶来对他进行了会诊，可治疗效果不能令人满意。坚持了两个月后，不想英年早逝的大

大村益次郎之墓

村益次郎还是英年早逝了。

据说死因是耽误了最佳的治疗时间，当时那名外国医生建议立即对大村益次郎进行截肢手术，其他医生也同意，但是却拖了一段时间。因为日本政府有规定，像大村益次郎这样的高官，锯他的腿是必须履行一套手续的，要先写条子向上审报，等天皇批准了才能动刀子。结果，大村益次郎就“杯具”了。唉，官僚主义害死人呐。

大村益次郎是老实了，日本政界依旧还是闹哄哄的。先是把以前实行的那一套官制通通废除了，要搞“神权统治”，就是“政教一致”。简言之，就是说日本要实行政治和宗教相结合的统治方针。“教”是指日本的神道教，什么祭司、巫女呀都是属于神道教的。

神权统治，自然少不了“神”的参与，可神仙这么多，据相关部门统计，约有八千万，光是一颗大米里就有八十八位神仙（神仙也蜗居？），但是真神谁也没见过，硬拉一位“神”出来，实在缺乏说服力。但是活人岂能让尿憋死？“有条件上，没条件创造条件也要上”，没真神咱就给他造一个出来。

这样光荣而艰巨的任务非天皇莫属了。民间一直流传天皇就是神的传人，虽然他和我们一样吃喝拉撒睡，但老百姓依旧坚信天皇是神不是人。

太好了，为了加强老百姓的这种观念，明治政府决定设立神祇官。其实这个职位早就有了，只不过现在增加了一些新内容。除了祭祀，处理宗教事务等，还要管理丧葬事宜。同时，还设了一个宣教使，顾名思义，就是宣传、教化的意思，就是让老百姓肯定、确定天皇是神不是人，发动群众加入到神道教的光明事业中来。

准备工作做得差不多了，明治三年伊始，明治政府就正式诏告天下，神道教是日本的国教，天皇没人格了，是神格。而且，为了尊崇国教，其他宗教一律不准再在日本显眼。

这有点“罢黜百教，独尊神道”的意思。

但是这一条令刚出来，有人就急眼了。大藏卿伊达宗城立马揪起神祇官的脖子："你脑子进水了？洋教也敢禁？要是得罪了洋人你负得了责任吗？！"

伊达宗城没法不生气，因为他正低声下气地跟英国人借钱造铁路，要是禁了洋教，英国人还不跟他翻脸？这可是个重大事件，搞不好要弄出国际纠纷，因此，神祇官马上表态，您老别上火，洋教的事咱另说。

其实，洋教当时在日本来说还是个新鲜事物，除了那些洋人，没几个人信。要说深入人心的，那还得首推人家佛教。

佛教自打传入日本，就以摧枯拉朽之势，迅速占领了日本人民的心灵，生根发芽乃至壮大，虽然历史上曾遭过几次破坏，至今仍延续不衰。

要说这佛教与神道教的关系，就像 DNA 的双螺旋结构，完全可以用“在竞争中合作，在合作中竞争”来形容，早已是你中有我，我中有你。老百姓是兼而信之，在生活中常把它们混为一体。

在中国，佛教和道教的关系就是这样，很多老百姓以为玉皇大帝也是佛教中人，特别是在广大农村，可以经常看到如来佛祖像下面供着猪头肉！而在城市，市民朋友们常孝敬佛爷猪肉大葱馅的饺子。

不过，此时日本的佛教又面临一次大劫。你想啊，要“独尊神道”，就得清理佛教，于是，一场废佛毁释的运动上演了。

砸佛像，毁经文，尼姑改行去当巫女，高级点的和尚转到神社去当神官，没出路的和尚就得还俗，要是身体强壮就拉去充军，庙产充当军费……总之，在这次运动中，大量佛教物品受到毁坏，如千叶县锯山上的日本寺，在圣武天皇时代曾造了一座高达 37 米的药师如来佛像，是镇寺之宝，在这次运动中化为齑粉。

但是，佛教早已在日本扎了根，与老百姓的生活融合到了一起，破坏佛教就是破坏老百姓的生活，因此，这场灭佛运动没开展多久，就搞得天怒人怨，不得已，只好停止了。

强国之路——废藩置县

明治之前，从严格意义上讲，日本还不能称得上是一个真正的“国家”。全国划分为三百多个藩，各藩各搞各的，虽然名义上归天皇领导，但天皇是怎么回事大家心里都清楚；天皇之下，就是幕府的征夷大将军，但其权力时不时也给架空了。总之，各藩的藩主一个个都是土皇帝，还有自己的武装，之前那么多战争，大多都是藩与藩的斗争。

要想统一日本，建立真正的中央集权国家，就要废藩，化零为整，由中央政府统一指挥。但这谈何容易？各藩都有自己的武装，你说缴械就缴械呀？所以，进行军制改革势在必行。

英年早逝的大村益次郎就意识到了这一点，他认为兵乃“治国之要器”，务必实现“兵权归一”。为此，他提出了《兵部省前景规划》，主张实行全国统一军制，结束各藩军制混乱的局面。但是，他才刚开了个头，就被砍死了。他的继任者山县有朋，刚从欧美考察回来，对兵制改革那也是非常热心。

同大村益次郎一样，山县有朋也认为：“欲完成维新大业，必须打破列藩割据的弊端，实行中央集权，巩固政府基础。而欲实行中央集权，巩固政府基础，就必须建设帝国陆军，统全国兵权于中央。”他充分强调了军事力

山县有朋

量的重要性，宣称："强兵为富国之本，而不是富国为强兵之本。"

这有点军国主义的苗头。

山县有朋比大村益次郎圆滑多了，大村益次郎为了建立统一的军队，士兵的选择不再考虑武士出身，只要符合条件，农民也可以吃军粮，因此得罪了武士，被搞掉了。山县有朋和他有着同样的目标，但是手段不同，他把士兵的选择权推到各藩身上，他说："每一万石征五人，没有出身限制，各藩自己择优录取。"就这样，大村益次郎没解决的问题，让山县有朋搞定了。

但是这远远不够。山县有朋、西乡隆盛、大久保利通等人商议后，觉得要搞中央集权，天皇没力量可不行，必须得有自己直属的武装，相当于中国皇帝的御林军，负责保卫天皇、保卫皇宫。于是山县有朋等人从萨摩、长州和土佐三藩中筛选出约 1 万名精壮士兵，组成御亲兵，装备精良，看谁还敢把天皇不当回事儿！

好了，有了军队就不怕有人敢闹事，"废藩置县"就提上日程了。

之前版籍奉还，天皇遇到了天上掉馅饼的好事。那时，新政府将全日本划分为 305 个行政单位，每个行政单位的负责人由原来的藩主担任，只不过换了个称呼，现在叫知事，基本上没大变动。

在颁布废藩置县令的前夕，天皇下令，招长州藩、萨摩藩、佐贺藩等 56 藩的知事通通来京议事。这原 56 藩藩主心里直犯嘀咕，这无缘无故，又不逢年过节的，把自己都叫来皇宫干吗？新春茶话会？也不是季节啊。

正在藩主们疑惑不安时，深孚众望的大公卿岩仓具视笑眯眯地出现了，各位好啊，宣布个事儿，就是废藩置县诏，解释一下，就是你们各位知事集体下岗了，一律待在东京，不得随意走动，否则后果自负哟。

知事变成了人质，原 56 藩主终于明白了怎么回事。

这56藩是所有藩中实力比较强的，虽说天皇有了军队，这些家伙不敢轻易造反，但为了以防万一，造成不必要的损失，明治政府的头头们还是觉得把这些藩主放到眼皮底下比较安心。只要搞定了这56藩，其他的小藩就不成问题了。

事实确实如此，就算这56藩想造反，可藩主捏在政府手里，也只好乖乖服从政府听指挥了。

至此除琉球藩外，所有的藩被废除，设置了三府72县，个别比较特殊的地方仍叫府或道。县知事由政府任命，这样一来，过去的府、藩、县三治被废除，确立了中央集权的体制。

既然废了藩置了县，那以前什么萨摩藩、长州藩再叫着就不合适了，要改，最简单直接的改法就是把藩改成县，比如萨摩藩就改叫萨摩县，这多直观啊。但是，“维新三杰”之一的木户孝允提出了反对意见，他说：“新社会要有新气象，如果还沿用老名字的话，很容易让人联想到旧时代的想法，不符合维新的潮流，这名字必须得新改。”

于是，萨摩藩改成了鹿儿岛县，长州藩摇身变成了山口县。

废藩置县两周后，明治政府又进行了中央官制的大改革，实行由正院、左院、右院组成的太政官三院制。正院是天皇亲裁的日本最高行政机构，由太政大臣、左右大臣、参议负责政务。左院主要是搞法律的，议长、议员的主要工作就是从事法规的制定和接受正院的咨询。右院掌管省务，由各省的长官、次官即卿、大辅共同协商省务。

在一系列的官制改革和人事变动中，以前的旧公卿和大名从高官中被排挤出来，只剩下三条实美和岩仓具视。三条实美担任了太政大臣，一人之下，万人之上，是日本的二把手。岩仓具视担任右大臣，左大臣是万里小路博房，跟其他人相比，此人没知名度，也没什么作为，但是作为三条实美长期而忠实的粉丝，他终于走过“万里小路”，成了日本的三把手。参议有四个，分别是萨摩藩的西乡隆盛、长州藩的木户孝允、佐贺藩的大限重信、土佐藩的板垣退助，这四藩实力最强，在明治政府中一直担任重要角色。而大久保利通担任了大藏省的大藏大辅，大藏省掌握着内政和财政大权，是个好地方。

排好了位置，就可以坐下来喝口茶，大家伙儿聊聊日本未来的方向。虽说维新搞得轰轰烈烈，希望日本成为像西方列强那样强盛的国家，但是怎么个走法，大家还是很茫然。

右大臣岩仓具视，绝不负“具视”之名，非常具有国际视野。他提出：不如组一个团到国外考察考察，一来可以跟各国打个招呼；二来可以与各国讨论讨论修改条约的事，幕府以前可是与各国签了不少不平等条约；三是了解一下西洋各国的文物制度；这四呢，可以派遣一些留学生，为国家培养后继人才。一举数得，何乐而不为呢？

废藩置县后中央官制改革图

东瀛奇葩——日本第一代女留学生

岩仓具视的提议深得人心，很快获得了批准。明治四年十月，岩仓具视被任命为特命全权大使，率领参议木户孝允、大藏卿大久保利通、工部大辅伊藤博文等人，再加上随行人员，共计46人，同行的还有留学欧美的59人，总人数超过100人。日本史上有名的“岩仓考察团”诞生了。

岩仓具视

当然，走之前，还有一件重要的事情要做。你想啊，岩仓具视、木户孝允、大久保利通等人都是明治政府中的高官、首脑人物，这一下西洋，还不得考察个一年半载地再回来？其间不定发生什么事呢，很可能等他们考察完回来，突然发现政府的大门进不去了，门卫会拦住说：“你谁啊？我们这没你这号人，赶紧的，从哪儿来回哪儿去。”

这极有可能发生，因此，岩仓具视等人与留守的三条实美、西乡隆盛等人交换了盟约十二条，约定在考察团外出考察期间，政府不得随便变革内政和人事。

值得一提的是，在这批留学生中，有五个花季女孩，是日本第一批女留学生。日本向来有男尊女卑的传统，怎么会忽然想起派遣女留学生呢？这要感谢黑田清隆，一个改了名字的熟人——黑田了介，就是对榎本武扬高抬贵手的那位仁兄。这哥们儿很非主流，他说：“要培养优秀的人才就要先培养优秀的母亲。”这一下透过现象看到了本质，多么富有远见卓识的男人！

这五个女留学生，是津田梅子（7岁）、山川捨松（11岁）、永井繁子（10岁）、上田悌子（16岁）和吉益亮子（16岁），后来归国后，都成了日

本的有用之材，特别是津田梅子和山川捨松两人，在日本非常有名。

差不多在同一时间，中国清政府也向美国官派了第一批留美学生，其中就有闻名遐迩的“中国铁路之父”詹天佑。詹天佑在美国先后就学于威哈吩小学和弩哈吩中学，学习非常刻苦。中国学生的学习能力举世皆知，詹天佑更是一个满怀报国理想的聪明孩子，在国内都是拔尖的，但是从威哈吩到弩哈吩，他一直在郁闷中，因为他成了传说中的“万年第二”。总有一个女同学排在他前边。

这个女同学是谁呢？就是山川捨松。她加入岩仓考察团时年龄才 11 岁，后毕业于美国著名的瓦萨女子大学。她在美国待了 11 年，学成归国之时已是 22 岁，这时她完全是美国作风，连日本话都说不利索了，又重新练了好几个月才恢复一些。

回到日本后，家人开始为山川捨松的婚事操心。因为当时流行早婚，20 多岁还没有婆家的姑娘就成了“剩女”了，是要遭人嘲笑和白眼的。但身为第一代日本女海归的山川捨松哪看得上这些？除了好笑还是觉得好笑，不过，她很快有了心上人，谈起了自由恋爱。

山川捨松的男朋友叫大山岩，在日本也是个响当当的人物，他的堂兄就是“萨摩英雄”西乡隆盛。中日甲午战争时，大山岩任日军第二军长，占领威海卫，没少祸害中国老百姓；日俄战争期间，大山岩任日本满洲军总司令，数次击败占优势的俄军，赢得了日俄战争的胜利。

大山岩早已娶妻生女，遇到山川捨松之前，老婆刚好生病死了，成了鳏夫。大山岩正值壮年，怎能独守空房？他很快开始寻觅第二春。而山川捨松正是大龄待嫁，两人认识后，很快坠入了爱河，拍拖不到三个月就谈婚论嫁起来。

但是这门亲事遭到了女方家长的强烈反对。这里要先说明一下，山川捨松是会津藩人，而大山岩是萨摩藩人。当年会津大战，大山岩是炮兵队长，没少往会津城里扔炸弹，而山川捨松的大哥山川浩，不巧正是当时守卫会津的负责人。此战以会津的惨败而收场，而长州藩还搞了一个“会津晒尸”的行为艺术，更增加了会津人对长州人、萨摩人的仇恨。

当年的死敌竟想成为自己的亲妹夫，这怎能不让山川浩怒火中烧？他断然不能答应两人的亲事。山川捨松的母亲也持反对态度。那时日本也讲究“父母之命，媒妁之言”，没有家长的同意，就想把人家姑娘娶走？没门儿。

不经一番痛和苦，孰能抱得美人归？大山岩不顾山川浩的冷眼和怒骂，数度苦苦哀求，终于得到山川浩“随便你们”的回答。

好了，有情人终成眷属。山川捨松是海归，大山岩也在法国学习过，两人作风都很洋派，他们的婚礼也跟别人搞得不一样，婚柬上竟然写的是法语！

日本开设了鹿鸣馆，极力向西方学习和与洋人交流，山川捨松因为熟悉西洋礼节和舞蹈，便指导日本政府高官如何与洋人打交道，同时，她积极与外国人交际，成为“鹿鸣馆的贵妇人”，这个后面还要讲到。

有“东瀛奇葩”之称的津田梅子，更是日本女性中的一个佼佼者，也是现今日本名校津田塾大学的创始人。

津田梅子的父亲精通英语，曾作为德川幕府外交官的翻译赴美，当他得知政府招收女留学生时，就给自己年仅七岁的女儿津田梅子报了名。七岁的小女孩知道什么呢？但津田梅子的父亲对自己的女儿十分有信心。

俗话说：知女莫若父。津田梅子从小就流露出一股与众不同的坚毅气质，这也是她凭弱龄在众多女孩中脱颖而出的重要原因。这五名被挑选出来的女留学生，曾立誓要“一生独身，齐心协力建立女子学校”，让文明照进日本女性世界。

按照美国的生活习惯，年幼的梅子住进了华盛顿郊外琅门夫妇的家里，并在那里上小学。琅门夫妇没有孩子，因此对梅子格外照顾和疼爱。梅子也把他们当做亲生父母般敬爱，琅门夫妇是虔诚的基督教徒，梅子受他们的影响，也接受了基督教洗礼。基督教那种在神的面前人类一切平等的思想，对梅子形成男女平等观念起到了积极的作用。

十年过后，梅子回到了祖国，可面对前来迎接她的家人，她竟然说不出一句话来，因为她也把日语忘光了。

回国后不久，梅子成为贵族女子学校的英语老师。但是，这种女子学校的教学目标是培养“贤妻良母”，主要教女子如何要“三从四德”、处理家务

等，梅子对此深感失望。

几年后，梅子再到美国留学，学习生物学，后又在师范学校学习教育学和教授法。在留学的三年里，梅子课余时间就四处奔走，并设立了“日本妇女在美奖学金”，为日本女留学生提供学费和活动经费。

归国后，梅子仍在贵族女子学校教书，但同时，她开始着手创建一所真正的、没有等级身份限制的女子学校。明治三十三年，在山川捨松、永井繁子等人的支持下，终于建立了女子英学私塾。不过，建校伊始，梅子的私塾只招收到十名学生，但不久报名人数激增，最后发展成为现今著名的津田塾大学。

津田梅子终生独身，把大部分时间和精力都奉献给了日本女子教育，成为日本真正的女子高等教育的先驱者。

再来说说岩仓考察团。

考察团在岩仓具视的带领下，漂洋过海来到美国，想跟美国谈谈修改条约的事，但是美国方面却提出了新的要求。美国要求日本允许外国人在日本内地旅行，并允许日本人有信教的自由，这话说得好听，好像是为日本人民着想似的，其实是保证外国人在日本有自由传教的权利。不但美国如此，其他国家如英、法、德、意等国也提出类似的要求。可以说，考察团此行在修改条约方面基本上是一无所获，通过这次交涉，让日本更加认识到了“弱国无外交”、“强权即真理”的深刻道理。

“岩仓考察团”（使节团主要成员，右起为大久保利通、伊藤博文、岩仓具视和木户孝允等）

但是从另一方面讲，考察团收获巨大。在考察欧美各国的先进文化制度的过程中，考察团事先就做好了分工，对欧美各国的各个方面，如法律、财政、产业、教育等，都安排了专人考察。日本人的考察精神在全世界都是出

了名的，那就是认真两个字，《特命全权大使使美欧回览实记》中言考察团“日日鞅掌，不暇宁处”，连外国的贫民窟都详细进行了考察。因此，考察成果显著，对日本近代化政策的制定贡献巨大。

无独有偶，清朝末年光绪皇帝也派了一个考察团，为“五大臣考察团”，这五大臣分别是清朝宗室镇国公载泽、户部左侍郎戴鸿慈、兵部侍郎徐世昌、湖南巡抚端方、顺天府丞李盛铎，都是清廷高官，考察团规格之高前所未有。与岩仓考察团类似的是，考察团也派遣了留学生，且随行的还有二十多名中央各部官员及地方候补官员。

五大臣考察团的目的为：“方今时局艰难，百端待理。朝廷屡下明诏，力图变法，锐意振兴。数年以来，规模虽具而实效未彰。总由承办人员向无讲求，未能洞达原委。似此因循敷衍，何由起衰弱而救颠危？兹特简载泽、戴鸿慈、徐世昌、端方等，随带人员，分赴东西洋各国考求一切政治，以期择善而从。嗣后再行选派，分班前往。其各随事诹询，悉心体察，用备甄采，毋负委任。”

五大臣考察团用了八个月考察了欧美十五个国家，没敢跟外国提修改条约的事，但其考察内容与日本差不多，写了两部日记，出了两本书，但流于“政绩工程”，没有什么实质性的觉悟。镇国公载泽对此次考察的认识很有意思，他说西洋各国为啥那样富强呢？乃是“豪杰所致”，因为外国人民人格高尚，意思就是说中国百姓没有高尚的人格，所以才导致国家贫穷落后（无语了）。因此，中国只有用圣人道德治国，才能延续大清万年基业。

唉，这就是中国式考察。

还是说岩仓考察团吧。岩仓考察团在欧美考察了一年多的时间，虽说考察得很有成就，但是花费也是相当惊人的，耗资高达一百万日元，那时还没通货膨胀，一百万日元约相当于现在的一百亿日元了。可以理解，毕竟是公差嘛。

虽然还有些恋恋不舍，考察团还是踏上了回国的路程。

征韩论争

岩仓具视刚踏上日本的土地，还没来得及呐喊一声："日本，我又回来了！"一下就被人紧紧拉住，岩仓具视不悦地看着那个紧拉住他的人，搞什么东东？我跟你好像不是那种"一日不见，如隔三秋"的关系吧？

可以肯定不是那种关系，因为这个人是岩仓具视家的男仆，只见他十万火急地说："大人，您可算回来了！大家都在御所等您开会呢！走，我在路上跟您说。"

原来，在岩仓具视考察期间，明治政府的那帮家伙不甘寂寞，整天打口水仗，这次又为是否"征韩"闹得鸡飞狗跳，办公室的桌子都让他们拍坏了好几张。

说起来这事也是国际纠纷，起因是当时朝鲜掌权的兴宣大院君，突然没头没脑地给日本送来一封绝交信。说你们白读了这么些年的圣贤书，居然敢搞改革开放，玷污儒教，你们眼里还有没有清朝老大哥？我代表朝鲜、代表正义跟你们绝交了。

说实话，兴宣大院君此举实在有点OUT（落伍）了，当时清朝都在搞洋务，跟外国人打得火热。而这位大院君却在搞闭关锁国政策，严禁外国人在朝鲜传教，他曾抓了九个法国传教士及其八千名信徒，然后杀了个一干二净，还真是狠角色。

日本其实也是个非常好面子的国家，这正雄心壮志地冲出亚洲呢，朝鲜就来了这么一封伤自尊的绝交信。太政大臣三条实美很窝火，立马派外务省官员佐田白茅火速赶往朝鲜，找兴宣大院君说道说道，但兴宣大院君连见都不见，就一句话：从哪儿来回哪儿去。没办法，佐田白茅只得摸摸鼻子，掉头原路返回日本。不过这哥们儿回去就对三条实美狠狠说了一通朝鲜的坏话，强烈要求三条实美给朝鲜点儿教训尝尝。

但三条实美忍了下来（要不说宰相肚里能撑船呢），他又派了外务省更高级别的吉冈弘毅往朝鲜跑一趟，但级别越高，待遇越差，吉冈弘毅到了

朝鲜，兴宣大院君对他不闻不问，连食宿都要求自理。吉冈弘毅很生气，但他也忍了下来（官做得越大，忍功越强），自理就自理，他正好借机到朝鲜四处搞情报，然后汇总成工作报告呈给三条实美，说朝鲜对日本有敌视情绪，且积贫积弱，日本完全可以拿下它。

三条实美

又是一份请战书。三条实美觉得事关重大，打赢了好说，万一打败了，责任可得自己全扛着。所以，他决定开会，议题就是“征韩”。

“萨摩英雄”西乡隆盛第一个积极发言，他说应该再派一个使者去朝鲜，这次去不是同朝鲜质问绝交的原因，而是劝朝鲜和日本一同开国，就是搞改革开放。

三条实美当下就给他驳了，说西乡君你脑袋让门挤了吧？朝鲜就是因为我们开国所以才宣布绝交的，现在去劝朝鲜开国，不是派人往枪口上撞吗？要是大院君一发狠，我们的使者不就死定了吗？

就是要他们死！西乡隆盛理直气壮地说，使者死了，我们不就有理由向朝鲜宣战了吗？老虎不发威，还当我们是病猫呢！

说得好！参会人员一下都激动起来，板垣退助、桐野利秋、后藤象二郎等人又是拍桌子又是跺脚，要打！要打！

不能打！曾主张培养优秀母亲的黑田清隆站出来反对，他说现在时机和条件都还不成熟，贸然发动战争是不明智的。

但是要打的占多数，不支持打的寥寥无几，连太政大臣三条实美都仿佛年轻了二十岁，感觉浑身的血都往脑门上涌。他立马表态，我现在就去跟天皇说一声，让他盖个章、发个文，大家准备打朝鲜。说完他撒腿就去找天皇了。

明治天皇支着胳膊，时不时挡一下三条实美喷来的唾沫，偶尔点一下头。等三条实美“演讲”完后，明治天皇体贴地说：“爱卿为国事操劳，着

实辛苦，早点回去休息吧。”但三条实美的脑袋还在充血中，他仍热切地盯着天皇。面对三条实美炽热的目光，明治天皇只好说：“右大臣他们还在国外考察，临走之前你们不是有盟约吗？有重大事件必须得告知他们，所以，这件事还是等到岩仓卿等人回来再议吧。”

话都说到这份儿上了，再不走就有点无理取闹了，三条实美只好打道回府了。在接下来的日子里，大家都是在吵架中度过的，直到岩仓具视回来。

在万众期待中，岩仓具视终于到达了会场，众人立刻将他围到当中，七嘴八舌地发表自己的意见。在一片聒噪声中，岩仓具视终于闹明白了事情的原委，他大喝一声：“大家听我说！”大家一下都安静下来，眼巴巴地瞅着岩仓具视。岩仓具视轻咳了一声，说：“这仗不能打。”

什么？！会场一下又鼎沸起来，有高兴的、有愤怒的，主张打的西乡隆盛第一个就不服气：“怎么不能打？”

“你以为日本现在真的很强大吗？”见过世面的人就是不一样，岩仓具视在国外这一年多，吃了多少闭门羹，跟欧美列强相比，日本还差得远哩！要打也得等到日本有那个实力再说。

算了，废话少说，大家开始站队伍，主张征韩的有西乡隆盛、江藤新平、大隈重信、副岛种臣、后藤象二郎及桐野利秋等人，而持反对意见的人有岩仓具视、大久保利通、木户孝允、黑田清隆等人。太政大臣三条实美也赞同征韩，但是他却宣布中立，谁也不得罪，真是老滑头。

西乡隆盛说起来也不是那种战争狂，为啥这时坚持要征韩呢？这事说来话长，西乡隆盛也有不得已的苦衷。主要原因是前段时间日本又是兵制改革，又是废藩置县，很多养尊处优的武士都失了业，据世界最神秘的部门——相关部门——统计，失业人数达到 40 万之多。虽然失了业，但不能失了武士的身份，很多下岗武士不愿意放下屠刀立地成佛，更不屑于与农民为伍，宁愿偷鸡摸狗也不愿意拿起锄头种地，整天无所事事，拿着刀在街上乱转，给社会治安带来了重大隐患。急需将这些人的精力及不满情绪找个地发泄出来，战争是最好的解决办法了。

大隈重信是大藏大辅，管财政的，他为啥也热衷征韩呢？因为钱，因为

穷。武士们是要吃俸禄的，每月该拿的一个子儿也不能少，他要是敢不给，很可能就看不到明天的太阳。还有那些公务员的工资也是赖不掉的，而且岩仓考察团也是花费惊人，要是考察团再在外待几个月，明治政府真是要穷得一无所有了。大隈重信几乎成了贾府里的王熙凤，“千挪万凑的”，可钱还是不够花。

发动一场战争多好，一举数得，让这些武士有事干，打赢了就能获得大量财物，打输了也解决掉一些人口，省得那么多张嘴整天要吃要喝的。怎么算都不吃亏。

但岩仓具视依旧保持了冷静头脑，他认为，打是肯定要打的，但不是现在，得等到日本发展得差不多了才能打，到那时你不想打也得打，而且一打必胜。

可西乡隆盛说，再等黄花菜都凉了，现在是抢地盘的黄金时间，再晚好地方就都让别人抢光了，您老人家明不明白？

岩仓具视两手一摊，那好吧，那先把胜海舟叫来商议一下吧。胜海舟此时是海军卿，掌管日本海军，想打朝鲜没他可不行。

胜海舟一到场就来了个疑问句：“各位英雄，此战你们是要飞到朝鲜呢，还是游到朝鲜呢？”

西乡隆盛等人一听就生气了，好好说话行不行？我们要是会飞还用跟你在这儿废话？当然是要坐军舰啊。

“坐军舰？很抱歉，没有。”胜海舟开始诉苦了，说日本海军目前的战斗力极弱，别说打了，连运输都成问题，能不能把你们运到朝鲜都得另说，更别指望帮你们打仗了。

西乡隆盛刚要反驳，被大久保利通抢了先：“打仗可以，不过你们要自费”。此时大久保利通已代替伊达宗城成了大藏卿，想要钱得找他批条子。

我们可是为日本而战！西乡隆盛等人与大久保利通吵了起来，岩仓具视看这么吵下去也不是办法，就找了个借口，说自己在海上颠簸了好几天，非常累，要先回家休息休息，然后再仔细考虑一下征韩的事。大家一想有理，那就先散了吧。

经过一星期的准备，会议再次召开，岩仓具视率先发言：“如果我们征韩，清朝支援他们怎么办？”“还有俄国。”大久保利通补充了一句。会场一

下静了下来。清朝虽说现在国力衰弱，但估计打日本还是不成问题的。

西乡隆盛有点词穷，就说："那咱就投票吧。"

投票结果显示，中立两票，赞成票及反对票各四票。也就是说，依旧没有结果，还得吵。

一连吵了四天，似乎还没结束的可能。这天下午，正当大家撸袖子叉腰准备战斗的时候，只见太政大臣三条实美忽然仰天狂笑："呜哈哈哈……呜哈哈哈……"然后一连串的日本脏话，把大家吓了一跳，都惊愕地看着三条实美。

天哪，太政大臣失心疯了，大家反应过来，赶忙把三条实美搀下去休息，天皇听说后也赶忙前来探望，会议只好暂时中断。

天皇任命岩仓具视为代理太政大臣，主持会议。岩仓具视决定来招阴的，他对大家说："鉴于为大家的身体健康着想，今天散会之后，休息几天，什么时候再开会，大家听通知吧。"

一个星期后，一道天皇诏令下来了，说什么征韩时机未到，暂且忍耐云云。言外之意就是说，征韩的事，以后再说。

敢阴我？老子不干了。西乡隆盛非常窝火，他立刻提出了辞职，接着板垣退助、江藤新平、副岛种臣等人也纷纷辞职。岩仓具视也发狠了，辞职是吧，老子通通批准。结果，几天内就有六百多人辞了职。

但岩仓具视毫不手软，他一边补缺，一边急聘新人，就是不妥协。

这次闹得沸沸扬扬的事件就是"明治六年政变"。

因为岩仓具视下手太狠，自然成了刺杀对象，不过，他很机灵，跳到河里逃过了一劫，算是活到了寿终正寝。

要回到原来的武士世界

因为征韩问题，以西乡隆盛为首的六百多号公务员集体大辞职，搞得政府机关差点瘫痪，不过，硬是让牛人岩仓具视给顶住了。这年头，三条腿的

蛤蟆难找，两条腿的人可到处都是啊。

在辞职的人当中，有一个叫江藤新平的，他原来的职务是司法卿，专门修订法律的，日本近代的警察制度及通缉制度，都是由他一手制定的。作为一名司法大臣，他的工作无疑是优秀的，他在任时首次提出，以后日本的通缉令要附上犯人的照片，这是个非常有建设性的意见。因为当时警察抓人时，由于负责抓捕的人和犯人不认识，所以经常会发生警察向犯人问路，或向犯人打听其情况的事情，等警察明白过来，犯人早逃得无影无踪了。

所以，在通缉令上贴上照片，肯定会事半功倍，极大地提高警察的抓捕效率。但是，让江藤新平万万没想到的是，他头一个提出来的先进意见，同时也让他成了头一个被新版通缉令成功抓捕的人。

真是无巧不成书啊。

前司法大臣怎么就成了通缉犯呢？说起这件事，江藤新平也很郁闷。

江藤新平

征韩论争，江藤新平是站在西乡隆盛这一头的，西乡隆盛辞职后，他也跟着辞了职，回到了自己的家乡佐贺，情形颇有些狼狈。但是，在家待了一段时间以后，江藤新平发现，佐贺的很多下岗武士也强烈支持征韩。并且，这些下岗武士对江藤新平推崇备至，甚至是唯命是从。

在这些下岗武士的追捧下，官场失意的江藤新平一下又振作起来，他觉得征韩大有希望，于是就上下活动，召集了一批人成立了一个叫“征韩党”的组织。而在他之前，佐贺还成立了一个叫“忧国党”的党派，也是由一帮下岗武士组成的，都下岗了还“忧国”，一看就不是什么安分的主儿。

“忧国党”的老大叫岛义勇，当年和江藤新平也是勾肩搭背的好哥们儿，他一看江藤新平回来了，便主动让贤，说新平哥脑子好使、资历老，还是由新

平哥来领导我们工作吧。凡是人都经不起恭维，江藤新平脑子一热，好，“忧国党”的老大我当了。

新官上任三把火，江藤新平在官场里混过就是不一样，知道一切活动都得有个名正言顺的名头，于是他给“忧国党”琢磨了一个党章，中心思想就是“要回到原来的武士世界”。

这一下可说到这些下岗武士的心坎里去了，“原来的武士世界”多好，武士就是身份的象征，哪个农民见了武士不得毕恭毕敬、打躬作揖的？哪像现在，农民不但可以与武士平起平坐了，并且武士还要下岗！“忧国党”的成员们一下沸腾了，振臂高呼：“要回到原来的武士世界！”

你说回就回？我说不让回！大久保利通听到佐贺这帮人的动静后，立马派人对佐贺进行严密监视和防范，并即刻指任了一个佐贺县权令前往佐贺维持当地治安。佐贺县权令权力很大，地位和佐贺县令差不多，对佐贺县权令的人选，大久保利通也是经过精挑细选的，被他选中的人叫岩村精一郎。这家伙可不是无名之辈，当年新政府与“奥羽越列藩同盟”大战，他立功不少，曾把同盟军的河进继之助逼得无路可走。

其实，江藤新平虽然嚷嚷着“要回到原来的武士世界”，可并没有要和政府作对的意思，更不想造反，他还惦记着他那个公务员的位置呢。所以，“忧国党”叫得挺欢，不过是雷声大雨点小，没搞什么阴谋颠覆政府的活动，只是时不时地朝当地商家“借点钱”，收点“保护费”啥的。要知道，这帮人都是下岗武士，穷。想听艺伎唱个歌跳个舞啥的，都要花钱的，所以不得不想法子搞点经费。

但是，岩村精一郎可是怀着极高的戒备意识来防范“忧国党”的，他们的一举一动都在他的监视之下。可能是立功心切，1874 年 2 月 3 日，岩村精一郎给大久保利通发了一个加急电，说“忧国党”目前活动频繁，正大肆向商家借钱，还与一家叫小野组的富商发生了武力冲突，种种迹象表明，“忧国党”最近可能要有大动作，政府宜及早作好应对准备。

那些下岗武士对政府不满，大久保利通是非常清楚的，尤其是征韩论争过后，这些武士更是蠢蠢欲动。因此，当接到岩村精一郎的密报后，大久保

利通也以为佐贺这帮人真要造反了，于是他急忙命岩村精一郎调动队伍秘密进入佐贺境内待命。

岩村精一郎接到命令后，调动熊本县陆军六百四十人向佐贺进发。不过，世上没有不透风的墙，佐贺那帮人早已得知了他们进军的消息，并派了一个人前来谈判。这时，岩村精一郎带着队伍还在半道上，只见一个人大老远地就冲他打招呼："别开枪！我是征韩党的中山一郎，是来跟你谈判的！"

谈判就谈判，岩村精一郎就与中山一郎谈判起来。

中山一郎率先发问："岩村君带领军队前往佐贺，是要把我们这些曾经跟你们一起战斗过的武士们赶尽杀绝吗？"

岩村精一郎回答说："这个你没必要知道，只要……"岩村精一郎话还没说完，对方调头就走，而且速度奇快，快到岩村精一郎还以为发生了什么事，搞得他莫名其妙，他说错什么了吗？

其实，他是想说政府没有要把他们赶尽杀绝的意思，只要他们安分守己，不跟政府作对，政府会对他们宽大处理的。可没想到，前来谈判的中山一郎心情很悲愤，岩村精一郎一张口，就触动了他敏感的神经，导致他误会了对方的意思。

因此，这次谈判仅用了两分钟时间不到就宣告破裂。

唉，一切都是个误会啊。

再说江藤新平，当他听了中山一郎的"如实"汇报后，心一下瓦凉瓦凉的，他真的没想同政府作对啊，可如今政府要上门剿他，他不想反也不成了。于是，江藤新平吹响集结号，将佐贺的所有"忧国党"成员集结起来，攻占了佐贺县的政府大楼，然后向佐贺城发动了进攻。

岩村精一郎虽说已经率兵驻防佐贺城，可是总共人马不到八百，而江藤新平却有四千五百之众。因此，政府军一开始便落于下风，岩村精一郎一看，如果再这么硬拼下去，自己非交待在这里不可，于是下令退出了佐贺城。

得知消息后的大久保利通，立马率部亲征。为了确保胜利，他出动了五千多人的陆军部队，还调动了十五艘军舰开往佐贺，声势十分浩大。并且，大久保利通还下了一绝招，那就是在佐贺招兵，鼓励那些下岗武士重新投入

政府的怀抱。政府的饭当然好吃，才一两天的时间，就有一万多下岗武士报名参加了政府军。

这一来，江藤新平的“忧国军”立刻处于了劣势，他们虽占据了佐贺城，但孤立无援，与政府军两次交战都被打得落花流水。看着来势汹汹的政府军，江藤新平想打退堂鼓了，他找到岛义勇说："兄弟，事情不太妙，咱们还是跑吧。”但岛义勇一口回绝："你个缩头乌龟，要跑你跑，我一定要和大家战斗到最后！”

两位领导起了分歧，一番争吵过后，总算达成了一致意见，江藤新平带着原“征韩党”成员离开，而岛义勇则带着“忧国党”留下战斗。

结果可想而知，“忧国党”一败涂地，岛义勇虽然突围成功，逃到萨摩藩那里，想拜托岛津久光给自己说说情，可大久保利通十分强硬，一定要杀一儆百，给那些想造反的人看看造反者的下场，于是岛义勇最后还是被砍头示众了。

再说江藤新平，他跑到西乡隆盛那里，希望西乡隆盛也起兵造反，可西乡隆盛虽说跟大久保利通等人闹得挺僵，但是并没有颠覆政府的野心，坚决不踏上江藤新平的贼船。

那就帮我求求情吧，江藤新平恳求西乡隆盛给天皇递份奏折，向天皇说明自己本无意谋反，都是被大久保利通他们逼的，请天皇赦免他的罪过。并且，江藤新平还一再说明，他的造反在某种程度上是合理且合法的，完全是可以被赦免的。

江藤新平虽然说得头头是道，但西乡隆盛仍表示爱莫能助，并反过来劝他，说江藤君你以前就是搞法律的，你自己什么罪你自己心里清楚。别怕死，有点骨气，勇敢地向政府投案自首吧。

算了，西乡隆盛指望不上了，江藤新平决定再去投靠自己以前的好朋友，可也被拒绝了，朋友也劝他及早回头是岸、好自为之吧。

走投无路的江藤新平依旧不死心，他觉得自己罪不至死，但如今已经没有一个人能站出来帮他，他只能自己救自己了。于是，他决定到东京去，亲自向上头说明事情的原委，只要自己开诚布公，也许还有一线生机。

当他走到半路的时候，两名警察拦住了他，问道："你就是江藤新平

吧？”江藤新平心下一惊，直接否认：“我不是，你们认错人了。”“错不了，这不就是你吗？”一个警察掏出一张通缉令在江藤新平眼前晃了晃，可不是吗？通缉令上清清楚楚地贴着他的照片，想赖是赖不掉了。

江藤新平只得乖乖地束手就擒。

此时，江藤新平还抱有一丝侥幸，因为日本的司法制度他熟啊，只要给他机会辩解，他就能证明自己……无罪是不可能的，但是绝对罪不至死。可是，政府没有给他这个机会。他被押回了佐贺，在佐贺的地方法院，在不符合司法程序的情况下，江藤新平就被判处了死刑，立即执行。

江藤新平确实罪不至死，不少人都为他叫屈，比如“日本近代教育之父”福泽谕吉就说：“对于江藤前司法卿的处理，百分之百算得上是私刑！”

就算到今天，佐贺人也不认为江藤新平是谋反，他们称当年的战斗为“佐贺战争”，而不是政府宣传的“佐贺之乱”。

二　大正时代

——信心爆棚，野心扩张

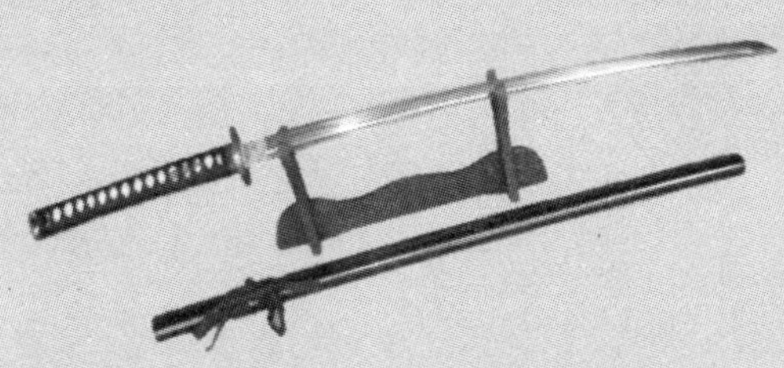

世界的道路通向日本。外面的世界没有想象中强大，只要有实力，曾为“东方小夷”的日本也可以成为世界的霸主。中日甲午战争、中俄战争的胜利，让日本验证了自身的实力，也增强了空前的自信，太阳照射到的地方，能否都成为天皇的土地？中国东北、中国台湾、琉球群岛、朝鲜半岛，都成了日本的淫掠场。

第一次对外侵略

明治四年的时候，一艘琉球船被飓风吹到了台湾海岸，因为天气恶劣无法开船，66 个船员只得下船去找住的地方，不料却闯入了当地人的神庙里，结果招惹到了当地土著排湾族人。

排湾族人当时作风彪悍，跟日本武士一样，随身都携带利器，看见不顺眼的人直接亮刀子，砍死个把人实在是稀松平常之事。

可以想象，这 66 个抱着美好希望的船员，受到了排湾族人的“热烈招呼”，一顿刀子挥舞，66 个船员当场倒下了 54 个，另外 12 个在当地汉族人的帮助下辗转回到了琉球。

被砍死的 54 个人中有 4 个是日本人，问题出来了。日本外务省向清朝提出了强烈抗议，对发生在台湾的杀人事件严厉谴责，要求清政府对此负责。清政府也不敢表示不是，就请日方派代表来北京面谈。

不久，有“中国通”之称的副岛种臣来到北京，与时任总理各国事务衙门的毛昶熙进行了交涉。

可毛昶熙连副岛种臣来北京干吗都不知道，他只知道在台湾有人杀了几个琉球人，其余的一概不知，所以他还很奇怪日本为什么会找上门来。

副岛种臣出示了 4 名日本人在台湾被杀的证据，毛永熙立马很痛快地说：“这有什么？我们赔偿就是了。”副岛种臣又说要严惩凶手，毛永昶说这不行，那帮人是当地土著，属生番，没有户口，而且那么多人一块儿行凶，你让我们抓谁去啊？副岛种臣也不客气：“贵国要是嫌麻烦，就由我国来处置那些岛民吧？”

毛昶熙立刻不经大脑说了一句：“这生番乃我大清化外之民，你们要是能抓住，随便你们处置。”一个完美的侵略理由就此诞生了。

副岛种臣回到日本后，经过一番深思熟虑，提出了向台湾发兵的建议。理由很正当，台湾是清朝的“化外”，其实就是“无主番土”，谁抢占就是谁的。

此前主张暂时不对外用兵的岩仓具视公干去了，能做主的三条实美请了病假，明治政府里能做主的就两个人了：大久保利通和木户孝允。

木户孝允不主张出兵，而此前也不主张出兵的大久保利通却主张出兵了。

大久保利通的地位高于木户孝允，所以，最后的结果是，木户孝允愤然辞职回了老家，天皇最终发布了出兵台湾的诏令。

准备停当后，西乡隆盛的弟弟，时任陆军中将的西乡从道，带着 3600 多名士兵，坐着海军的小军舰，野心勃勃地开往台湾岛。

近代日本发动的第一次侵略战争开始了。

但是战争迟迟没有打响，因为找不到人。日军在社寮登陆后，一连走了一个多星期，都没发现一个当地人，当时本地居民居住得太分散了。还好，几天后，终于遇上了零星的抵抗，然后战事逐渐升级。

在登陆十多天后，熊本镇台参谋长佐久间左马太郎领着 150 多人到达了台湾石门村，也就是当初那 66 名船员被袭击的地方。左马太郎要求进村搜查，当地人当然不答应，双方就火拼起来。村民虽然顽强抵抗，但用的武器还比较原始，战斗进行了几个小时后，就落于下风，酋长阿禄父子也都丧命在日军的枪口下。此战后，当地居民再没组织起像样的抵抗。日军长驱直入，很快占领了大片地盘，并开始修铁路搞基建，好像台湾已成为日本的领土了。

消息传到清廷，上下震惊，连日本都想骑到自己头上了不成？清政府派了船政大臣沈葆桢赶赴台湾。随后，李鸿章调拨了淮军 13 营 6500 多人开往台湾，想给日军点教训。

清军也装备了大量的新式武器，人多势众，日军明显处于下风。并且日军水土不服，疾病流行，自他们进入台湾后，就有 600 多名士兵不治而死了。更为糟糕的是，明治政府快破产了，单军费一项支出就高达 600 万日元，

不用跟清军打，自己就先穷死了。

支持出兵的大久保利通一下子陷入了舆论的旋涡，他急得如热锅上的蚂蚁，如果他不能妥善处理这件事的话，外边那帮家伙非逼他切腹谢罪不可。还好，大久保利通心理素质十分过硬，他当机立断，不打了，提前跟清政府和谈，之前清政府不是说要给四个日本人赔偿费吗？那就要，至少能弥补点亏空。

对于大久保利通的无赖要求，李鸿章和沈葆桢一口回绝。大久保利通真不想切腹呀，情急之下，他想到请英国驻华全权公使威妥玛出面，在出卖了不少日本利益给英国后，威妥玛答应帮他争取一下。

洋大人一出面，清政府就成孙子了，还签订了一个《北京专约》：

一、日本国此次所办，原为保民义举，中国不指以为不是。

二、前次所有遇害难民之家，中国定给抚恤银两。日本所有在该处修道建房等件，先行筹补银两，另有议办之据。

三、所有此事，两国一切来往公文，彼此撤回注销，永作罢论。至于该处生蕃，中国自宜设法，妥为约束，以期永保航客，不能再受凶害。

最终，清廷赔偿日本白银50万两，而日军撤出台湾。

这件事情好像是结束了，可是埋下了一个祸根，在于那个“保民义举”中的“民”字。

后来，日本根据这份条约声称，清政府已经承认琉球是日本属土，“保民”中就有琉球人，琉球人是日本属民。

而清政府则辩驳说，琉球是中国属国，北京专约中所指之“民”，只是指那四个被生番杀害的日本人，不包括被杀害的琉球漂民。

琉球未来命运如何，后面文中会讲到。

对日本来说，在这次征战中，有个插曲值得一书。前面说过，当时日本海军还比较弱，连搞运输的船都很少，去攻打之时，有个日本富商突然慷慨解囊，将自己公司几十条蒸汽运输船无偿捐赠给了明治政府。

从台湾撤兵后，明治政府深感海运的落后，于是决定投资搞海运建设。那个曾帮助过明治政府的公司自然成了投资的对象。有了政府做后台，这家公司迅速发展壮大，成为日本乃至世界顶尖的企业。

那个富商叫岩崎弥太郎，他的公司名叫三菱。

最后的武士——西乡隆盛

西乡隆盛是萨摩藩生人，他已经多次在前文中出现，作为明治时代的一个风云人物，与桂小五郎（即木户孝允）、大久保利通并称为“维新三杰”。较之明治时的其他弄潮儿，西乡隆盛更具有一番末代英雄的悲剧色彩。

幕末明治初年，日本在世界格局动荡不安的情况下，也开始思索起自己的未来之路。清朝的没落，西方列强的崛起，使富国强兵成为很多日本人的理想。无数的日本年轻人怀揣着救国、强国的梦想，抛洒着自己的青春热血。

乱世出英雄，大多数年轻人都想在这个时代创一番丰功伟业，丰臣秀吉、德川家康，这些伟人的形象激励着他们。西乡隆盛就是其中的一员。

西乡隆盛

跟大多数年轻人一样，西乡隆盛也一直在寻找勤王救国、实现自身价值的道路。很幸运，他遇到一个名主——萨摩藩藩主岛津齐彬，有“当世三百诸侯世子中无人能比”的评价。岛津齐彬在藩中锐意改革，大量启用新型人才，西乡隆盛很快脱颖而出，岛津齐彬常称赞西乡隆盛，说“此人乃萨摩之宝”。

岛津齐彬去参拜幕府将军时，也带着西乡隆盛去，让他学习从政经验，有意栽培他。很快，西乡隆盛便在朝野小有名气，此时他

还不到而立之年。

西乡隆盛有个好朋友，即日本有名的幕末志士月照和尚。月照虽然是个和尚，但对俗事很关心，对幕府的黑暗统治十分不满，与志趣相投的西乡隆盛相见恨晚，结成了生死之交。

研究毛泽东诗词的人知道，毛泽东早年有一首诗《改西乡隆盛诗赠父亲》：

孩儿立志出乡关，学不成名誓不还。
埋骨何须桑梓地，人生无处不青山！

当时中国国力衰败，列强横行，民不聊生，每一个有志有识之士莫不为此痛伤心怀。正值少年的毛泽东渴望学到新文化、新知识，想到湘乡县高等小学去学习，却遭到父亲的反对。为了追求科学和进步，毛泽东毅然离家出走，临行前作了这首诗，以表心迹。

其实，这首诗的原作并不是西乡隆盛写的，而是月照写的，只是当时西乡隆盛与月照好得如连体婴儿，很多日本人都误以为这首诗是西乡隆盛写的，因此误传开来。这首诗的原作为：

男儿立志出乡关，学若无成不复还。
埋骨何期坟墓地，人间到处有青山。

西乡隆盛与月照同时参与了岛津齐彬拥立德川庆喜为新任幕府将军的活动，可没想到，岛津齐彬突得急病而死。岛津齐彬对西乡隆盛有知遇之恩，西乡隆盛想为他殉死，多亏月照劝解，西乡隆盛才改变主意，立誓要继承齐彬的遗志，接着进行幕政改革。

当时幕府的实际掌权者是井伊直弼，也是勤王志士暗杀的目标，西乡隆盛更是积极分子。井伊直弼也不手软，对他们进行了血腥镇压，制造了“安政大狱”。

西乡隆盛和月照逃出京城，才没有遭到井伊直弼的毒手。二人先后回到

了老家，寻求保护，但不料却被萨摩藩新主人岛津久光勒令离开。真是走投无路了，西乡隆盛和月照见勤王大势已去，内心十分绝望。

当他们乘坐的船行驶到锦江湾时，两人相拥跳入海中。船夫听到异常响动，过来查看，发现有两人跳海了，赶紧叫醒其他人来救，月照的仆人重助不禁放声大哭。

正当大家还在确定两人的落水点时，月照与西乡隆盛的身体突然互拥着浮出水面。大家急忙把他俩捞上船急救，设法让他们把水吐出来。靠岸后，在当地人的帮助下，西乡终于睁开了眼睛，而月照永远合上了双眼。

随后，月照的遗体和西乡隆盛一同被送回了萨摩。经过专业治疗，西乡隆盛可以让人扶着上厕所了。从厕所回来时，西乡隆盛说："请看一下钱包，里面有月照的辞世诗。"随行的人立刻打开被海水浸湿的钱包，发现两首辞世和歌，其中一首是：

一片冰心萨摩月，瞬间映入碧浪中。

死不足惜为大君，萨摩湾里共沉身。

后来，月照和其他殉难的明治维新烈士合祭于招魂社，后来又祭于靖国神社。

月照死是萨摩的鬼，没法再赶了，而西乡隆盛生还是萨摩的人，岛津久光也不好把他再逐出去，于是死罪可免活罪难逃，把西乡隆盛流放到了奄美大岛。

此后两年，西乡隆盛基本上是在流放中度过的，一度与死刑犯为伍。后来因倒幕派势力的增大和藩士们的要求，岛津久光下令召回西乡隆盛，并委以重任，让他掌握萨摩藩陆海军的实权。

守得云开见月明，西乡隆盛实力迅速状大起来，为倒幕而尽心竭力。他力主与长州藩结成"萨长倒幕联盟"，在日本国内发展倒幕活动。再后来，明治天皇继位后，萨摩藩与长州藩结成"萨长同盟"，决定武力倒幕。

幕府当然不甘心就此退出历史舞台，双方爆发了数次大战。在决定性的

一战——鸟羽伏见之战中，西乡隆盛作为指挥官，领导倒幕军取得了胜利。德川庆喜宣布投降后，江户无血开城，西乡隆盛与幕府代表胜海舟签订了投降协定。此后，西乡隆盛又着力清扫幕府残余势力，成果喜人。功勋如此卓著，天皇论功行赏，西乡隆盛成为诸藩家臣中官位最高、受封最厚的人。

西乡隆盛也渴望日本富国强兵，也十分支持改革事业，但是他对明治政府过分损害下级武士的政策很不满，因为明治维新后，一些下级武士的境遇十分悲惨。西乡隆盛曾写信给萨摩藩政府请求救济一个参加内战的士兵，他在信中写道："临生死之境，使之如私物，事定之后，即行抛弃，影响德义。"

鸟尽弓藏，兔死狗烹。也许下级武士被遗弃的命运是注定的，但西乡隆盛不愿意抛弃他们。作为一员武将，那些武士曾为他、为明治政府出生入死过，他做不出那种"影响德义"的事。

从意图殉死、与月照沉海，到同情下级武士，足可见西乡隆盛是个重情重义的汉子，尽管作为一名亲手杀死过无数对手的武士，西乡隆盛仍是个性情中人。他有一首诗广为流传：

几经辛酸志始坚，丈夫玉碎耻瓦全。
一家遗事人知否，不为儿孙买美田。

而那些政府高官却穷奢极侈，西乡隆盛指责他们为"利"忘"义"。因此，西乡隆盛的个人品德在日本一直备受推崇。在萨摩人的心目中，无论是成功还是失败，他都是英雄。

西乡隆盛担心的事情终于发生了。日本各地不平士族陆续叛乱，规模较大的有江藤新平在九州佐贺县发动的佐贺之乱（但本地居民一直认为是佐贺之战）。虽然这次动乱很快被平定，但是各地士族的情绪仍在动荡之中。

为了安抚士族，尤其是反抗意识最强的萨摩士族，明治政府借口日本人在台湾被杀一事，发动了其第一次对外侵略战争，还特意将西乡隆盛之弟——萨摩人西乡从道升为中将领兵出征。

但士族问题并未得到解决。不满情绪再次爆发，萨摩不平士族攻击了鹿儿岛的政府军火库，西南战争就此开始。当时，西乡隆盛并不在鹿儿岛，也不是此次事件的主使者，但是作为萨摩人的领袖，西乡隆盛长叹过后，依然选择了与萨摩人站到了一起。

这是一次注定失败的战争，西乡隆盛一开始就知道。但是，他对萨摩藩的感情决定了他的选择。既然救不了你们，就同你们一起赴死吧，他早就是个该死的人了。

他回到萨摩，领导萨摩士族以“质问政府”的名义向北进军。双方在熊本城展开了激战，萨摩军寡不敌众，败退回巢穴鹿儿岛城山。在这里，双方又经过 23 天的惨烈战斗。

最终城山被政府军攻破，西乡隆盛中弹后，“徐徐跪坐，俨然正襟，向东遥拜”，然后，西乡隆盛命令身旁的别府晋介担任介错，斩下了自己的头颅。

西乡隆盛终结了辉煌的一生，也终结了日本最后一次内战。

他死后，后人对他的崇敬越发深厚，他永远是“萨摩的英雄”。

西乡隆盛早年与大久保利通志同道合，是亲密的合作伙伴，后因政见不同而分道扬镳。而黑田清隆则是西乡隆盛的“粉丝”，一直为讨伐过西乡隆盛而难以释怀。

上野公园内的西乡隆盛雕像

黑田清隆和大久保利通同是萨摩人，但是在萨摩，只有西乡隆盛才是萨摩人的英雄，萨摩人不欢迎黑田清隆和大久保利通，两人再也不敢回故乡萨摩了。

西乡隆盛不喜欢拍照，死后没有一张照片，现在人们能看到的肖像画，其实是以其三弟西乡从道与亲戚大山岩两人为原型而作的。日本上野公园有一尊西乡隆盛的雕像，是上野的标志。揭幕时，他老婆糸子曾说：“我丈夫不是长这个样子的。”多么权威的话，但是已无关紧要。

新日本的大恩人——格兰特

前面讲到，清廷和日本就日本人在中国台湾被杀一事，签订了《北京专约》。由于清廷的昏聩，在条约中给日本留下了侵略琉球的口实。

《北京专约》签署后次年，明治政府悍然派兵进驻琉球，琉球国小力弱无力反抗。日本完全以主人自居，命令琉球尊奉日本明治年号，断绝与清政府的来往，更不能向清政府入贡。

但琉球一向以中国为宗主，追溯起来已有五百年的历史。琉球向中国进贡，而中国则支援其粮食等生活用品，两国关系十分和睦，不论是明朝还是清朝，琉球都一直以中国为自己的宗主国。后来由于日本的强势侵入，琉球被迫也向日本入贡。

如今琉球国见日本要侵吞自己，便急忙向清政府告急，并派遣尚德宏到中国求助。尚德宏先到达了福州，当时的闽浙总督何璟和福建巡抚丁日昌接待了他，并把日本侵占琉球的事向上头作了汇报。

但上头正在挖空心思伺候洋大人，哪有心思管这个？只是给驻日公使何如璋发了个文，命他调查此事，对日本武力侵占琉球的事根本不放在心上。

其实，当时日本的军力还很弱，只有陆军常备军三万余人，海军才四千来号人，名义上有军舰十五艘，其实多艘已处报废状态，可以说战斗力很差。但是，清政府却采取了软弱的态度，希望“以理服人”，等待日本良心发现，一副怯懦不堪的样子。我们说过，日本是一个吃硬不吃软的国家，只相信武力，清政府还想当谦谦君子，在日本看来只是个怕事的胆小鬼。

所以，尽管何如璋对此事殚精竭虑，但清廷懦弱无为，没有适时炫耀武力（萨特说过，炫耀武力才能避免战争），使得日本越发猖獗起来。在入侵朝鲜尝到好处后，日本加快了吞并琉球的步伐。

1878 年 4 月，明治政府公然废琉球为郡县，俨然成为日本的领土。琉球虽小，但一直是一个独立的国家，并不甘心亡国成为日本的一部分，但心有余而力不足，无力抗衡日军，只能听任日军在琉球胡作非为。

明治政府也知道琉球不甘心屈从于自己，于是命令琉球国王尚泰到东京

暂住，其实就是扣押人质的伎俩，没什么创意。不过，正好当时尚泰身染重病（不知是真是假），无法行走，就派自己的王世子前往东京，让王世子恳求明治政府暂缓自己去日本的日程，想以此作为缓兵之计，等待清廷出手相助。

可清政府还在那里拖拉磨叽。8 月 30 日，日本政府根本不理会何如璋的抗议，正式宣布改琉球为郡县，以后琉球的事全由日本外务省处理，清政府要找琉球，先要经过日本同意。

事情万分紧急，尚德宏赶紧向李鸿章呈上一封措辞恳切的求助信，说日本要吞并琉球，“灭数百年藩臣之祀”，琉球“主忧臣辱”，“生不愿为日国属人，死不愿为日国厉鬼”，可见琉球与中国的感情之深。尚德宏请求清政府“威惠于天下”，“速赐拯援之策，立兴师问罪之师”，把琉球从日本的魔爪中解救出来。

但历史就是这么弄人，此时刚好又发生了阿古柏侵扰新疆的事件，清政府无力全力解决琉球问题，犹豫不决、一直在拖，给了日本先下手为强的机会。

无论是出于面子还是国际友谊，清政府毕竟不能听任琉球亡于日本之手。1879 年 3 月，美国前总统格兰特来到中国，受到了清政府的隆重接待。李鸿章与格兰特进行了详谈，并就琉球一事对格兰特作了详细说明，希望格兰特从中斡旋。

美国第十八届总统格兰特

但格兰特毕竟是个洋人，他弄不懂所谓“册封”、“藩属”等概念，也不明白这代表什么意义，所以他调停起来也不得要领。日本人拿出《北京专约》，指出其中什么“保民义举”，说这“民”就是琉球之民，清政府已经承认了琉球归日本所有。面对这样的无赖借口，格兰特也不知如何解释，只能哑口无言。

琉球国大约两百年前就已不设军队，全仰仗宗主国的保护，当宗主国无法保护他们时，任何侵略者都能将它灭亡。1879

年4月，日本向琉球派出了一支队伍，由450名军人和160名警察组成，前去镇压了不服命令的琉球“藩王”，强行将琉球王室迁移到东京软禁了起来，将琉球改为由日本政府直接管辖的冲绳县。琉球国就这样灭亡了。

不过，清政府后来一度就琉球问题与日本进行交涉，可弱国没有发言权，清廷统治的日益腐朽衰弱，导致琉球问题迟迟得不到解决。甲午战争清军战败后，割让台湾、澎湖列岛给日本，在琉球群岛问题上那是更没必要发表意见了。

为了让琉球彻底融入日本，日本政府煞费苦心，采取洗脑、同化政策，极力淡化琉球人的民族意识，企图使琉球人忘却本国历史，牢记他们是日本人中的一员。清政府曾册封琉球王为琉球国中山王，日本政府就极力避免“中山”二字的出现，将地名改为Okinawa，就是冲绳。

琉球是一个美丽的地方，堪称人间天堂。天气冬暖夏凉，一年四季都是度假的好去处。冬天气温基本保持在二十摄氏度左右，岛上开满樱花，在海水的映衬下，美到了极致。夏天时间较长，从4月份一直持续到9月份，但即使最热的时候也不会让人有酷热难耐的感觉。琉球人喜欢节日，一年到头都有节日，无论在哪个季节来到琉球，十有八九都会碰到一个狂欢节。这里盛产甘蔗和菠萝，生活舒适，生长在这里的人都很长寿。

在琉球的归属上，日本是应该感谢格兰特的。

尤利西斯·辛普森·格兰特，1843年毕业于美国西点军校，在校期间成绩平平，毫无过人之处。之后参加过美墨战争，立有战功。不过，美国南北战争爆发后，格兰特大放异彩，有常胜将军之称。林肯对他也是十分偏爱，任命格兰特为陆军总司令，后来他又担任了全美陆军总司令。

凭借自己的战功，格兰特作为共和党候选人成功当选美国第十八任总统，同时也成为第一个从西点军校毕业的军人总统，此后又连任一届。

格兰特虽然打仗是名好手，却不是一名优秀的政客。入主白宫以后，格兰特大力提拔自己的军中好友为政府高官，而且面对越来越泛滥的政府官员贪污腐败的问题，他无力解决。发展到最后，他自己的内阁班子里也是贪污腐败成风。八年任期，格兰特没像在战场上那样有所建树，倒是被誉为“史

上最腐败的八年”。

其实格兰特本想再连任的，可选民们不答应，他只好离开白宫。离开白宫后，格兰特夫妇觉得无家可归，于是决定四海为家、周游世界。在此后三年多的时间里，他们游遍了英格兰、比利时、德国、法国、埃及、巴勒斯坦、挪威、俄国、中国和日本等国家。

1879 年 6 月，格兰特来到长崎，7 月 3 日抵达横滨，日本上下对他的到来表示了空前的欢迎，完全是以国宾的规格来接待他。为什么日本对格兰特这么欢迎呢？有一个重要原因是，当年岩仓考察团在美国停留时，作为总统的格兰特亲切接见了他们，虽然修改条约的事没谈成，但友谊长存嘛。

格兰特在日本舒舒服服地待了两个月，其间，明治天皇屡次召见他，就日本发展的问题征询他的意见。格兰特倒也不客气，摆出前总统的架子，对日本的未来作了一番分析和推理，并建议日本采用渐进的方式设立民选议院，不要操之过急。作为对日本盛情款待他的酬谢，格兰特还对日本政府提出一个忠告，就是不可募集外债。

日本人做事一丝不苟的精神又出现了，他们将格兰特与明治天皇的谈话编辑成书，称为《天皇与格兰特将军对话笔记》。日本学者周浦三行更将格兰特称为“新日本的大恩人”，对他推崇备至。

野 望

朝鲜一度坚持闭关锁国政策，油盐不进，因此被欧美诸国称为“隐士王国”。

到 18—19 世纪时，朝鲜王朝的统治危机日益严重，农民起义频发，天主教以地下传播的方式快速发展，对统治阶级造成了很大的威胁。一方面，广大商人迫切要求开国，而李氏王朝仍坚持闭关锁国，对一切反抗行为残酷

镇压。

1866 年，法国以兴宣大院君杀害法国神甫为借口，派军舰驶近江华岛附近海域，结果被朝鲜击退，法军舰被迫撤走，这次事件史称“丙寅洋扰”。1871 年，美国也意图染指江华岛，结果也被朝鲜打败，败兴而回，史称“辛未洋扰”。

总之，朝鲜政府是以不变应万变，不管国内还是国外要求其开国的呼声有多高，仍坚持“锁国令”，紧闭国门，将一切“来访者”拒之门外。

但是侵略者的脚步是永远不会停止的。

在很久很久以前，日本就对朝鲜虎视眈眈了。俗话说：不怕贼偷，就怕贼惦记。日本太惦记朝鲜了，只要有一点风吹草动，就想把朝鲜占为己有。明治维新让日本积蓄了一定的实力，还有膨胀的野心。1875 年 4 月，明治政府决定以武力迫使朝鲜开国。

日本派出“云扬”号等三艘军舰到朝鲜耀武扬威，几个月后，“云扬”号驶入江华湾，向永宗岛的炮台进行炮击，登陆后对岛上的居民烧杀抢掠，行为令人发指。随后两个月，日军又对釜山发动了数次袭击。眼看胜利在望，次年 1 月，黑田清隆作为全权大使率领舰队进入朝鲜。

当时朝鲜的国王是高宗李熙，但他生性软弱，真正掌权的是以他老婆闵妃（即明成皇后）为首的外戚集团。迫于日本的武力威胁，闵妃不顾朝鲜上下反对，派大臣申宪前往江华岛与日本代表谈判，并与日本在江华府演武堂签订了《江华条约》。

端庄秀丽的闵妃

《江华条约》是朝鲜和外国签订的第一个不平等条约，是朝鲜沦为半殖民地、殖民地的起点。通过《江华条约》，日本取得了在朝鲜贸易、自由勘测朝鲜海岸、领事裁判权等权利，朝鲜的主权受到严重损害。我们可以从其中一条款中看出一些端倪：

日本国人民在朝鲜指定之各口岸侨寓犯罪，而与朝鲜国人民有关时，应归日本国官员审断，若朝鲜人民犯罪而与日本人民有关时，须归朝鲜国官吏查办，惟双方须根据其国律裁判，不得回护袒庇，务为公平允当之裁判。

在侵犯别国主权之下谈公平，真是厚颜之至。

日本咬到了朝鲜第一块肉后，其他国家闻腥而至。德国、法国、俄国、奥匈帝国、意大利、丹麦、英国、比利时、美国等国蜂拥而至，都迫使朝鲜与其签订了类似《江华条约》的条约，朝鲜的主权丧失殆尽。

一旦被打开了国门，国外的商品顿时倾销朝鲜，严重冲击了朝鲜本地市场，而朝鲜的粮食等基本生活物质则被大量输入日本，朝鲜人民的生活越发贫困。因此，社会矛盾也日益尖锐。

1882 年，朝鲜京城五营士兵连续十三个月都没有领到饷米，群情激愤。朝鲜政府虽然急忙发放了漕米，但是在米中掺入了大量砂、糠等物，连牲畜都难以下咽。士兵不满，与库吏发生冲突，汉城捕盗厅便将带头闹事的四个士兵逮捕砍了头。这一下引爆了士兵们的怨愤情绪，与同样不满的市民一起发动了暴动，捣毁了不少外戚权贵的房子，杀了几个高官。另外还有一部分攻打日本公使馆，处死日本籍的新军教官，史称“壬午兵变”。

暴动平定后，日本公使花房义质带着军队和军舰又回到汉城，逼迫朝鲜政府赔偿损失，并同意日本在朝鲜驻军。随后双方签订了《济物浦条约》，朝鲜一步步沦为日本殖民地。

然而，在如此存亡之秋，作为朝鲜王朝的统治者没有清醒认识，依旧横征暴敛，骄奢淫逸，以出卖国家利益来争权夺利，致使民不聊生，穷苦难当，当时朝鲜有一首歌谣：

金樽美酒千人血，玉盘佳肴万姓膏。
烛泪落时民泪落，歌声高处怨声高。

当时以闵妃为首的外戚集团贪污腐败，勾结日本，将朝鲜置于侵略者

的屠刀之下。这些行为极大地激化了阶级矛盾，被压迫最严重的农民阶级对统治阶级的不满与日俱增，一场暴风雨蓄势待发。连当时俄国驻华公使喀西尼也向沙皇预报说："全朝鲜陷于沉重而日益增长的激愤情绪已有相当时日，这种激愤情绪极易转变为公开的暴乱。"

在 1881 年的时候，朝鲜曾往日本派了一个"绅士游览团"，其中有一个人叫鱼允中，十分崇拜现庆应大学的创办人福泽谕吉先生，不但派人进入庆应义塾学习，归国后还将朝鲜的青年政治家金玉均介绍给了福泽谕吉。

金玉均当时在朝鲜也是一个有影响力的人物，是朝鲜 1872 年科举考试的状元，并从那时踏入政界。当时朝鲜内政昏乱，外戚掌权，金玉均痛心疾首，对日本的改革强盛十分向往。1882 年，金玉均作为修信使朴永孝的随员来到日本，希望借助日本的力量实现朝鲜改革，并与福泽谕吉进行深度交谈。福泽谕吉可不是个单纯的校长，他试图从文化意识上灌输日本对朝鲜的影响。福泽谕吉将自己的学生井上角五郎等人送到朝鲜，创办了朝鲜最初的报纸《汉城旬报》，宣传"脱亚入欧"的思想。《脱亚论》就是福泽谕吉对这一系列活动的总结成果。

金玉均从日本归来后，与洪英植等结成开化派，积极宣传和推行开化政策，意图仿效日本明治维新，在朝鲜也来场自上而下的改革，走上强盛之路。

但是这些做法是守旧的事大党所不能容忍的。朝鲜的国戚闵氏派被称之为事大党，金玉均等人被称为独立党。金玉均等人一直在等待机会，试图发动政变，推倒事大党。1885 年，中国和法国在安南发生争端，中国一败涂地，作为事大党的支持者，朝鲜也出现了人心不稳的局面。金玉均等人利用这个机会，与日本频繁来往，试图搞武装政变，但未能获得日本的全力支持。

独立党人在邮电局开业仪式的当天，趁人多混乱之时，突然发动政变。他们劫持高宗，日本使馆以应高宗邀请的形式，担任护卫，并于当晚杀害了事大党的高官。第二天，独立党便宣布建立新政权，立马进行改革。但

次日，驻朝鲜的清军不再作壁上观，与日本军发生冲突，且王宫内的朝鲜兵也协助清军。日军被迫退出，事大党又夺取了政权，金玉均、朴泳孝等人亡命日本。

事变的消息传到日本后，国内舆论都主张对中国开战。外务卿井上馨作为特命全权大使来到朝鲜京城谈判，但是他闭口不谈日军的责任，只要求朝鲜善后。一心求和的朝鲜很快便与日本缔结了《汉城条约》，又是向日本谢罪，又是赔款，越发助长了日本的嚣张气焰。

不过，朝鲜是次要问题，关键还是中国与日本的关系怎么处理。1885年，伊藤博文（日本第一位内阁首相，后面会讲到）作为特派全权大使来到天津与李鸿章会谈，在一番讨价还价之后，双方缔结了《中日天津会议专条》，约定同时把军队撤出朝鲜，以后朝鲜国内如果有变乱请求两国或一国派兵时，要事先通知对方一声，且完事后就要立刻走人。

此条约的签订等于正式承认了日本对朝鲜的管辖权，而清政府不能再宣称朝鲜是自己的属邦，这为日本进一步侵略朝鲜提供了便利条件。

然而，日本的野心已呈大火燎原之势，就在伊藤博文到达天津后不久，福泽谕吉在日本《时事新报》上发表了《脱亚论》一文，他写道："我国不能再犹豫等待邻国开化来振兴亚洲，不如脱其伍与西洋文明国家共进退。与支那朝鲜尽管是邻国，却也没必要特别关照。"他明确表示，"我心中谢绝亚细亚东方之恶友"。

自由不死——民权运动的激化

受西方政党的影响，日本在全国范围内也掀起了一波政党热的狂潮。1882年，东京成立了自由党、立宪改进党、立宪帝政党三个党，并在各地组建了政党支部，把政党活动搞得有声有色。同时还出现了另外三个地方政党，其中有个车会党，是由人力车夫组成的。这个党反对扩建铁道马车，旨

在保护人力车夫的饭碗，不过很快就没了动静。

板垣退助

自由党，顾名思义，那就是要自由的，专门制造攻击专制政府的活动。自由党的创立者叫板垣退助，日本四强藩之一土佐藩生人，打倒德川幕府时他也出了不少力。“征韩论”高涨之时，他是坚定的支持者。板垣退助口才非常好（估计是征韩大辩论时练出来的，太政大臣三条实美都让他们搞疯了），演讲起来激情四溢，有很多的“粉丝”。

他在中国就有一个顶有名的“粉丝”——戴季陶。戴季陶写过一本著名的《日本论》，其中他专设一章介绍板垣退助。书中这样写道：“他拿起当时刚译出的半部《民约论》，猛烈地主张自由民权。这一个运动，的确是日本一切政治改革、社会改革的最大动力。并且当时他和他的同志，不单主张解救农民，还努力主张解救‘秽多’、‘非人’那一种最悲惨的阶级。”看来，板垣退助还是穷人的同情者。

戴季陶对板垣退助的评价极高，他认为“这一个民权运动，一方面使下层民众多少得到了一些自由，一方面也造成了现代产业文化的基础。至于日本的立宪制度，不用说是他直接的功劳，所以不但日本的农夫工人应该感激他，就是那些阔佬官，也没有不受他的恩惠的，更应该感激他。如果没有板垣先生的奋斗，日本今天哪里有这样文明，这样发达。他真可算是近代日本的第一恩人了。”比起本书前面所写的什么“明治时代之父”、“近代教育之父”等赞美之词，“近代日本第一恩人”这个头衔可实在独领风骚了。

但是，作为一党之领袖，板垣退助可谓史上最穷之党魁，难怪他要站在穷人这一边，他本身就是个穷光蛋。戴季陶在日本时，常与板垣退助接触，他很为板垣退助鸣不平：“这样一个讨幕的健将，维新的元勋，立宪政治的

元祖，竟没有人理睬他。”说板垣退助不是“门前冷落车马稀”，而是“门前冷落车马无”，正所谓“穷在闹市无人问，富在深山有远亲”啊。板垣退助真是可以用“穷得揭不开锅”、“吃了上顿没下顿”来形容了。

但是，板垣退助仍勒紧裤腰带，到处演讲拉“粉丝”。1882 年，他去日本东海诸县游说演讲，在一个叫岐阜的地方又滔滔不绝地演讲起来。但是，在听众中间，有一个男子目露凶光，恶狠狠地盯着他，手里还握着一把利器。等板垣退助演说完后，正要与粉丝合影留念，这名男子手持短刀、口喊：“国贼纳命来！”向板垣退助刺去。在此惊险时刻，板垣退助大吼一声：“板垣虽死，自由不死！”

牛！

刺杀板垣退助的男子叫相原尚褧，是一位小学老师，历史爱好者，最崇拜的人是文天祥。他立志勤王报国，对父母也十分孝顺。他认为鼓吹自由民权的人都是叛国犯君之徒，人人得而诛之，所以他才把板垣退助当成国贼来刺杀。并且行刺前还留了一份遗书给自己的父母，说：“兹者儿勤王之志难遏，而诛国贼板垣退助，然上犯国家大法，下不能孝养双亲，不孝之罪实无以辞。但儿屡次使大人忧劳，有此不孝之子诚不如无。儿涕泣顿首。”唉，好一位忠君爱国人士。

但是，板垣退助没死成，只是受了伤，明治天皇还专门派人带着花篮及三百金元。去慰问了他（其实板垣退助最需要的是果篮，能吃）

可爱的天皇！板垣退助一见送礼的人到了，立刻从床上抬起受伤的手正襟危坐，对在旁的其他自由党员说：“没想到天皇还记挂着我，还给我送来点钱花，真是皇恩浩荡啊！”说完挤下两滴眼泪，由衷地表达了自己是个忠君的人。其他党员本指望板垣退助一口回绝天皇的恩赐，没想到板垣退助欢天喜地地接收了，还眼泪汪汪的，哪儿还像个自由党人士，于是都无言地走开了。

没死那就接着战斗吧。板垣退助又一手创办了自由党机关报纸《自由新闻》，亲自担任社长，指任马场辰猪（多么非主流的名字！）、中江兆民等人从事宣传工作。

民权运动和政党活动闹得这么欢，政府自然坐不住了。针对这些不安定分子，政府双管齐下，一是修改了集会条例、报纸条例（自由是掌握在政府手里的，明白否？）；二是采取了分化瓦解政策，收买民权派报纸、劝诱士族民权家出任官职等，效果很明显。

作为自由党总理，政府对板垣退助"格外关照"，热心地劝板垣退助出洋旅行，经费不是问题。不过，天下没有免费的午餐，自由党内很多人士都认为这是政府的一个阴谋，因此反对板垣退助出洋，但是板垣退助却一口答应下来，导致自由党内出现了分化，马场辰猪、铁肠、大石正等人宣布退出了自由党。

板垣退助到欧洲去和《悲惨世界》的作者雨果聊了聊天，回来后因为旅行费来源问题被对手抓住了小辫子，据说旅行费是一些富商赞助的，对手立宪改进党对板垣退助进行了攻击，说他被政府收买了。

其实，立宪改进党的总理大隈重信和板垣退助也是熟人，早些年大家还是同一阵营的战友呢，但是如今"大路朝天，各走一边"了。

明治维新时，大隈重信也是活跃人物，前面书中也有提到他的尊姓大名。不过，他最知名的身份是日本著名的早稻田大学的创始人，他办学的终极目标是"世界的道路通向早稻田"。

立宪改进党人尾崎行雄这样评价自由党："自由党是由一些血气方刚的士族组成，他们的主张十分偏激，所以我们必须选择一条稳健路线。我们的党员应该有知识、有财产、有名望，我们要把这样的人组织起来。"嗯，有财产，这的确跟自由党那个穷党有明显的区别。

不过，自由党的确十分偏激，尤其是那些左派人士，要"颠覆压制政府"，由此引发了福岛事件、高田事件、群马事件、加波山事件等，政府对他们采取了越来越严厉的镇压措施，天皇不得不下令封杀他们。1884 年 10 月 29 日，自由党作出了解散的决定。立宪改进党也没好到哪儿去，同年 12 月，正副总裁大隈重信和河野敏镰宣布脱离立宪改进党。

但自由党"余孽"仍在，他们接连搞了几次事件，如静冈事件。1886 年 6 月，旧自由党人在箱根举行离宫落成典礼时，试图袭击大官颠覆政府，

结果被发现，一百多名参与者都被抓了起来。旧自由党左派最后一次颠覆政府的计划失败了。

在政府的强势镇压下，民权运动逐渐冷落下来。

明治十八年政变

在废藩置县时我们说过，明治政府又进行了中央官制的大改革，实行由正院、左院、右院组成的太政官三院制。正院是天皇亲裁的日本最高行政机构，由太政大臣、左右大臣、参议负责政务。太政大臣是曾经被征韩论搞得神经错乱的三条实美，现左大臣是第九代有栖川宫炽仁亲王，而右大臣一职自岩仓具视死后，一度空缺。

太政大臣三条实美心理承受能力较弱，压制不了其他参议，内政有些混乱。去往天津签订《中日天津会议专条》的伊藤博文回到日本后，力劝三条实美进行政治改革。

伊藤博文

伊藤博文早几年前就向政府建议，说立宪思想已成为世界潮流，日本想要与列强并肩，就要顺应潮流，制定宪法。明治政府随后派伊藤博文到欧洲去考察宪政，以便将来之事。在英、法、德三国宪法加以比较后，伊藤博文认为英国宪法“国王虽有王位而无统治权”，因此“与我国国体不相符”；而“德国政府虽采众议，却有独立权”，“君主亲掌立法行政大权，不经君主许可，一切法律不得实行”。所以，伊藤博文认为德国宪法适合日本国情。

从大久保利通到伊藤博文，都选择了

德国，这仿佛在冥冥中预言着日本的未来。

在伊藤博文的主张下，明治十八年（1885 年）十二月二十二日，政府决定改革，废止太政官制，实行西方资产阶级的内阁制度。以前的太政大臣、左右大臣、参议、各省卿等官职一概废黜，改设总理大臣、各省大臣，除宫内大臣外构成了内阁，即是说宫内大臣不在内阁中，以示宫中与府中的区别。

伊藤博文任内阁总理大臣兼宫内大臣，从而成为日本第一位内阁首相。随后伊藤博文指示内阁制定“保安条例”，镇压民权运动，按政府的意图来制定宪法。

第一任和第二任宫内大臣都是由总理大臣兼任的，此后再没有兼任过。不过又新设了内大臣和宫中顾问官。内大臣是个比较特殊的职位。

内大臣不属于内阁，也不对内阁负责，其职责是在宫中辅佐天皇、保管玉玺、处理诏书等事务。内大臣的职责和权力没有法律的明确规定，实际作用在于充当天皇和内阁的联络人。

担任内大臣的人必定是天皇亲信之人，或是有什么“特殊关系”，不是谁想干就能干的，可以说当首相易，做内大臣难。

第一任内大臣当然由德高望重的、已罢免的太政大臣三条实美担当，这一是显示政府对他的尊重，二也是顾及他的面子，毕竟人家曾是天皇手下一字号的人物哦。因此，天皇专门下了一道特旨，说三条实美的地位是高于首相的，你们不要人走茶凉啊。

好了，伊藤博文第一届内阁新鲜出炉了，除首相伊藤博文外，外务省井上馨、内务省山县有朋、大藏省松方正义（大藏）、陆军省大山岩、司法省山田显义等人留任。新任的有海军省西乡从道（萨摩英雄西乡隆盛之弟）、文部省森有礼、农商务省谷干城、递信省榎本武扬。递信省为新设，原工部省被废除，参事院、制度取调局亦在废除之列，内阁中添加了法制局。

终于说到钱了，工资制度那自是必不可少的。总理大臣，即首相的年俸为 9600 元，各省大臣为 6000 元。貌似太少了，才四位数，不过，这在当时已算不少了，那时候日本货币还未贬值。

现在日本首相可扬眉吐气了，年薪高达 4000 万日元之多，这是保守估

计，屡居东亚各国领导人之首。

言归正传，从这第一任首相及第一届内阁的名单中可以看出，出身下级士族的伊藤博文代替了旧贵族出身的三条实美，内阁中没有旧公卿的影子，除了大臣这个名称，其余的都成新的了。

这就是明治十八年政变。

伊藤博文搞政变不是第一次了，明治十四年时，由于“明治三杰”西乡隆盛、木户孝允、大久保利通先后死去，政界最有实力的人物非伊藤博文和大隈重信两人莫属。伊藤博文秘密联合萨摩、长州系官僚及皇室公卿，一手策划了明治十四年政变，踢掉了大隈重信，一跃成为日本政坛的大哥大。

坐稳了首相宝座后，伊藤博文组织人手起草宪法，以德国为参考，很快拟成一份“日本宪法修正案”，然后又经过反复多次修改，最终成文。1888 年 4 月，伊藤博文将“宪法草案”呈奏明治天皇御览。同时，伊藤博文还向天皇提出设立枢密院，专门网罗天下人才，并在天皇的监督之下，审议宪法。

4 月 28 日，枢密院正式挂牌成立了。而首相伊藤博文于 4 月 30 日便辞去首相职务，改任枢密院议长，因此，伊藤博文又是日本第一任枢密院议长。次年 2 月，《大日本帝国宪法》正式颁布。日本立宪制基本上算是走上了正轨。

伊藤博文主持制定的《大日本帝国宪法》，规定天皇的地位至高无上并拥有绝对无限的权力，具有深厚封建统治性质，同时也标志着天皇绝对统治体制的确立。

从内阁制的创立到宪法的颁布，用四个字来形容那就是“简洁明快”，效率之高，世所罕见。作为第一功臣，伊藤博文当然要受到嘉奖，明治天皇亲自授予伊藤博文旭日大桐花勋章。

说一点日本的勋章制度吧。日本最高等的勋章是“大勋位菊花章颈饰”，设计得非常漂亮。这种勋章主要是授予天皇与外国元首，所以被授予者寥寥无几，外国被授章的人有英国女王伊丽莎白二世、泰国国王蒲美蓬·阿杜德、美国总统德怀特·艾森豪威尔。

次于大勋位菊花章颈饰的勋章是“大勋位菊花大绶章”，主要授予那些担任两年以上的总理大臣和长期担任最高法院院长的人。如久迩宫多嘉王、

东乡平八郎、伊藤博文、山本五十六、竹下登、桥本龙太郎等 75 人。

请注意，“大勋位菊花章颈饰”与“大勋位菊花大绶章”不能同时佩戴。其实这提醒纯属多余，因为 99.99% 的人都没有机会得到这两样东西。

此外，还有桐花章、旭日大绶章与瑞宝大绶章等较低级别的勋章。

1890 年开始实施“大日本帝国宪法”，7 月，进行第一次大选，10 月，伊藤博文又改任贵族院议长，从此又成为了贵族院第一任议长。11 月，帝国议会正式成立。

但是日本政坛一贯闹腾，内阁就没消停过。1892 年 8 月，第一次松方正义内阁因议会弹劾和内讧倒台，伊藤博文临危受命，第二次组阁。他采取怀柔软化政策，公开与自由党进行合作，瓦解民党的攻势。

此时，已是中日甲午战争的前夕，日本对中国的作战准备已经进入最后阶段。此前，山县有朋内阁和松方正义内阁都想增加军备开支，但都被议会给毙掉了。

伊藤博文老奸巨猾，不走寻常路，他开动脑筋，心到神知，办事不一定非得通过议会啊，上面还有个天皇呢！大日本宪法可规定天皇是至高无上的哟，要是把天皇搬出来，谁敢再提反对意见？跟天皇过不去，那就是跟日本过不去，日本人民是不允许跟天皇过不去的人存在的。

所以，伊藤博文策动明治天皇，请他发下诏书，迫使议会不得不在“圣断”下让步，毕竟谁也不敢顶着一个跟天皇过不去的大帽子啊。高人！伊藤博文可是首开了用天皇压制议会的先河。

“高升”号的沉没

唉，朝鲜还是那样乱，统治者的内部矛盾、国内阶级矛盾、宗教矛盾、民族矛盾压在朝鲜人民身上。在这样动荡不安的局面下，动乱一触即发。

1894 年，东学党之乱爆发，迅速在全国蔓延开来。东学党视天主教为

陆奥宗光

邪学，可以说是一种带有排外政治倾向的组织，也是一种反抗列强入侵思想的反映。东学党提出了“逐灭倭夷，澄清世道”的口号，排斥日本和欧美。

朝鲜当局无力处理东学党之乱，便向中国的袁世凯请求出兵。李鸿章便调动北洋军，并根据《天津条约》“行文知照”的规定，以“为保护属邦出兵朝鲜”的名义通知了日本。这次，中国出兵约 1500 人登陆朝鲜平乱。

这样的机会日本岂能放过？驻朝鲜的临时代理公使杉村濬用电报将消息转达给日本外相陆奥宗光。日本政府即刻决定向朝鲜派一个旅团的兵力，而我们熟悉的、正在休假中的、时任驻朝公使的大鸟圭介，立刻停止休假返回朝鲜。中国此次出师之名为“保护属邦朝鲜”，但外相陆奥宗光不但拒绝承认朝鲜是中国属邦，还为此提出了抗议。

朝鲜政府也感觉到了日本来者不善，并且朝鲜方也没有请日本出兵，因此便以东学党之乱已趋向平定为理由，要求日本停止出兵，但日本能听你的吗？大鸟公使气势汹汹地带着日本士兵在仁川登陆。

朝鲜乱子差不多平了，袁世凯便向大鸟公使提议将中日两国军队都撤出朝鲜。但日本想趁机在朝鲜发展自己的势力，于是向清政府提出日中共同改革朝鲜内政的意见，但这一提议遭到中方的拒绝。于是日本决定自己单干，大鸟公使很“热心”地劝说朝鲜国王高宗改革内政，没有得到答复。但日本的态度反而越发强硬起来，英国两次出面调停都给驳了面子。

大鸟公使强烈要求朝鲜政府废弃中朝的宗属关系（关你鸟事？），但没有得到满意的答复，于是日军发动武装政变，拥立兴宣大院君。受制于人，朝鲜不得不听从日本的吩咐，把废弃中朝宗属关系一事通告了清政府。得到这个大失天朝颜面的通知后，清廷内有喊打的，要让日本吃点教训。可是

这些人不知道的是，此时的日本已经不是过去的那个日本了；还有主张议和的，以李鸿章为代表，和为贵嘛。但是最后还是主战的占了上风，清廷向牙山派遣增援部队。

值此敏感时期，突然发生了“高升”号事件。

1894 年 7 月 25 日，清廷雇用英国商船“高升”号，运送清兵前往朝鲜牙山。“高升”号行至丰岛附近海面时，被日本“浪速”号巡洋舰击沉，八百余名李鸿章所属淮军精锐遇难。这不但削弱了兵力，也极大地折损了清军的士气。

“高升”号是英国商船，而英国是日本暂时不敢得罪的。因此，击沉“高升”号后，日本四处出击，力争将此事大事化小，小事化了。

日本外相陆奥宗光装作大义凛然的样子，指示要按照“文明国家”的程序对“高升”号事件进行公开、公正的调查。调查对象是谁呢?

主要是日舰“浪速”号军官（好比问黄鼠狼吃鸡了没有），还有获救的英国“高升”号的船长和大副，在没有中国人参与的情况下，日本出具了一

“浪速”号击沉“高升”号的场面

份《关于“高升”号事件之报告书》。从这份报告书上看，日舰是无辜的，真的不是故意的哟。

英国能善罢甘休吗？不能。但是日本知道如何平息英国的怒火。

有钱能使鬼推磨。日本早就开始了间谍活动，十分清楚如何收买英国的媒体。“高升”号事件发生前数日，陆奥宗光就指示日本驻英公使向路透社行贿 600 英镑，“请多关照”，随后日本政府又“提供约 1000 英镑做特工经费”。

吃人的嘴短，拿人的手软。《泰晤士报》发表了一份剑桥大学教授韦斯特莱克的文章，理直气壮地为日本辩护，说日本的行为完全是合理且合法的。说什么“高升”号为中国输送兵力，活该被日本击沉，不能予以同情，日本的做法有法可依。

没过两天，《泰晤士报》又刊登了同样调调的文章，是由牛津大学教授胡兰德所写。他竭力为日本寻找借口，一张嘴就说“高升”号不对，日本完全是被动出击，日本才是值得同情的一方。所以，日本完全不需要向英国道歉，更不需要向“高升”号的船东及那些枉死的英国船员的亲属道歉或赔偿。

无耻之耻，无耻矣。

随后，日本就“高升”号事件又举行了两次听证会。第一次听证会对日本相当有利，一下增强了日本人的自信心，什么老牌帝国，不照样摆平吗？所以，外相陆奥宗光倒打一耙，指使日本驻英公使向英国“提出强烈抗议”，要求英国政府严守中立。

第二次听证会在上海举行，这次英国基本上全盘接受了日本无错的观点，认为“高升”号有错在先，被击沉是咎由自取，日本有权扣留或将其击沉。总而言之，日本在“高升”号事件中属无过错方，不需要承担任何责任。

最后，赔偿责任由中国政府承担。英国告诉“高升”号的船东——印度支那航运公司，找中国政府要钱去。

结果是，清政府向印度支那航运公司支付了总数为 33411 英镑的“慈善补偿”。赔偿就赔偿吧，还不敢承认，非要说成什么“慈善补偿”，天朝上国就爱干这自欺欺人、掩耳盗铃的事，悲哀。

日本人的所作所为让人大开眼界。梁实秋《雅舍札记》中录有美国打油

诗人那施的一首打油诗《日本人》：

日本人有多么彬彬有礼；
他总是说，“请原谅，对不起。”
他爬进了邻居的花园，
他微笑着说，“我请你多包涵”；
他鞠躬，很友善地咧嘴一笑，
把他一群饥饿的家人招来了；
他咧嘴笑，然后友善地鞠躬；
“真抱歉，现在这是我的园庭。”

日本人的礼貌是出了名的，很多人被日方恭维的礼节和款待搞得晕头转向，完全被日方牵着鼻子走，失去了改变方针的决心和时间。所以，人们将日本的这种礼貌叫做“带刀的礼”。

“带刀的礼”是日本商务谈判时常用的策略，于不知不觉中，让对方陷入绝地，斩断了对方的退路，不得不被日方牵着鼻子走。

正如一位日本学者所说：“在日本人的外表之下，隐藏着的是海盗。”

中日甲午战争

世界正在进行一场近代化的大变革，西方列强及近邻日本都通过变革日渐强盛起来，磨刀霍霍，对“地大物博”、“软弱无能”的中国充满了觊觎之心。而腐朽没落的清王朝则无心进入近代化的大世界，只想安享尊荣，恨不能将世界从自己眼里驱逐出去。

1882 年，日本就制订了陆军扩军计划，确立中国为主要作战对象，并且有信心打败中国、占领中国。1887 年，日本参谋部制定《讨伐中国之策

略》。战争的风雨正在酝酿中。

朝鲜东学党之乱时，朝鲜政府请求清政府出兵协助镇压东学党起义，而日本也不请自来，借机出兵朝鲜。事件平息后，清军集结牙山准备撤回，同时也要求日本撤出朝鲜，但日本说要走你走，我还要在这多待几天呢。随后，日军挑起武装冲突，企图以武力控制朝鲜。

然后，就是“高升”号的沉没。这意味着旧的大东亚秩序土崩瓦解，而新东亚在暴力、野心和血腥中诞生。

1894 年 6 月 5 日，大山岩与伊藤博文等人组成战时大本营，就发动中日战争、侵占中国制定了作战方针。7 月 28 日夜，日本陆军进攻驻牙山的清军，双方发生激战，清军不敌，退向平壤。

中日势必一战。日本发布了宣战告示，指示要不惜一切手段，“只要不违反国际法”，夺取战争的胜利，日本是豁出去了；而清朝也发布了对日宣战的上谕。

同年 9 月 15 日，平壤之战爆发。平壤之战是中日双方陆军首次大规模作战。当时驻守平壤的清军共一万七千人，日军有一万六千多人，双方兵力不相上下。大同江南岸、玄武门外、城西南三个地点同时展开了战斗。玄武门为日军的主攻方向，因此集中了优势兵力，清军奋力反抗，终至全军覆没，玄武门被日军占领。清军总指挥叶志超贪生怕死，被日军吓破了胆，高举白旗，然后带着清军狂奔五百里，在 21 日渡过鸭绿江，仓皇回到了中国。朝鲜遂被日军全面占领。

9 月 17 日，在鸭绿江口大东沟附近海面，中日黄海海战也一并展开，这是中日双方海军的一次主力决战。日本舰队投入了军舰 12 艘，包括其精锐吉野、高千穗、秋津洲、浪速、松岛、千代田、严岛、桥立等 8 艘 5000 马力以上的主力舰和巡洋舰。再看北洋舰队方，数量倒也不少，有军舰 10 艘，附属舰 8 艘，在丁汝昌的带领下驶赴大连湾。

未战之前，胜败已分。日本舰队的火力实际上相当于北洋舰队的三倍。

战斗才刚刚开始，北洋舰队旗舰“定远”舰就爆出了厄兆。“定远”下水已有十二年，七年未经过检修，在这生死攸关的时刻，“定远”发出了最

后的哀鸣。“定远”主炮发射时炸膛，结果海军提督丁汝昌被摔伤，舰上的信旗也被烧毁了。这绝对是个不好的征兆。为了稳定军心，丁汝昌带伤指挥，坚持坐在甲板上督战。

北洋舰队右翼“超勇”、“扬威”二舰相继被击中起火，不得不退出战斗。在正面，日舰“比睿”、“赤城”、“扶桑”、“西京丸”遭到北洋舰队截击。“比睿”、“赤城”遭重创，“赤城”舰长坂元八郎太阵亡，“西京丸”亦身负重伤。

日本舰队绕至北洋舰队背后，对北洋舰队形成夹击之势。混战中，一直冲杀在前的“致远”舰受到日舰“吉野”、“高千穗”等的集中轰击，受损严重，全身着火。此时，日舰“吉野”正好迎面驶来，管带邓世昌下令“致远”全速撞向“吉野”，决意与其同归于尽。“吉野”号上的日军大为惊恐，拼命向“致远”集中火力攻击，“致远”不幸被一颗鱼雷击中，252 名官兵全部阵亡。

然后，北洋舰队“经远”继续迎战“吉野”。不久，“经远”也中弹起火，管带林永升、大副陈策阵亡。“经远”随后被鱼雷击中，沉入海底。全舰清兵 270 人除 16 人获救外，全部阵亡。

“致远”舰（图中）撞击日舰“吉野”（图右）不成，壮烈战沉的瞬间

“致远”沉没后，北洋舰队人心大乱，“济远”管带方伯谦、“广甲”管带吴敬荣带领军舰临阵脱逃。“靖远”、“来远”二舰因中弹过多，不得不暂时退出战斗进行抢修。“定远”、“镇远”两舰与日舰浴血厮杀，身中数弹，仍对日舰进行猛烈地攻击。

战斗进行到下午时，“镇远”舰连续击中日本旗舰“松岛”号两次，使其失火引发了大爆炸，舰身发生了倾斜。

不久，北洋舰队“靖远”、“来远”抢修完毕，迅速返回战场。日舰“赤城”、“比睿”、“西京丸”、“吉野”、“扶桑”均受了伤，战斗力下降，指挥官伊东祐亨见北洋舰队重新集队，便下令撤出战场。北洋舰队也收队返回旅顺。

历时五个多小时的中日黄海海战到此结束。此次海战，日本舰队虽受到一定损伤，但未损失一舰，而北洋舰队却损失了五艘军舰。

北洋水师建立之初，实力远在日本海军之上，但是随后两者的命运发生了不同的转变。

日本为了扩充海军，四处找钱，明治天皇甚至把自己老婆们的钱都充当了海军军费，可以说，为了强大海军，整个日本都动员了起来。他们一边自主造舰，一边购置新舰，向西方列强学习海军经验，加强训练，为战争作准备。

而北洋水师疏于训练，不少高级官员贪污腐败，水兵中有很多人吸食鸦片。整支海军人心涣散、士气不振，军舰老旧，战斗力低下。慈禧大妈更是秉着“我死后，哪怕洪水滔天”的精神挪用海军军费，修园子过大寿。

诚然，中日甲午战争的失败，不能归结于某一人的错误，整个清政府所发出的腐败气息，已经昭示了这场战争的结局。

虽然早已知道结局，还是再说一点战争的过程吧。黄海海战后，战争又在辽东半岛拉开，先后爆发了鸭绿江江防之战和金旅之战。

鸭绿江防之战开始于 10 月 24 日。日军第一军共三万人，由山县有朋大将统率，先在九连城上游的安平河口泅水过江成功。当夜，又在虎山附近的鸭绿江中流架起浮桥，一切进展都如此顺利，对于他们的行动，清军没有丝毫察觉。25 日凌晨 6 时，日军越过浮桥，突然向虎山清军阵地发起了

攻击。

当时，鸭绿江北岸部署的清军约有两万八千人。为节制全军、统一调度，清政府任命宋庆为总指挥。但是，各军皆不服宋庆管辖，且各军将领无心抗战，士气低迷。

日军发起进攻后，清军虎山守将马金叙、聂士成率部顽强抵抗，但是因为势单力孤，伤亡惨重，不得不撤出阵地，放弃了虎山。其他清军听闻虎山失陷，竟不战而逃。26日，不费一枪一弹，九连城和安东县就为日军占领。就这样，不到三天，清军鸭绿江防线全线崩溃，近三万人马如同虚设。

金旅之战也开始于10月24日。日本第二军两万五千人，在大山岩的带领下，在旅顺后路上的花园口登陆。令人瞠目的是，日军这种大张旗鼓的登陆活动，清军竟能连续十二天假装没看见。11月6日，日军进占金州；7日，日军整顿人马，鼓舞士气，兵分三路向大连湾进攻，不料竟发现清军早已溃散，于是日军又不费一枪一弹占领了大连湾。

日军信心暴涨。十天后，日军向旅顺逼来。当时，旅顺地区清军约有13000人，由道员龚照玙总负责。11月18日，日军前锋向土城子发起了猛攻，徐邦道的拱卫军坚守顽抗。大敌当前，正值关键时刻，身为前敌营务处总办的龚照玙撇下诸军，第二天逃到烟台去了。于是，上行下效，19日，黄仕林、赵怀业、卫汝成三位统领也先后潜逃。22日，日军占领了旅顺口。

从花园口登陆到占领旅顺口，大山岩充分展示了其本性凶残的面目。在花园口登陆后，他带人到处烧杀抢掠，放纵士兵为所欲为。为了保证作战物资供应，大山岩强行掠夺辽东人民的生活必需品、房屋、运输工具及现金等。

大山岩带着日军如同蝗虫过境，所经之处洗劫一空。占领旅顺后，大山岩命令日军有计划、有预谋、有组织地进行了三天三夜惨绝人寰的大屠杀，约有两万中国人民惨遭杀害。

大山岩作风一向毒绝，对自己人也不例外。第二年他被派到山东半岛指挥作战时，由于日军被严重流行性感冒所袭扰，士兵有很多病倒的，影响了战斗力。这时，大山岩想了个十分狠毒的招：凡是说自己无力上战场的病号，全都送去焚烧！这一来，连已走到阎王爷门口的重病号都挣扎着爬起来，冲

向前线，说什么也得捞个烈士，给家人挣点抚恤金。

旅顺口失陷后，深藏威海卫港内的北洋舰队，再次面临日海军的进攻。这就是威海卫之战，也是北洋舰队对日的最后一战，丁汝昌坐镇刘公岛指挥全军作战。

1895 年 1 月 20 日，大山岩指挥的日本第二军共两万五千人，在日舰掩护下从荣成龙须岛登陆。30 日，日军集中兵力进攻威海卫南帮炮台。营官周家恩仅率三千人守卫摩天岭阵地，虽然顽强抵抗，终因兵力悬殊，全军覆没，不过，日军也受到重创，左翼司令官大寺安纯少将被炮弹打死。2 月 3 日，威海卫城被日军占领。至此，威海陆地都被日军掌控，刘公岛成了孤岛。

清军必败无疑了。日本联合舰队司令伊东佑亨致书丁汝昌，劝其投降日军，被拒。5 日凌晨，旗舰“定远”被日军偷袭，中雷搁浅在刘公岛东部充作“水炮台”使用。10 日，“定远”弹尽粮绝，丁汝昌下令放弃“定远”并将其炸毁。

“定远”管带刘步蟾曾誓言：“苟丧舰，必自裁。”因此，他随着“定远”一起自杀殉国。北洋舰队形势越发恶化，鱼雷艇管带王平策划鱼雷艇队集体逃亡。投降派占了上风，威海营务处提调牛昶昞等主降将领胁迫丁汝昌投降，丁汝昌严词拒绝，最后服毒自杀。

牛昶昞等人命“镇远”管带杨用霖出面主持投降事宜，杨用霖断然拒绝，回舱后口吟“人生自古谁无死，留取丹心照汗青”，宁自杀也不愿做此狼心狗肺之事。

14 日，牛昶昞与伊东佑亨签订《威海降约》，威海卫港内的所有舰只、刘公岛炮台及岛上所有军械物资都由日军接手。17 日，日军堂而皇之地登陆刘公岛，向外宣示了清朝威海卫海军基地的陷落，也宣告了北洋舰队的覆没。

自日军突破鸭绿江防线后，连占凤凰城、岫岩、海城等地。清政府调两江总督刘坤一为钦差大臣，全权指挥作战，以期挽回败势。自 1895 年 1 月 17 日起，清军先后发动四次进攻，想收复海城，皆无功而退。

而日军一方士气正旺。2月28日，日军从海城分路出击。3月4日，攻占牛庄。7日，兵不血刃占取了营口。9日，攻陷田庄台。仅十天时间，日军连打带吓，将六万多清军从辽河东岸打得落花流水、弃甲而逃。

清政府慌了神儿吓破了胆，立刻决定向日本投降。派直隶总督李鸿章为头等全权大臣，前往日本马关商讨投降事宜。3月20日，李鸿章在春帆楼与日本总理大臣伊藤博文及外务大臣陆奥宗光进行议和。

日方看穿了清政府的懦弱无能，故意不与清政府议和，当李鸿章提出议和之前先行停战的条件时，日方便提出四项苛刻条件，包括占领天津等地，迫使李鸿章不得不撤回停战要求。

不过，事情很快发生了转机。24日会议后，李鸿章突然被日本浪人刺伤。出于担心第三国以此为借口干涉，日本政府自动宣布休战。但清朝完全处于被动局势，在30日双方签订的休战条约中，休战范围仅限于奉天、直隶、山东各地，把台湾排除在外，而此时日军已占领了澎湖，随时可以向台湾发动进攻。

4月1日，日方提出了议和，但议和条件十分苛刻。李鸿章失去了曾经引以为傲的政治手腕，万般乞求日本降低议和条件。10日，日方稍作修改，拍板定案，谢绝讨价还价，否则后果自负。

1895年4月17日，李鸿章与伊藤博文、奥陆宗光在日本马关签订《马关条约》时的场景

已完全丧失自尊的清政府对此表示接受。4月17日，李鸿章代表清政府同日本签订了《马关条约》。

又是赔钱、割地，清政府仿佛对此已经麻木，同时还要释放日本间谍及为日军服务的汉奸，好生安抚。

作为战胜者，日本成了最大的受益方。经此一战，日本成为亚洲的暴发户。日本收到清政府赔款二亿三千万两库平银，缴获清舰艇等战利品价值也有一亿多日元。当时，整个日本政府的年度财政收入只有八千万日元。

有一首发财歌唱出了日本此时的心情：我发财了，发财了有钱没处花！

日本外务大臣数着银元，开心地说："在这笔赔款以前，根本没有料到会有好几亿元，我们全部收入仅有八千万日元。一想到有几亿元正滚滚而来，无论政府还是私人都顿觉无比富裕。"

有钱好办事。得到如此巨额赔款和台湾等战略要地，不仅活跃了日本经济，大幅度提高了日本人民的生活水平，更促进了日本资本主义的进一步发展。而且，从战争意义上讲，也为日本对远东地区的进一步侵略提供了便利，使日本鸟枪换炮，一跃成为亚洲唯一的新兴资本主义强国。

这就是侵略战争的甜头。日本第一次尝到了这种甜头，其扩张侵略领土的欲望更是被刺激得高涨起来。

同时，其他列强也看到了，日本的成功也激发了他们的欲望，他们加紧了对中国掠夺的步伐。

欧美来袭——鹿鸣馆时代

日本一向以强者为榜样，强者干什么他们就学什么。

明治维新以前，日本基本上是一个素食国家，以吃肉为耻。就是吃肉也是很有讲究的，四条腿的动物如牛、猪等他们是不吃的，因为这违背佛教教义，吃了这样的动物身体会变得不洁。屠杀牛羊的只有那些被称为贱民的皮匠。因此，当人们提及贱民时，会伸出四个指头来表示。

约8世纪以前，日本人民是吃肉的，但那时朝廷颁布了一个"肉食禁令"，禁止吃肉，之后的天皇又数次颁布"禁肉"诏书，逐渐让日本贵族完全改掉了肉食习惯。而庶民阶级因为与寺院来往密切，受到僧侣的影响，也

都不再吃肉。可以说，8世纪以后的一千二三百年，日本基本上可以称为是一个素食国家。

当然，没有绝对的事。当人们生病或身体比较虚弱，会允许吃一些兽肉作为补品。此外，还有些猎户会捕捉走兽供某些“美食家”享用。

大家可能会想，日本人应该吃鱼肉吧？有这样的想法不奇怪。毕竟，日本人为吃鲸肉，敢冒天下之大不韪，公然捕鲸，是目前世界上最大的捕鲸、食鲸国。要说日本不吃鱼肉，谁信呢？何况他们四面都是海，想吃鱼多方便啊？

这可以举个例子，平安时代末期时，在藤原家定的一本日记《明月记》中，有这样一句话：“得病就是因为吃了鱼，我耻于此事啊。”为自己吃鱼感到羞愧不已。不过，时间飞逝，一切都会发生改变。

当年“黑船来航”，美国东印度舰队司令官马修·佩里来到日本，将舰队停泊在下田，并要求日本政府向其提供200只鸡和60头牛，以备食用。那时日本第一次跟西方人接触，不知道西方人爱吃牛肉，因此，对美国人的要求十分不解，要鸡还可以理解，但要牛干什么呀？

“你们船上还能养牛啊？”日本代表向美国人提出了如此疑问，美国人一头雾水：“不能啊，我们在船上养牛干什么？”日本代表更困惑了：“既然不能养牛，你们干吗还找我们要啊？是要骑牛玩还是怎么的？”美国人觉得很好笑：“要牛当然是用来吃了！这还用问！”

“吃?！”所有在场的日本人都大惊失色，继而勃然大怒，跟美国人翻了脸，“牛可以帮助农民耕作，是吉祥的仁兽，你们竟敢杀牛吃肉，真是太残忍了，我们绝不答应！”

美国人不以为然，解释说：“这有什么大惊小怪的？不过是咱们的饮食习惯不同而已，就像你们日本人吃饭少不了大米一样，我们西方人吃饭少不了肉。”美国人真是没想到吃个牛肉也这么费劲，天下竟还有不吃牛肉的国家，真是不可思议！

但是，当日本充分认识到西方国家的强大后，致力西化，一切行动包括衣、食、住、行，全向西方看齐。明治初年，面包已在日本有了市场，1868

年萨摩急行军，就将面包作为口粮。

明治维新以后，吃肉成了赶时髦，是“文明开化”的象征。当时，日本人将身体弱小的原因（明治初期日本人平均身高为155.3厘米）归结为不吃肉食，而西方人长得高大和吃肉有着很大的关联。因此，1876年，明治天皇下诏，不但允许吃肉而且鼓励吃肉，吃肉就是爱国爱天皇。

明治天皇还带头示范，亲自吃肉（其实，明治天皇对肉食并无好感，但为了日本的强盛，明治天皇贡献了自己的胃）。

在宣扬“文明开化”的时期里，很多西方国家的思想都被一股脑儿地搬到日本来，英国的功利主义、法国的自由主义及天赋人权、德国的国家主义思想等都被日本人“生吞活剥”了过来。这一变革时期，日本原有文化受到极大的冲击，日本人的行为及思想也变得形形色色起来。

对于这一时期的现状，有一本著作《安愚乐锅》很具有代表性，其作者仮名垣鲁文从而也成为日本近现代文学的代表人物。

仮名垣鲁文原名野崎文藏，是一个非常上进的文艺青年，他18岁时遇到一个算命先生，断言他以后要是写小说一定能飞黄腾达。他信以为真，拜当时的“戏作”作者花笠文京为师，学习文学，并在老师的带领下，拜见过当时的文学泰斗泷泽马琴。

可是，种种迹象表明，野崎文藏没有写小说发迹的迹象。从18岁到42岁，野崎文藏还是默默无闻、名副其实的一名穷酸书生。

悔恨哟，野崎文藏早就问候了那个算命先生的祖宗十八代。可是日子还得过下去，野崎文藏每天想的就是怎么搞点儿钱花，但抢银行这样的事他是干不出来的，经商也是他所排斥的，他要搞钱还得从文学下手，唉，他只会干这个。

功夫不负有心人。野崎文藏一次在旧书店里淘书，淘到几本福泽谕吉的书，如《世界国尽》《西洋事情》《西洋旅行指南》《西洋衣食住》等。他一下受到启发，撞出了灵感的火花。

他以福泽谕吉的书为蓝本，实录了明治初年“文明开化”的社会画面，以幽默细腻的笔调写出了火锅店里形形色色的顾客的独白、对话，对日本文

学的研究和民俗研究都有很大的价值。

《安愚乐锅》一炮打响，雄踞畅销书排行榜之首，他发达了。

“安愚乐”在日文里是“盘腿坐”的意思，“安愚乐锅”意即“盘腿坐吃火锅”。这本书还有个名字叫《奴论建》，意为荷兰语“醉酒状态”。

《安愚乐锅》描写了火锅店里各式各样的顾客，有假洋人、乡下武士、匠人、文人、黄包车夫、演员、妓女、江湖大夫等，三教九流无所不包。它的内容可以在此稍作介绍，包括“吹西洋”、“懒娼妓的话”、“乡下武士独白”、“野帮闲拍马词”、“工匠豪语”、“落魄文人神侃”、“花魁秘下牛肉馆”、“假万事通吹江湖”、“艺伎的故事”、“文盲无益论”、“因循老派新认识”、“当今牛马问答”、“奸商的小算盘”、“演员的偏爱”、“江湖大夫不养生”、“落语家披露内幕”、“吃牛锅摆几张报纸装门面”等，人生百态、社会风情，被作者一展无余。

其实作者并不对“文明开化”持完全赞同态度，不过，他书中有一句“不吃牛肉就是不开化的家伙”，导致牛肉火锅盛行一时。没吃过牛肉火锅的人就像不知道世界上有美国一样，太 OUT（落伍）了。

从 1883 年到 1887 年，日本自上而下更是掀起了一股模仿欧美的狂潮。

1883 年，英国建筑师乔赛亚・康德在日本设计建造了一座洋气十足的砖式二层洋楼，仿意大利文艺复兴式风格，另兼有英国风味。此楼得名“鹿鸣馆”，出自中国《诗经・小雅》中“呦呦鹿鸣，食野之苹；我有嘉宾，鼓瑟吹笙。”樱州山人中井弘取“鹿鸣，燕群臣嘉宾也”，就是迎宾会客的地方，由此得名“鹿鸣馆”。

鹿鸣馆历时三年建造而成，总耗资达 18 万日元（约合现在 40 亿日元），在当时算得上是大手笔，是由外务卿井上馨积极推动的一项重大工程。井上馨认为，日本只有成为“欧化新帝国”，全盘西化，才能获得西方列强的好感和认同，进而达到修改不平等条约的目的，这叫曲线救国。

1883 年 11 月 28 日，井上馨携妻子共同主持了鹿鸣馆的盛大开业典礼，参加典礼的日本显贵、各国公使和淑女共约 1200 人。井上馨在典礼致辞中说：“友谊无国境，为加深感情而设本场……吾辈借《诗经》之句名为鹿鸣馆，

鹿鸣馆

意即彰显各国人之调和交际，本馆若亦同样能成调和交际之事，乃吾辈所期所望。”

也就是说，鹿鸣馆将成为日本上层人士进行外交活动的一个交际平台，注意，是上层，非上层人物就不要想入非非了。

为了让欧美高级官员有“宾至如归”的感觉，井上馨等外交官经常在鹿鸣馆举行高档宴会、舞会，首相、大臣及他们的夫人、小姐们都积极参加。当时有些外国官员住在横滨，为了方便他们，日本政府在舞会召开的当日晚八点半，开通从横滨到东京的直达专列，下了火车后，早已在此等候的人力车再将他们拉到鹿鸣馆，一分钟都不耽误。

在鹿鸣馆，经常可以看到帽插羽毛、拖着长裙的欧美贵妇，着洋装的日本贵妇和名门淑媛频繁出入。鹿鸣馆内经常是吹拉弹唱，欢声笑语彻夜不绝。

首相伊藤博文更是不遗余力，热爱化装舞会，1887 年专门在鹿鸣馆举办了一次有四百人参加的大型化装舞会，且规格之高，在日本是空前绝后。此外，还在自己的官邸举办化装舞会，邀请各方来宾，从而将欧化之风推向极致。

有舞会，自然少不了美女，出入鹿鸣馆的女人不是贵妇就是名门淑媛，她们非常活跃，为这一时期的鹿鸣馆外交增添了亮丽动人的色彩。在这些出入鹿鸣馆的女人中，大山岩的夫人、第一代女留学生山川捨松，被称为“鹿鸣馆的贵妇人”，前面已有介绍。还有一位出色的女性更引人注目。

山川捨松

她就是外交官陆奥宗光的夫人金田亮子。陆奥亮子夫人本名小铃，是一个没落幕臣的女儿，在新桥柏铺做歌舞侍酒的女艺人，长得非常漂亮且非常有气质，被称为“鹿鸣馆之花”。

主张全盘西化的井上馨认为，不但要学习西方的学问、艺术，还要学习欧美法规、制度以及社交礼仪。因此，日本政府又先后设立了罗马学会、英吉利法律学校和法国学会等，促进了日本的学术和教育发展。1887年4月，井上馨还邀请天皇和皇后摆驾鸟居坂，在自己的宅邸观看戏剧表演。

金田亮子

在井上馨等人的努力和影响下，日本上层社会十分欧化，吃西餐、穿西服、跳交谊舞、盖洋楼，甚至与欧美通婚，欧化风潮风靡一时。

这一时期被人们称为“鹿鸣馆时代”，这时期的日本外交被称为“鹿鸣馆外交”。这是日本上层社会全面效仿欧美的一个狂热时期。

虽然鹿鸣馆外交搞得轰轰烈烈，但在很多欧美人眼中，鹿鸣馆只是形式上的模仿，并非真正西化。就是日本人本身，持不同意见的也大有人在，日本近代教育家岩本善治指责其“制造了荒淫的空气”；《国民之友》杂志也批其为媚外外交，有损日本国体；参议胜海舟更是忧虑交加，向首相伊藤博文

进言此种外交的弊端。

前面说过，井上馨建造鹿鸣馆的深意在于修改不平等条约，他希望通过欧化来达到这一目的。当年，岩仓考察团就试图与西方列强修改不平等条约，但遭到了失败。

井上馨

修改不平等条约一直是日本政府的重中之重。此前，日本与欧美数度谈判都没有成功。1879 年 9 月，井上馨继任外务卿后，也极力想完成修改不平等条约的重任。他认为，要实现修改条约，日本必须先成为“欧化新帝国”，向西方靠拢，与西方列强立于同等地位。

但是，欧化政策并没有改变西方列强对日本的态度，对于在日本的利益，他们丝毫不肯让步。从 1880 年到 1887 年，日本政府用了整整八年的时间，与欧美列强进行了长期谈判，结果还是没能完成修改条约的重任。

欧化政策宣告失败了。

事实证明，在利益面前，讨好是没有用的。一直到 1899 年，中日甲午战争之后，西方列强在日本的治外法权才被废除。1911 年，也就是日俄战争之后，跻身资本主义列强的日本才收回关税自主权。

有实力才有话语权!

欧化政策失败后，日本国粹主义、国家主义势力日渐高涨。1889 年 2 月 11 日，《大日本帝国宪法》隆重颁布，而曾主张欧化的文部大臣森有礼被刺杀，风闻为国粹主义政治家所暗中策划。森有礼的死也给欧化主义画上了句号。

曾经车如流水马如龙的鹿鸣馆安静了下来，金碧辉煌落满了尘埃。失去了价值的鹿鸣馆被几经转卖，1940 年时竟被拆毁，至今已难寻踪迹。

野心扩张——日俄大战

慈禧大妈一度对洋人不满，因为洋人曾支持维新派、同情光绪，坏她的好事，她是非常想把洋人赶出中国的。但是，慈禧大妈鬼迷心窍，竟听信大臣毓贤之言，相信义和团“刀枪不入”、“枪炮不伤”，从而想借助义和团赶走洋人。且慈禧大妈派往涿州探风的军机大臣刚毅，竟向慈禧大妈说“天降义和团，以灭洋人”。慈禧大妈大喜过望，令义和团进京。唉，这上下都是些什么人呢，不失败就真是有鬼了。

义和团进入北京后，以“扶清灭洋“为口号，到处杀害洋人和基督徒，他们烧教堂、拆电线、毁铁路，凡是洋东西一概毁坏，并攻进天津租界。义和团的活动引起了各国驻华公使的抗议，要求清政府取缔义和团，但这一切正是慈禧大妈主导的，对于洋人的要求清政府当然置之不理。

义和团运动发生后，给列强一个很好的出兵借口，1900 年 5 月 28 日，英国、法国、德国、奥匈帝国、意大利、日本、俄国、美国八国正式决定以“保护使馆”的名义，联合出兵进入北京。

对于这次出兵，日本是摩拳擦掌、兴奋不已。6 月 11 日，日本驻华使馆书记生杉山彬准备在永定门迎候西摩尔联军，结果被董福祥部甘军杀死。8 月，从天津进驻北京的部队就数日本的最多，为 8000 人。

总之，最后结果是以清政府与十一个国家签订《辛丑条约》而宣告结束。包括日本在内，各个国家又发了一笔横财。

俄国沙皇政府除积极参加八国联军之外，还单独出兵 17 万入侵中国东北。1900 年 7 月 16 日，居住在海兰泡的数千名中国人几乎全部被俄军残杀；17 日至 21 日，江东六十四屯万余平民被俄军驱赶至黑龙江边枪杀或用斧头砍死，又将剩余百姓驱入黑龙江淹死，只有极少数人生还。

俄军在东北大肆烧杀抢掠，掠夺东北的金矿、煤矿及森林资源。11 月，俄国还胁迫奉天将军增祺签订了《奉天交地暂且章程》，企图把侵略东北合

法化。

这下日本不满了：俄国你敢动我的奶酪？

日本一向视中国东北为自己的地盘，占领东北是迟早的事，没想到让俄国抢了先，心理严重失衡，一心要把自己的奶酪从俄国嘴里夺回来。

其实，俄国与日本是积怨已深。沙皇尼古拉二世曾宣称：“俄国无疑必须领有终年通行无阻之港口，此港口应在大陆上（即朝鲜东南部），且必须与我以前领有的地带相连。”

中日甲午战争后，清政府把辽东半岛割让给日本，触动了俄国的敏感神经，因为俄国是图谋独占中国整个东北的。所以，当得知日本占据了辽东半岛，俄国不惜以武力强迫日本放弃辽东半岛。当时，日本刚经过甲午战争的消耗，无力与俄国争锋，只好眼睁睁地看着俄国横刀夺爱，被迫“抛弃辽东半岛之永久领有”（其实是清政府花了白银3000万两向日本“赎回”的）。

君子报仇，十年不晚，何况这些还都是非君子。

日本从中国掠夺的赔款白银约有2.3亿两，其中大部分都被用来做了战备，军费大幅飙升。1900—1901年，日本陆海军军备计划和铁路建设计划基本完成。这标志着不管是从心理上还是从武力上，日本都已作好了对俄作战的准备。当时，俄国的西伯利亚铁路尚未建成，日本认为这是自己夺取朝鲜和中国东北的最有利时机。

俄国也清楚与日本必有一战，只是时间迟早的问题。在这个问题上，俄国财政大臣维特和外交大臣拉姆斯道夫等人以为不宜立即对日作战，而是应稍作让步，等西伯利亚大铁路贝加尔湖段通车后，运输能力提高，及俄在旅顺及其外围要塞完工后，再与日军决战。而御前大臣亚历山大·别佐勃拉佐夫、内务大臣维亚切斯拉夫·普列维、远东总督阿列克塞耶夫等人认为，日本不过是一个巴掌大的国家，“扔帽子就可以把它压倒”，“只有毫不含糊地使日本了解，俄国准备捍卫自己在满洲的利益，如有必要，不惜诉诸武力，才能够指望谈判获得成功”。

当时，俄国正在闹革命，亚历山大·别佐勃拉佐夫等人认为“需要一场小小的胜利的战争，以便制止革命”，一帮人是想从战争中解决国内危机。

然而，沙皇尼古拉二世有自己的想法，当然他是一定要战争的，但他知道俄国准备不足，认为“时间是俄国最好的盟友”，“每一个年头都会加强我们的实力”，因此他想推迟战争的时间。

1903 年 5 月，沙皇排斥了亚历山大·别佐勃拉佐夫，推行“新方针”。并在国内制造舆论，鼓吹战争，煽动人民“流血、牺牲”、“保卫祖国”，为战争作准备。

日本当然不傻，“每拖延一天，甚至一小时，都会增强俄国取胜的机会”，因此加紧备战。不是要谈判吗？好，我就跟你谈。在日俄谈判过程中，日本故意不断提出“无理要求”，向俄国施压。

尽管俄国故意拖延谈判争取时间，但日本不陪它玩了，决定利用对自己有利的国际形势和俄国准备不足的弱点，及早发动对俄战争。1904 年 2 月 6 日，日本宣布与俄国断交，2 月 8 日夜，日本不宣而战，对俄军发动了突然袭击。

日俄战争就此拉开帷幕。

战场主要是在中国领土上进行的。腐败无能的清政府竟无耻宣布“局外中立”，把辽河以东地区划为日俄两军的“交战区”，并命令清地方军政长官对当地百姓“加意严防”，“切实弹压”，听任并无视东北人民惨遭战争的蹂躏。

俄国真的准备不足。在远东只有正规陆军部队 9.8 万余人，148 门炮和 8 挺机枪。其海军太平洋分舰队拥有 60 余艘作战舰艇，约 19.2 万多吨。通信也比较差，师以下一律采用徒步或乘马通信。交通也不行，西伯利亚大铁路环贝加尔湖段没有修通，从欧洲到中国东北将近六星期行程，一个多月的时间，什么都可能改变。后勤更是乱套，前方最需要炮弹的时候，他们竟送去了好几车厢的神像，难不成神像能保护士兵刀枪不入？作战指挥官也不让人省心：东北战场陆军统帅库罗帕特金是个赵括式的军事官僚；海军增援太平洋方向的统帅罗日杰斯特文斯基只具有帆船时代的作战经验；彼得堡派来的皇亲国戚也对指挥系统指手画脚……除非发生奇迹，否则俄军必败无疑。

日本不会给俄国这个奇迹的。战争初期，日本陆军中有 25 万人可投入与俄作战；东北地形特殊，而日军火炮中 37% 为山炮，正适合东北战场作战；日军拥有机枪 147 挺。海军就别提了，那是日本重点建设项目，有战舰约 80 艘，共 26 万多吨，且多数是新型舰只，功能强大。再看日本，一向仰慕德国军制，日本不少军官曾到德国学习过。东北战场日军统帅大山岩就是德国名将毛奇的粉丝，有着非常严重的“色当情结”。“色当”是法国要塞，普法战争中法国皇帝拿破仑三世在此战败投降。可以说，大山岩的指挥能力要比俄军强一些。日本海军更是先进，“联合舰队”司令东乡平八郎曾在“海上霸主”英国学习过。东乡平八郎重视战前的准备工作，行动谨慎而且诡诈……这次战争，日军优势明显。

2 月 8 日午夜，驻守旅顺的俄国舰队军官正在城里举行晚宴，原来这天是舰队司令施塔克将军老婆的命名日，大家推杯换盏笑语喧天。突然，传来几声巨大的爆炸声，上面赶忙派人去问，得到的答复说是下面在搞实弹射击。等到天亮后才发现俄军的三艘舰只被日舰打了个稀巴烂。

日军的作战计划本是发动突然袭击，首先歼灭俄太平洋舰队夺取制海权，从而保障日本陆军在朝鲜和辽东半岛登陆并占领旅顺口。但是，日本舰队虽然给俄海军造成了重创，但是未能完成灭掉太平洋舰队的计划。

海上激战的同时，日本陆军开始登陆。3 月 21 日，日本第一军约 3 万人，在黑木为桢指挥下于朝鲜镇南浦登陆北进，直抵达鸭绿江左岸。而在对岸防守的俄军疏于防备，与日军交战不利，向辽阳方向撤退，日军立刻步步进逼，向辽阳进军。

与此同时，日本第二军约四万人，在奥保巩带领下于 5 月初在辽东半岛东南貔子窝登陆。由于兵力悬殊，辽东半岛俄军司令斯捷塞尔下令俄守军放弃大连，向旅顺撤退。金州和大连随即落入日军之手，日军随即向旅顺进军。

日军各路成功登陆后，成立“满洲军总司令部”，任大山岩为总司令，统一指挥日军。

旅顺成为双方争夺的焦点。日军以第二军为主力，任命曾在中日甲午战

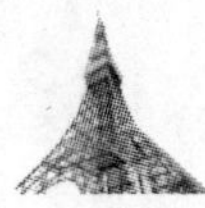

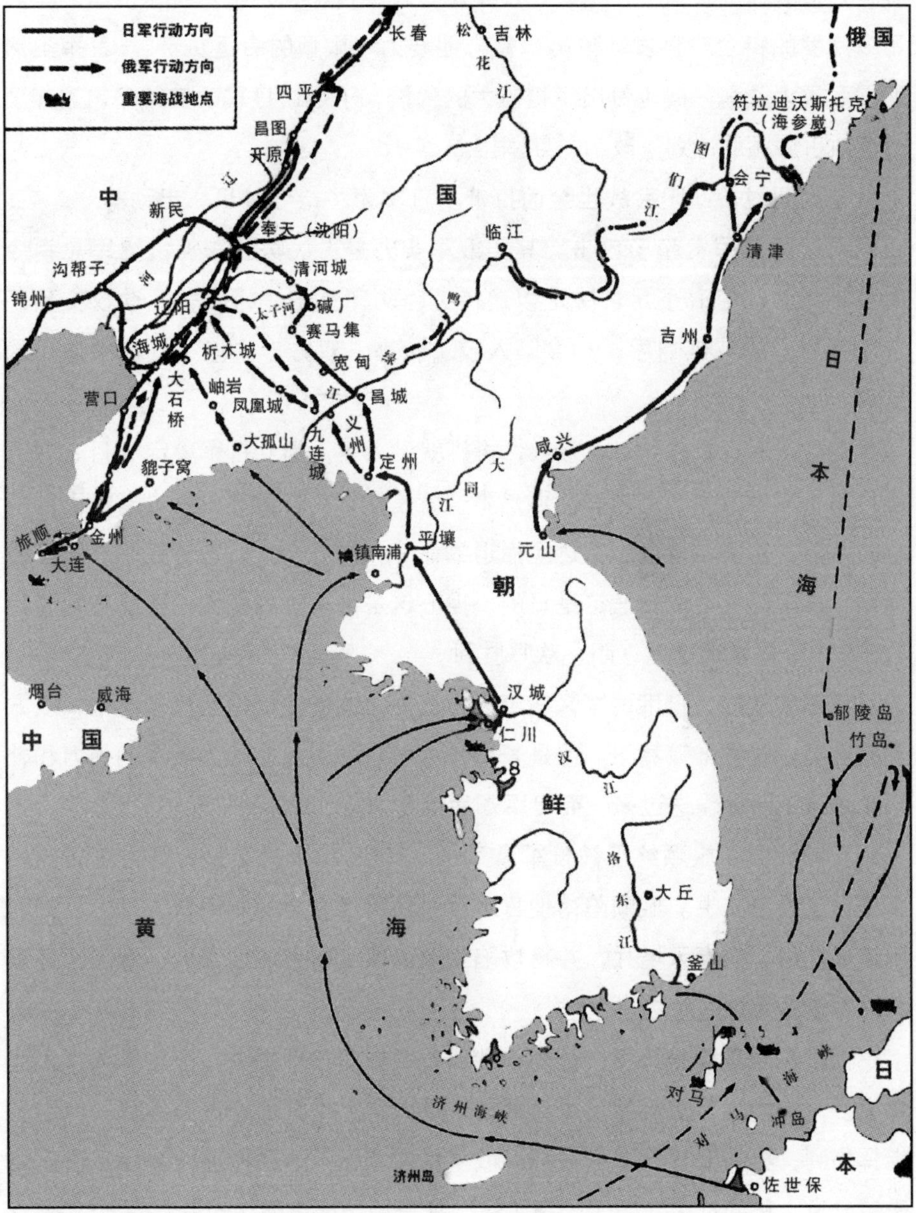
日军行动方向
俄军行动方向
重要海战地点
长春
吉林
松花江
俄国
四平
昌图
开原
符拉迪沃斯托克
（海参崴）
图们江
会宁
中
新民
国
奉天（沈阳）
临江
清津
清河城
沟帮子
辽河
锦州
辽阳
碱厂
太子河
赛马集
海城
析木城
鸭绿江
吉州
宽甸
营口
大石桥
岫岩
凤凰城
昌城
义州
九连城
大孤山
定州
咸兴
貔子窝
大同江
平壤
元山
旅顺
金州
大连
镇南浦
日本海
朝
烟台
威海
中国
汉城
郁陵岛
仁川
竹岛
汉江
鲜
洛东江
大丘
黄
海
釜山
日
对马
冲岛
济州海峡
对马海峡
本
济州岛
佐世保

日俄战争示意图

争中夺取旅顺的乃木希典为军长，向驻守旅顺的俄军发起了猛烈的攻击。俄方也知道旅顺的重要性，为此，沙皇尼古拉二世还特别指示远东俄国陆军总司令库罗帕特金对日发动攻势，警告他要为“旅顺的命运负责”。日军虽然取得了重大胜利，但也付出了相当大的代价，于是，日军改变策略，放弃了迅速攻占旅顺的计划，改为长期围困。

与此同时，辽阳会战也全面打响。日军为了抢夺时机，出动第一、二、四军对辽阳俄军发起了攻击。其实俄军实力是占优势的，但俄陆军总司令库罗帕特金却信心不足，决定以逸待劳、防守反击，将战争主动权交到了日军手里。战斗打响后，一度陷入胶着状态，双方损失惨重，都有撤兵的打算。

此战日军已损失约 2.4 万人，再打就没人了，因此日军决定 9 月 3 日清晨将第一军撤回太子河右岸。但是事情就是这么巧，就在日军准备撤离的两小时之前，库罗帕特金也下达了撤退的命令，退守奉天，放弃辽阳。俄军撤离后，日军简直不敢相信这是真的，担心这是俄军玩的圈套，因此直到 9 月 4 日才小心翼翼地进入辽阳，欢呼胜利。

辽阳会战后，日俄两军又在奉天与辽阳之间的沙河地区打了起来，双方互有胜负，一时难较高下。但是长期作战对日军不利，因为俄军的兵力和补给正源源不断地输送过来，而日军却后继乏力。

正在此时，旅顺终于被日军拿下了。1905 年 1 月 2 日，俄方正式向日军签订了投降文书。旅顺陷落使日本暂时获得了完全的制海权，日方立刻利用这一优势，向奉天增兵，并将攻陷旅顺的第三军也调往奉天，意图围歼东北俄军于奉天地区。

而俄军也是蓄势待发，计划在沙河一线击溃日军主力，于是黑沟台大战爆发。这次大战非常惨烈，虽然俄军在兵力和火炮方面均占有优势，但由于指挥失利，再加上日军浴血奋战，俄军指挥官竟下达了撤退的命令，让已处千钧一发之势的日军获得了一线生机，战争的结局也随之改变。

最后的决战到了。日俄在奉天展开了生死搏斗，这是日俄的最后也是最大的一次会战，从前面的描写中就可以推测出俄军败局已定。因此，让我们

直接来看结局吧：此战俄军损失近12万人，日军损失约7万人。俄军仓皇逃窜，而日军亦无力再追。无论如何，日军是胜利了。

但沙皇政府不甘心失败，寄希望于从欧洲海域东调的太平洋第二分舰队。但是此舰队还没打就被日军吓趴了，患上了恐惧症，且谣言盛行，说什么日本秘密舰队已瞄上他们，搞得人心惶惶、草木皆兵。

俄军是如此紧张，以至于他们见到外国船就以为是日本舰队，二话不说就开炮招呼，甚至自己人都打了起来（因为距离太远没看清，唉，都吓成这样了）。一艘英国渔船也让他们给干掉了，结果闹到了国际法庭，被英国政府落井下石，所有中立国不得向俄国舰队提供方便。因为一路补给燃料困难，俄舰就尽可能多地装煤，甲板、机房、洗澡间、军官卧室等凡是有空隙的地方都塞满了黑糊糊的煤。不但舰只严重超载，还把士兵们都弄得黑不溜秋，脏得没话说。特别是舰队经过赤道海域时，士兵们快要被晒成泥鳅干了，此时，俄国补给船千辛万苦、千里迢迢给他们送来了军备必需品：几千套御寒的冬装！

就这样，全是问题的俄国舰队与日本海军进行了对马海战。这次海战，日方总指挥东乡平八郎发挥出色，加上俄军又是指挥不灵，最后，俄国太平洋第二、三分舰队几乎全军覆没，而日方以损失鱼雷艇3艘、阵亡117人的较小代价夺取了重大胜利。

而在没有硝烟的战场，日本也对俄国发动了攻击。日俄在战场上拼杀的时候，日本特工天才明石元二郎慷慨解囊，资助列宁发动俄国1905年革命，在俄军后院放了把熊熊烈火。

沙皇政府妄想用战争来扼杀革命的算盘落空了，而日本也损耗巨大，双方都有停战议和的意思。在美国总统西奥多·罗斯福斡旋下，1905年9月5日，俄国被迫与日本签订了《朴次茅斯条约》。条约规定，俄国不能干涉日本在朝鲜的任何行为，俄国在中国旅顺口、大连湾并其附近领土、领海的租借权及有关的其他特权，通通转让给日本……库页岛南部及其附近的一切岛屿永远让与日本。

好了，俄国沙皇滚蛋了，大清老佛爷也早就求饶了，朝鲜现在是大日本

日俄双方签订《朴次茅斯条约》

天皇陛下的天下了！

1909 年末，在日本前陆相寺内正毅的授意下，“朝奸”李容九伪造所谓“百万人上书”，迫使傀儡皇帝李坧向日本提出合并的“请愿”。1910 年 6 月 3 日，日本内阁自导自演，对朝鲜的“合并请愿”表示“同意”。

1910年8月22日，日本出兵包围汉城皇宫，日本任用的总理大臣、“朝奸”李完用进宫，将自己与寺内正毅签订的《日韩合并条约》送给李坧“过目”，顺便“请”他盖个戳。

《日韩合并条约》的签订，标志着日本正式吞并了朝鲜。条约规定朝鲜全部主权永久地让与日本，而毫无反击之力的朝鲜终于沦为日本的殖民地。

为了灭绝朝鲜文化，日本强迫学校只许教日语（日本特爱用这招，占到哪儿用到哪儿），还严令朝鲜人民不许说朝鲜语，犯规矩者轻则吃几个大嘴巴子，重则丢进监狱。

更过分的是，除了朝鲜王室的几个“李王”外，日本强迫全体朝鲜人集

体改姓，全改成日式名字。面对这种赤裸裸的羞辱，不少朝鲜人宁可自杀也不弃祖忘宗，认日本人做爹，还有一些朝鲜百姓为了保住姓氏而流亡到中国东北。1945 年朝鲜光复之日，朝鲜百姓做的第一件事就是砸掉写着日本名的门牌，恢复“金”、“朴”等自己原来的姓氏。

虽然朝鲜人名义上已属日本国民，但是日本统治者仍视朝鲜人为奴隶，把其地位排在最末等，在本土人、琉球人、归化人之后。1923 年关东大地震，为防范朝鲜人乘机作乱，日军竟在东京街头屠杀了五千名朝鲜民工。总之，日本对朝鲜的残暴统治令人发指。

但是，统治越残暴，反抗越强烈，在朝鲜长达三十五年的被殖民统治时期，朝鲜人民从未停止过反抗，大批朝鲜志士一直在为光复而努力奔走。

我是猫——文艺开始发扬

一个时代有一个时代的文学特点。明治维新前后，日本进入了近代史，相应地，其文化发展上也迎来了近代文学的启蒙及发扬。

明治前期，日本自上而下都陷入对欧美的崇拜追逐中，对西洋文化仰之弥高，而对自身的文化采取鄙视加唾弃的态度。应该说，初期西洋文化对日本文化起到了促进作用，启发民智，对政治也起到积极作用。

前期时，日本人民对西洋文化的需求促进了翻译业的繁荣，大量的外国作品被翻译到日本，如《鲁滨孙漂流记》《一千零一夜》等。但是，由于很多翻译是出于商业性质，因此翻译得很粗糙，甚至还有很多错误。比如法国作家巴尔扎克的作品《空谷幽兰》，末松谦澄在翻译时，竟将女主人公的名字“朵拉”翻译成了“虎”，因为两者发音相近，于是就出现了不知其所以然的句子：“虎啊！虎啊！多可爱的名字呀！真是和你非常相称。”

社会的变革，现实生活的体验，东西方文化的撞击，都给这一时期的日本文学烙上了时代的印记。

以夏目漱石为代表的文学家对当时现实持批判态度，他的长篇小说《我是猫》，就淋漓尽致地反映了 20 世纪初日本中小资产阶级生活的市侩哲学，尖锐地揭露和批判了所谓“文明开化”的资本主义社会。

《我是猫》中，作者通过一只猫的眼睛，向世人描绘了日本当时的一幅生活画卷，内容丰富多彩。故事以猫的主人、穷教师苦沙弥及其一家的平庸、琐细的生活为主线，写出了世态的无聊。

小说还围绕苦沙弥的邻居金田小姐的婚事所引起的风波，揭露了资产阶级利益至上的本质，对社会上的拜金主义大加鞭挞和讽刺。比如，金田老爷是靠放高利贷成为资本暴发户的，他“穷凶极恶，又贪又狠”，他有“堂皇富丽的公馆”，而苦沙弥住的是“暗黑的洞窟”。金田老爷暴发的秘诀是“三缺”：缺义理、缺人情、缺廉耻。他“把鼻子、眼睛都盯在钞票上”，“只要能赚钱，什么事也干得出来”。因为有钱，金田老爷数度欺压、打击安守贫穷而正直的苦沙弥，因为苦沙弥对他老婆不够殷勤。如此奸诈、凶狠而面目可憎的金田，连猫都觉得他是“最坏的人”。

金钱就是一切，金田老爷因为有钱，就有叫人“生就生，死就死的本领”。所以，猫看明白后说：“我现在明白了使得世间一切事物运动的，确确实实是金钱。能够充分认识到金钱的功用，并且能够灵活发挥金钱的威力的，除了资本家诸君之外，再没有其他的人物了。”

这是作者对利益至上的资本家的厌恶和为了金钱而不惜损人利己、作奸犯科的社会拜金主义风气的无情批判。

所以说，《我是猫》是一部具有独特形式的批判现实主义小说。作者不但对资本家进行批判，同时也批判了中小资产阶级知识分子的空虚、懦弱和无能。同时，当时的官吏、教育制度、警察制度也在作者的抨击范围之内。

对现实的无能为力、无处发泄的愤懑，看不到日本光明的未来，作者流露出了悲观厌世的情绪，猫死后发出了：“我死了。只有死去，才能获得这样的太平。不死就不能获得太平。南无阿弥陀佛！三生有幸！三生有幸！”

芥川龙之介

1950年，日本导演黑泽明推出电影作品《罗生门》，轰动国内外，一举奠定了日本电影在国际上的地位。此后，“罗生门”更是成为对扑朔迷离、各方说法不一的事件的代名词。

电影《罗生门》脱胎于日本文学天才芥川龙之介的作品《竹林中》与《罗生门》。

芥川龙之介具日本大正时代小说家，他的短篇小说篇幅不长，但取材新颖，情节新奇甚至诡异，看《罗生门》就知道了。其作品揭露社会丑恶现象，有高度的艺术感染力。芥川龙之介曾在中国待过四个月，著有《上海游记》和《江南游记》等作品。

芥川龙之介的作品很多，有揭露利己主义的《罗生门》和《鼻子》；有描写天主教传教活动的《烟草和魔鬼》《众神的微笑》等；有揭露庸俗丑恶现实的《戏作三昧》等；有讽刺明治时期思想家新渡户稻造所鼓吹的武士道精神的《手绢》；还有中国题材的《女体》《黄粱梦》等；更有讽刺为天皇殉死的乃木希典大将的《将军》；有批判军国主义思想的《猴子》和《三个宝》；有抨击吃人的资本主义制度的《河童》；有反映社会现实贫富悬殊的《玄鹤山房》……他的每一篇小说，都有极其精妙且非同一般的艺术构思，文笔典雅俏丽又精深洗练，具有鲜明的个人特色。

然而，天才总是不幸的。芥川龙之介是一个送奶工人的儿子，母亲生下他八个月后突然发狂，从此成了疯子。不久，无人照料的芥川龙之介被舅父芥川家收为养子。芥川家是延续十几代的武士家族，文学、演艺、美术等均是武士子弟必修科目，芥川龙之介天分奇高，很早就流露出了对文学的热爱。他非常博学，从早年读的江户文学，以及《西游记》《水浒传》等，

到日本近代作家夏目漱石、森鸥外的作品，他都精读过，欧美文学也多有涉猎。

可芥川龙之介的健康状况非常糟糕，他身患多种疾病，终其一生都为胃肠病、痔疮、神经衰弱、失眠症折磨。而且他的病情日渐恶化，有时竟出现了幻觉。

作为文学家，芥川龙之介不止一次在作品中写到过死亡，在他的后期作品中，弥漫着浓郁的、令人窒息的压抑气氛。芥川龙之介其实是个浪漫主义者，然而人生的惨淡、现实的丑恶，让他的希望屡屡幻灭，以至绝望。

35 岁那年，为死亡作好准备的芥川龙之介服毒自杀，并留有遗书，详细叙说了自己自杀的心境及历程。

在遗书中，他说："我已冷静地作好了准备，现在不过是和死在玩游戏而已。"并说："人说到底还是人形兽，和动物一样本能地怕死，所谓的生活能力说穿了不过是动物性的能力，而我也只是其中一匹人形兽而已。"他"渐渐地越来越觉得'为了活下去而活'实在是人的悲哀，若能满足于永远的沉睡，对我们自身来说未尝不是种和平与幸福"。

芥川龙之介的笔名叫"我鬼"，也许可以反映出他的些许心境吧。

这一时期，反映女性生活的题材也很有成就。明治政府向民众灌输"忠"和"孝"的意识，"忠"就是要臣民无条件地忠于天皇；"孝"就是要子女无条件地服从家长，这种封建家长制极大地压迫和摧残了女性的生活。

明治初期的文明开化运动，使日本女性一方面受到了西方先进文化的启蒙，产生了追求独立自主、摆脱隶属地位的新思想，但是长期的忠孝教育又让她们割舍不断，所以陷入了迷惘。

反映这一矛盾心理的有日本女性小说家通口一叶，她在作品中发出"这是女性的悲剧，还是时代的悲剧"的悲叹。通口一叶父亲早逝，家境贫寒，为了维持家人的生计，通口一叶不得不想尽办法谋生。作为一个女性觉悟者，她感觉到了这个社会对女性的压迫和不公，在她的笔下，描写了大量遭受社会摆布玩弄的女性人物。《大年夜》中，女主角阿峰跌宕起伏的命运令人动容，阿峰是一个好姑娘，她温顺、善良而正直，但是命运改变了她，最后她竟被

逼沦为一个小偷。《十三夜》中，阿关是个幸福的女人，她嫁得好，成了一名有钱的阔太太，大家都非常羡慕她。实际上呢？她如同活在地狱里，因为她丈夫又粗鲁又暴力，她的肉体和心灵备受伤害，她想离婚，可一想到父母的态度和她的孩子，她只好又留在魔鬼般的丈夫身边。……无论是顺从还是反抗，女性都摆脱不了社会的捉弄。

一些有觉悟的男性作家也为女性发出了呐喊，对封建家长制进行了赤裸裸地揭露，出身砚友社的广津柳浪写过一篇小说《黑蜥蜴》，对封建家长制进行了极端严厉的控诉。《黑蜥蜴》讲述了这样一个故事：在一个家庭里，有一对养父和养子，养父极度荒淫好色，屡次想染指自己养子的老婆，而养子出于对家长的“孝”，不敢公开表示对养父不满，一直忍气吞声，于是，养子的老婆离开了他。以后，养子又娶了几任妻子，但都被养父的无耻举动给逼走了。无奈之下，养子娶了一个很丑陋的女人做老婆，但没想到养父美丑通吃，如此丑陋的儿媳妇他也想强奸。但这个丑陋的儿媳妇对养子非常忠贞，她坚决拒绝了养父的无耻要求。于是，阴谋没能得逞的养父便利用家长的权威，对养子夫妻俩极尽虐待之能事。养子的老婆认为只有养父死了，才能解决家庭中的危机，于是，她就用泡了黑蜥蜴的毒酒毒死了养父。但是，这种行为是违背“道德”、“义理”的，养子的妻子一直生活在负疚中，最后不堪折磨而自杀了。

从明治时代到大正时代，资本主义迅速发展，金钱成了衡量人们价值的唯一标准，因此，那些除了学识别无长物的知识分子就显得格外落魄。他们一方面强烈批判这种金钱至上的社会风气，一方面也为自身的存在感到苦闷和迷茫。

《浮云》就是在这样的氛围中横空出世的，被誉为日本近代文学史上的里程碑之作。作者为二叶亭四迷，这是个笔名，在日语中有“见鬼去吧！”的隐喻。

《浮云》讲述了两个小知识分子的不同命运。文三出身小士族，在东京做一个下级小官吏，寄宿在叔父家。叔父叔母为人很势利，一开始他们以为文三很有前途，就让女儿阿势与他订了婚。可是文三虽有能力却讨厌逢

迎拍马，不久就丢了工作。叔父叔母一下子对他十分冷淡，开始冷嘲热讽，而文三的同事本田凭借谄谀讨好赢得了上司的欢心，不但没有撤职，还升为科长。本田很快与叔父一家热络起来，连文三的未婚妻阿势最后都投入了本田的怀抱。

官场的黑暗、世态的炎凉，个人的意志与社会的价值观，都在《浮云》里展露无疑，引起了大众的共鸣。

天地一浮云，此身乃毫末。这时期的作家们，以他们丰富的学识、敏感的思维、细腻的笔触，描写出了这时期日本及日本人的存在状态，更奠定了日本近代文学的基础，甚至对中国、对世界的近代文学都有一定的影响。

风流首相——伊藤博文

伊藤博文在我们前面的讲述中已多次出现，这家伙可不是一个简单的人物，光头衔就一大堆："长州五杰"之一、"明治后三杰"之一、"明治九元老"之一、"明治宪法之父"、日本第一任内阁首相、第一任枢密院议长、第一任贵族院院长、首任韩国总监、立宪政友会的创始人，真是那种跺一跺脚日本就要摇三摇的人物。他曾四次组阁，任期长达七年，七年也许不算长，但是对于更迭频繁的日本内阁来说，算是挺长的了。伊藤博文始终为日本的扩张和富强而努力，在任期内发动了中日甲午战争，侵略朝鲜他也出力不少，总之，他为日本登上东亚头号强国的地位居功至伟。

伊藤博文原名林博文，他的家庭本是幸福的三口之家，由于他父亲花钱没节制，搞得一屁股债，不得已只好外出打工，把儿子老婆暂时送到老丈人家居住。到了姥爷家后，小博文可没少给自己姥爷添乱。

初到姥爷家的小博文身体虚弱，脸色发青（估计是营养跟不上），所以姥爷村里的孩子们老欺负他，给他起外号，说他是"青色的葫芦娃"。

小博文虽然身体不好，但是脑子灵光，特会搞关系，没过几天就改变了被动挨打的局面，把那些曾经欺负他的小朋友变成了小兄弟，他还成了小大哥大。

打仗是小孩子们常玩的游戏，小博文凭着聪明的脑袋瓜子担任“我军”队长。一次，他率领队伍埋伏在芦苇里，当看到“敌军”过来时，他下令几个兄弟正面出击迎敌，缠住敌人，然后他带着另外几个兄弟迂回到“敌军”背后。

林队长一向用兵如神，跟着他的几个兄弟也没多问，等绕到“敌军”背后时，几个兄弟只见“队长”从容不迫地掏出打火石，一下就点燃了芦苇，大火搭着东风就向“敌军”冲了过去。前面的兄弟们战斗得正投入，忽然感到很热，抬头一看，妈呀，那么高的火苗噼里啪啦地正朝他们扑过来了，孩子们顿时哇哇乱叫起来，哭爹喊娘地竞相逃命。

这场战斗毫无疑问是小博文赢了，不过输的却是他那个倒霉的姥爷。为了求得受伤“敌军家长”的原谅，他姥爷挨家挨户地去给人家赔礼道歉，老腰都差点鞠折了，当然，同时还要送上一大笔的赔偿金。

正当他姥爷快要被折腾得破产之际，终于传来了好消息，他女婿也就是小博文的父亲混得不错，成了一个姓伊藤的人的养子，现今要把老婆儿子接过去。真是天大的好消息，他姥爷赶紧收拾东西把这小祖宗送走了。

成了人家的养子就得改姓，于是，林博文成了伊藤博文。

不过，伊藤家也不是有钱人家，养不起吃闲饭的，九岁的小博文成了童工，给村里的富户当侍童。虽然成了仆人，但小博文人穷志不短，主人有时候故意欺负他，给他冷饭吃，他就是饿得眼冒金星也不尝一口。

虽然成了小仆人，每天有很多工作要做，但是小博文还是挤出时间用来读书写字。因为没有纸笔，据说小博文常常在沙子上默写新学会的汉字。

小博文是村里的知名人物，每当村里人看见小博文急匆匆往家里赶，就会笑着说：“喔，喔，可怜的小家伙！”村里人为啥这样说呢？原来小博文还有一个惊人的爱好——从来不在别人家大便！（这个……有人理解吗？）

打小就是个奇人呀。

真是时势造英雄。伊藤博文似乎就是为这个时代而生的。他 15 岁就开始参加政治运动，一直都是积极分子。当时，欧美等西方列强成为日本学习的对象，凡是有理想、有抱负的日本有为青年都想去欧美留学，伊藤博文也不例外，他也去了英国留学。

人成了“海归”就是不一样，学成归来的伊藤博文屡发高论，他认为黄种人不如白种人品质优良，因此要优化种族，要向白种人借“种子”。怎么借呢？他推行一种“谋种”政策，大力鼓励日本女子与欧美白人“野合”，见白人就上，多多生下他们的孩子，然后……以此达到优化种族的目的。所以，有不少欧美人士都十分感激伊藤博文，是他让他们在日本度过了一段最“幸福”的时光。

不过，“谋种”的事只是伊藤博文干的牛事之一，他这辈子干的牛事可多了。

有一本日本人写的书《挪用明治天皇机密费玩女人的伊藤博文》（题目好长，17 个字），看看，“挪用明治天皇机密费”，搁现在就是贪污腐败啊，可那会儿乱，天皇也管不了他，他的风流好色在全日本都是出了名的。

据知情人士透露，“伊藤公（伊藤博文）把女人视为庙会上的花一样”。伊藤博文对女人的认知远在普通男人之上，他看女人不只看外貌，只要有一点打动了他，不管是西施或无盐，他都会发动强大的求爱攻势，直到成功为止。

外国友人 E. 贝尔茨这样评价伊藤博文：“此公爱酒、女人和烟草，而且从不隐讳，常对身边人说：‘我对你们什么也不指望。在我终日为国事操劳而头痛之时，与其晚餐时让你们给我倒杯酒，服侍我换衣服，大概还不如天真漂亮的艺伎的玉手可解我心宽呀。’”

伊藤博文非常热爱艺伎，与艺伎交往“甚密”。当年他为维新四处奔波时，常与维新志士在酒馆聚会，作陪的大都是艺伎，他与妻子梅子就是那时候结识的。梅子虽出身于下关青楼，但十分“贤良”，与伊藤博文结婚后，伊藤博文仍不改好色本性，到处寻花问柳，据说每晚睡觉必须有艺伎“添寝”。要换了别的女人，老公如此胡搞，非得“一哭二闹三上吊”不

伊藤博文家族合影（前排中间为伊藤博文）

可，可是梅子从不吃醋，不但不吃醋，还非常感谢这些伺候她丈夫的艺伎，时常送些土产给她们，拜托她们照顾好她丈夫。多好的老婆啊（羡慕嫉妒恨）。

虽然伊藤博文一向不避讳让别人知道自己好色的特性，但是作为政府高官，自己可以不要形象，可是政府还要呢。因此，为了避人耳目，伊藤博文让自己的爱伎阿仓在横滨开设了一个茶屋富贵楼，作为官员们秘密寻欢作乐之处。但是这还不够，当时，日本有个名动一时的艺伎江良加代，有非常多的追求者，伊藤博文自然在此之列。但是江良加代对他不感冒，她曾是政界元老西园寺公望的小妾，后来又成了“维新三杰”的桂小五郎（即木户孝允）的女人。后来桂小五郎病死，伊藤博文想接手，但江良加代对他还是无动于衷，最后嫁进了豪门三井财阀。

不过，对朋友来说，伊藤博文有时也是很仗义的。桂小五郎的妻子松子也是一名才艺出众的艺伎，当初两人情投意合山盟海誓的，可是桂小五郎当

时还是个穷光蛋，没钱为松子落籍，很是烦恼。作为桂小五郎的同乡及好友，伊藤博文决定挺身而出，但是他不是出钱，他比桂小五郎还穷呢，他只是拿了一把明晃晃的刀架在“妈妈”的脖子上，逼迫她让松子脱离了艺伎籍。

当然，作为一个野心家，伊藤博文热爱女人的同时，也热衷战争。在吞并朝鲜的过程中，伊藤博文出力不少。作为首任韩国总监，他出使朝鲜期间，那排场可比朝鲜国王气派多了。

为了让朝鲜日本化，在 1907 年，伊藤博文请当时还是日本皇太子的大正天皇到朝鲜视察。同年，他又亲自担任朝鲜皇太子的老师，并陪同其来日本留学，想对朝鲜皇太子进行洗脑，把其培养成为一个唯日本是从的朝鲜皇帝。

由于积极在朝鲜推行殖民化政策，又传言与明成皇后之死有关，伊藤博文自然引起了朝鲜志士的愤恨，想刺杀他的人那是络绎不绝。不过，伊藤博文早就提防着他们，所以，朝鲜志士的刺杀行动屡次失败。

1909 年 10 月 26 日，伊藤博文抵达中国哈尔滨火车站，准备就日俄争端问题与俄国财政总长戈果甫佐夫进行谈判。为了表示热烈欢迎，俄方还搞了个欢迎仪式，伊藤博文昂首挺胸，走在最前面，不时微笑着挥手致意。突然，一个身着西装、头戴鸭舌帽的男子以迅雷不及掩耳之势，冲进警戒线，朝着伊藤博文“乒、乒、乒”连开三枪，伊藤博文应声倒地。接着这名男子又朝着在场的日本官员连开数枪，现场顿时大乱。负责护卫的沙俄士兵这才反应过来，急忙抓捕凶手，而凶手就留在原地，没有逃跑的意思，口中高呼：“朝鲜万岁！”，沙俄卫士抓住他时仍十分地镇定。

伊藤博文虽很快被送进医院进行抢救，但终因伤势过重，不到半小时就身亡了。

随后，一条特大新闻迅速传开：朝鲜义士安重根在哈尔滨站击毙日本元老大臣伊藤博文！

安重根，一名坚定的朝鲜抗日分子，曾数次策划过刺杀伊藤博文的行动，但因为种种条件限制而没能成功。当他得知伊藤博文前往哈尔滨时，觉

安重根刺杀伊藤博文

得机会来了。一番精心准备之后，他化装成记者混在欢迎的人群里，趁沙俄卫士不备，一举刺杀了伊藤博文。后来，他被俄国转交到日本人手里，五个月后，安重根在旅顺被处决。

人在江湖漂，哪能不挨刀。对于今天的横死，伊藤博文也可能有过猜测，毕竟被刺杀而死的政府高官也不是一个两个了，比如被杀掉的大久保利通。所以，伊藤博文可能想到自己不会活到寿终正寝，因此，他生前曾给自己的长子写过一封信，说万一他哪天死了，要从他的遗产中拿出十万块钱给他的老婆梅子。

这次他真死了，家人清点他的遗产时发现，他的存款还不到五万，大家有点吃惊但并不意外，要知道，伊藤博文的人生态度是“人生得意须尽欢”、“有钱不花是笨蛋”，他是搞了不少钱，“天皇机密费”都敢挪，但是他花起钱来也是如流水一般，以至于死后连给老婆的十万块钱都没有。

要说仗义，那还得说是人家天皇，为了让伊藤博文的风流美名有个圆满

的结局，天皇特地赐了十万块钱给伊藤家，完成了伊藤博文的生前心愿。唉，这样的好天皇真是打着灯笼都难找啊，竟为“挪用天皇机密费玩女人”的男人的女人埋单。

明治天皇之死

“明治维新”把一个资源贫乏、又穷又小的封建国家，变成了一个与西方列强并肩的先进资本主义国家，堪称世界历史上一大奇迹。而这一切，都与“明治”两个字紧紧相连。

1867 年，正值“倒幕运动”轰轰烈烈地开展之际，软弱的孝明天皇突然驾崩，年仅十六岁的睦仁继位，成为第一百二十二代日本天皇。但是，由于当时政府太穷，连一个像样的登基典礼都举办不起，因此，一直等到第二年 1 月 9 日，睦仁天皇才举行登基典礼。

明治天皇头戴立缨御冠，上服黄栌染御袍，下着表袴，足穿插鞋，手中执笏

在维新志士的支持下，睦仁天皇于 1868 年 9 月改元“明治”。“明治”二字取自《易经》中“圣人南面听天下，向明而治”，并规定天皇以后采取“一世一元制”即一个天皇只有一个年号，睦仁天皇就是大名鼎鼎的明治天皇。

当时，日本正积极向西方列强学习，政府那帮官员正搞天皇专制，而天皇那时还年幼，正是学习、长知识的年龄。于是，政府精心研制了一系列教育方法来培养天皇，大搞中西结合，既要文又要武，一定要让天皇

“硬”起来。当然，欧美列国领袖都在天皇学习的范围之中，其中，明治天皇最崇拜拿破仑，拿破仑常戴的那种大帽子，不知他从哪儿也搞来一顶常戴着。当年岩仓具视等人去欧美考察，明治天皇还特意交代他们多收集一些有关拿破仑的书籍带回来。

1877 年，日本第一所现代化的高等院校东京大学成立。明治天皇发出了“日本求知识于世界”的口号，派遣了一批又一批的留学生去欧美留学，学习西方各种先进文化和知识。日本新闻出版事业也被大力发展起来，生活西式化，政府倡导民众“断发脱刀”，明治天皇对外经常就是一副标准的西式打扮。

在日本历史上，很多天皇基本上都是傀儡，没有实权，就像花瓶一样是个摆设。不过，到了明治天皇，皇室终于又雄起了一把，总揽大权，扬眉吐气，“号令天下，莫敢不从”！

明治天皇可称得上是日本天皇中最特殊的一个天皇了。在他之前，女人也是可以名正言顺地当天皇的，此前就出现过六个女天皇。但到了明治天皇，出台了一条硬性规定，天皇只能是男的不能是女的，断绝了女性天皇之路。明治天皇之前，天皇虽说被认为是神的传人，但是没有明文告知。前面在“我家天皇是神”一节中说过，为了加强皇权统治，政府明文规定天皇是神不是人，是神格而非人格，因此明治天皇成为第一个被明文告知的“神”天皇。等到他的孙子昭和天皇时，因为战败被迫发布了《人间宣言》，宣布天皇是人不是神，天皇算是又回归了人类。

明治天皇在位时，日本正处在野心扩张的时期，明治天皇虽然体弱，但也是雄心万丈，梦想着“阳光照射到的地方，都是天皇的土地”。在改元之前的 1868 年 7 月 14 日，明治天皇在军务官奏折中看到：“耀皇威于海外，非海军而莫属，当今应大兴海军……”，“耀皇威于海外”，“海军”，明治天皇的心思立刻活泛了起来，在与大臣们商量过后，他发出了头号文件：“海军之事为当务之急，应从速奠定基础。”

如何建设强大的海军？曾无人问津的《海国兵谈》，还有为“日本勇士率领雄兵入此三国（朝鲜、琉球、库页岛）之时”做指南的《三国通览图说》，

明治天皇

赤井东海的《海防论》，松平定信的《海防独语》，吉田敏成的《海警妄言》，等等。所有有关海军建设的论著都被送到了明治皇宫，甚至那本中国人魏源翻译的《海国图志》也成了明治天皇的必读本。

以天皇的名义，海军惊天动地地搞了起来。国内凡是能用的船舰全部聚集在天皇的旗帜下，自己能造的就加班加点地造，造不了的就到国外买，现在造不了的培养人才将来再造，国外有适合的想尽办法买过来。总之，日本未来的海军要超过英国，在二十年内要拥有军舰两百艘，这份兵部省精心打造的宏伟计划让国家机器高速运转起来。

但是，宏伟的计划是需要“宏伟”的钱来配合的。所以，海军军费是一加再加，用于海军建设的专门国债发行了，烟草税、药物税也给了海军了，海军军费最高时达到国库收入的八分之一。

但是，钱还是不够。

大臣们伸着手朝他要钱，明治天皇绞尽脑汁，从哪儿再抠点钱出来呢？他的眼光落在了那些朝他哭穷的大臣身上，你看他们，一个个红光满面的，价值不菲的西装上还散发着从艺伎身上带来的香气，国家都困难成这样了，你们还有心思和金钱（关键是这个）去泡妞?!

明治天皇很生气，可又不好向这些大臣当面发作，正是“站着指挥有威风，坐着指挥话不灵”，要想这帮大爷们“检点”起来，就需要天皇以身作则，带头示范，天皇的行动就是无声的命令。

于是，明治天皇先拿自己开刀，他发布诏令：“从今天开始，天皇的衣食住行一切从简”，什么山珍海味，什么歌舞表演，什么排场仪式，通通不要了，为了海军，天皇可以什么都不享受。

天皇都开始行动了，做臣子的好意思落在领导后面吗？他们都纷纷表示

要向天皇学习，节衣缩食，把钱捐给海军。

明治天皇是个性格坚毅的人，为了建设强大的海军，他近乎疯狂地聚敛着财富。新兴工业的开发权被皇室垄断了；外贸、重工业、银行及三井、三菱、住友等大公司都在天皇的领导之下；财阀们的各种进献、投资……皇室的财富打着滚地增加。

同时，明治天皇又多次提出为海军节约开支，并率先示范，逼得大臣们也不得不咬紧牙关。而且，明治天皇还自掏腰包，拿出大批钱来资助海军，他甚至提出“虽国家力不能胜，既属必要之大计，亦只有断然行之”。

1887 年 7 月，明治天皇发布谕令：“朕以为在建国事务中，加强海防是一日也不可放松之事。而从国库岁入中尚难以立即拨出巨款供海防之用，故朕深感不安。兹决定从内库中提取三十万元，聊以资助，望诸大臣深明朕意。”

此谕令一发布，明治天皇的形象一下光芒万丈，要知道，皇室一向都是只进不出的，历代天皇享受的多出力的少，谁会把自己的私房钱捐出来给国家呢？何况一捐就是 30 万，绝对是动真格的了。

真是举国震动呀。不管是在东京的街头、围棋和剑道的道场，还是在居住客厅，到处可见哭天喊地的日本人。他们这是在感谢，感谢上苍为日本派来这么一个治世明君，日本强盛有望啊。

一时间，日本掀起了一股捐款的高潮，有多少捐多少，有钱人更是竞相攀比，捐款捐到失去理智，不到三个月，海防捐款总额竟达 103 万之多。明治天皇笑得合不拢嘴，他下了 30 万的药引子，一下子翻了几番，财富在民间嘛。

日本学者井上清后来总结：“在天皇制的最初十年中，军费恐怕要占全部经费的百分之八十以上。”百分之八十以上，这绝对是个惊人的数字，大家去查查现今世界各国军费开支占国民生产总值的比重就明白了。

中日甲午战争的前一年，明治天皇又想出了弄钱的新招数。他决定，此后六年，每年从内库（也就是天皇的小金库）中拿出 30 万元帑银，用于海军建设。大臣们虽然心中叫苦，但还得装作兴高采烈地跟随天皇的脚步，于

是，政府议员们“主动”献出工资的四分之一，用于建造军舰。

明治天皇真是尝到了“带头示范”作用的甜头，缺钱时他带头示范，困难时他也带头示范，只要他带头示范，一切问题就迎刃而解。中日甲午战争前，日本前方战士一度缺衣少吃、饥寒交迫，军心不稳、士气低迷，明治天皇得知后，决定再度带头示范，也饿着肚子不吃饭以示“天皇与前方士兵在一起”。当那些正在埋怨、发牢骚的日本士兵得知天皇每天仅吃一顿饭的时候，简直惭愧得无地自容，忍不住涕泗交流，满营都是狂呼“天皇万岁”、“日本万岁”的口号。

日本的迅速强大，让备受列强欺凌的中国十分艳羡，有不少中国人都到日本去学习经验，于是就有人带回了日本天皇靠牙缝里抠肉来供养海军的见闻。

猜想带回此消息的人的本意，可能是想讽刺清朝统治者醉生梦死、淫逸腐朽的无知无能。可不是吗？人家日本天皇省吃俭用发展海军，而大清老佛爷则挪用海军军费，一门心思地修园子过大寿，多么鲜明的对比，绝妙的讽刺。

但没想到，这竟成了北京城茶余饭后的一则笑话，有人说：“东洋小夷毕竟是东洋小夷，这么干，也不怕让人笑话！”

仰天长叹吧。

“以武力开拓万里波涛”，明治天皇的努力没有白费，随着甲午战争、日俄战争的胜利，对外不平等条约的修改，让明治天皇的地位越发至高无上，成为了“明治大帝”。这时期的日本人民充满了自豪感，心里只有天皇没有自我，更没有他人，随时准备着为天皇而战而死，坚决不允许有轻视天皇、违抗天皇的思想及人存在。

接二连三的胜利让日本人觉得浑身充满了力量，觉得世界都将被他们踩在脚下，他们看不起其他亚洲国家，认为他们蠢钝愚昧又贪生怕死，在皇军面前不堪一击，只有日本才能解放他们，才能为他们带来和平、繁荣和进步。

明治天皇的形象貌似很健壮，但身体一向很弱。1904 年日俄战争时，

他被诊断出患了糖尿病，1906 年 1 月底开始并发肾脏病。此后数年，明治天皇都忍受着病痛的折磨，干什么都力不从心。1909 年，伊藤博文被暗杀，天皇深受打击。1911 年，日本社会党的几名激进分子意图行刺明治天皇，虽然没有得逞，却给天皇留下了心理创伤，他的意志日渐消沉下来，觉得活着很没意思，并开始拒绝治疗。1912 年 7 月 30 日，时年 60 岁的明治天皇因“尿毒症”发作死去。

明治天皇病逝，整个日本都陷入悲痛之中。9 月 13 日，明治天皇殡葬之日，乃木希典夫妇自杀殉死。

乃木希典

乃木希典何许人也？在前面亦略有提及，不过，他与明治天皇的感情是如何发展起来的呢？这要从当年的西南战争说起，当时乃木希典任第十四联队少佐联队长，在与西南叛军作战时失败，联队旗都让叛军抢去了。乃木希典羞愧欲死，扬言要以死殉旗殉天皇，却被山县有朋等人及时劝阻。明治天皇闻知后，赦免了他的罪过，乃木希典深感天皇大恩，从此对天皇“纯忠至诚”、“一意奉上”，生是天皇的人，死是天皇的鬼。

同时，乃木希典的大名也给明治天皇留下了深刻的印象，对他很是提拔。1894 年中日甲午战争爆发，乃木希典任第二军第一旅团长，出征之前他写道：

肥马大刀尚未酬，皇恩空浴几春秋。
斗瓢倾尽醉余梦，踏破支那四百州。

踏入辽东半岛后，乃木希典带领部队一路烧杀抢掠。攻占金州和旅顺之

时，他带领日军大肆屠杀平民，奸淫烧杀、无恶不作。

日俄战争爆发时，乃木希典重操旧业，出发前自备棺材三口，表示要与其二子誓死报效天皇，不成功便成仁。

但是，乃木希典的作战风格连自己人都看着痛心。进攻旅顺时，乃木希典采用骇人听闻的“肉弹自杀战术”，拿着日本士兵的性命往俄军枪口上顶，搞得战场上随处可见日本士兵的残肢断臂，他还组织了三千五百人的敢死队，结果死是死了，可阵地还是没拿下来。就他这种打法，不到一百天的时间里，日军就死了五万多。部队内部早就主张对乃木希典进行撤职处分，但是由于明治天皇力挺，乃木希典安然无恙。时任陆军总司令的大山岩无奈之下，只好仍旧保留乃木希典的司令官位置，把指挥权暂时交给儿玉源太郎，由儿玉源太郎负责攻城指挥，这才算把旅顺给夺了下来。

日俄战争是胜利了，但付出了数万日军的生命，包括乃木希典的两个儿子。由于死人太多，且很多都是无谓的牺牲，当时有很多人认为乃木希典是愚将、蠢将，而乃木希典也自知有罪，又要引咎自杀，可又被天皇赦免了。不但赦免了他，还给他升了官加了薪（有领导罩着就是好呀）。

但是，乃木希典并非发自内心地认为自己有错，他认为，死了那么多日本士兵的确不应该，肯定有更好的作战办法来减少伤亡，但是那样的话，怎么体现出日本战士视死如归的大无畏精神呢？

《平家物语》有一首诗，想必可以道出乃木希典所崇尚的武士道精神：

老子刚上阵，儿子又出征。
父死有儿继，绝处始逢生。

明治天皇非常欣赏乃木希典的这种效忠精神。1908 年，已至老年的乃木希典又被明治天皇任命为东京学习院院长。东京学习院主要招收上层阶级的子弟，是绝对的日本贵族学校，目标就是为日本培养将来的栋梁之材。明治天皇认为，日本经济条件好了，那些高干子弟可能会沉溺于享受而忘记了父辈的战斗精神，因此，必须找一个有武士精神的人来教导他们，乃木希典

是最好的人选。

乃木希典一生中数次自杀，都没有成功，这最后一次，算是完成了他的心愿，因为明治天皇没办法再赦免他了。

乃木希典夫妇为天皇殉死后，《日本新华侨报》刊出“殉天皇而死的愚将乃木希典”，批判乃木希典的行为，认为是过时的思维方式。但是，同时也成为宣传军国主义思想的极好典型，被称为人间模范、国之忠臣而大加美化。

明治天皇死后，皇太子嘉仁，亦是明治天皇唯一活到成年的儿子，于1915年11月在紫宸宫践祚，是为日本第一百二十三代天皇——大正天皇。

说到天皇继承人，一直是日本皇室心中的痛。就拿明治天皇来说吧，他与自己的五名后妃共生育子女十五人，“战果”也不算少，但是男丁不是在出生后的当天死去就是极早夭折，活到成年的男丁仅大正天皇一个。

很多学者认为，皇室男丁稀少是由于长期近亲通婚的缘故。因为天皇的女人出身有严格的规定，有资格做皇后的人只限于出身于与天皇有密切关系的五个家族，能做妃子的也要受门第制约。

皇子早夭的另一原因是后宫争斗，可参看电视连续剧《宫心计》。能为天皇传宗接代是妃子能在宫中立足的根本，生男孩才能获得天皇的宠爱。那些怀上龙种的嫔妃自然会受到其他妃子的嫉妒和陷害，甚至不惜下毒手谋害刚出世的婴儿。

大正天皇能顺利出世并长大成人真是全靠着祖宗保佑。当他还在母亲柳原爱子的肚子里时，有人就在他母亲必经的走廊上泼油，想让他母亲摔倒而流产。后来，又有人在宫城内的红叶山上放置了诅咒他母子的纸人和草人。就在大正天皇出生前，还有人不死心，悄悄地在他母亲的住处放了一个大水盆，将一个装满豆子的麻袋泡在里面。其用意十分恶毒，就是要诅咒柳原爱子难产，让婴儿胎死腹中，就像泡在水盆里的豆子一样，再鼓也不能从麻袋里钻出来。乖乖，真是毒哟。

难道真是诅咒的力量？柳原爱子真就难产了，大正天皇生下时竟没有哭声，体质很弱。接着又患了脑病，并留下了严重的后遗症，让他以后的行为有些怪异。另外，也许是出于某种不能言说的心态，大正天皇一出生，明治

天皇就下令将他送到宫外养育。还好，事实证明，明治天皇的决定是正确的，给他自己保住了一个儿子，用中国的话说，就是有后了。

第一次世界大战爆发

德国一度是日本的偶像，日本的很多高官都曾留学德国，其很多制度也都是模仿德国而来的。但是，偶像归偶像，一旦牵涉到了利益问题，那咱们就得好好谈谈了。

1897 年，德国向清政府强租中国胶州湾，算是动了日本的奶酪。这简直就是往日本眼里钉钉子，谁不知道日本早将山东划为自己的地盘了，这几年主要是因为和俄国干仗，忙于争夺在中国东北和朝鲜的利益，暂时将山东还挂在清政府名下，等日本腾出手来，就要摘取山东这颗果实。

可没想到，德国来了个先下手为强，把持住了山东。德国可不比清政府，有的是实力，日本想要跟德国动武，可得好好掂量掂量。掂量的结果是最好不要跟德国开战，但是这并不意味着日本要放弃山东，而是要发挥忍者神龟的精神，等待机会，伺机夺回日本在山东的利益。

没想到机会来得这么快。

1914 年 6 月 28 日，一个阳光明媚的星期天，奥匈帝国皇储斐迪南大公带着妻子检阅一次军事演习。演习结束后，斐迪南大公乘车返回萨拉热窝市区时，塞尔维亚一个秘密组织成员，17 岁的塞尔维亚青年普林西普，开枪击中斐迪南夫妇，斐迪南夫妇毙命。

这就是被认为是第一次世界大战导火索的萨拉热窝事件。奥匈帝国早就意图侵占塞尔维亚，刺杀斐迪南的这一萨拉热窝事件正好被奥匈帝国当做对塞尔维亚发动战争的借口。

7 月 28 日，奥匈帝国向塞尔维亚拍了一封电报，正式向其宣战，这也是历史上第一次以电报的方式进行的宣战。

在德国的支持下，奥匈军队开进了塞尔维亚。与此同时，俄国也蓄势待发，准备支持塞尔维亚。德国不希望俄国参与进来，警告俄国说，如果俄国敢支持塞尔维亚，那么德国也将出战。7 月 30 日，奥匈帝国炮轰塞尔维亚首都贝尔格莱德，俄国得知消息后，下令全面动员，积极参战。德国不甘示弱，立刻向俄国宣战并开始动员武装力量。

作为俄国的盟友及考虑到德国对自己的威胁，法国也开始了作战准备。8 月 3 日，德国向法国宣战，德军开始同时往东西两线运兵。

英国一开始采取中立态度，但是 8 月 4 日，德军开进了中立的比利时，大有控制整个欧洲大陆的架势，这是英国所不能容忍的。于是，英国向德国发出最后通牒，要求德军撤出比利时，以保障比利时的中立地位，德国一口回绝。8 月 4 日午夜，英国向德国宣战。

短短几周之内，整个欧洲都被卷入到了这场大战中来，第一次世界大战

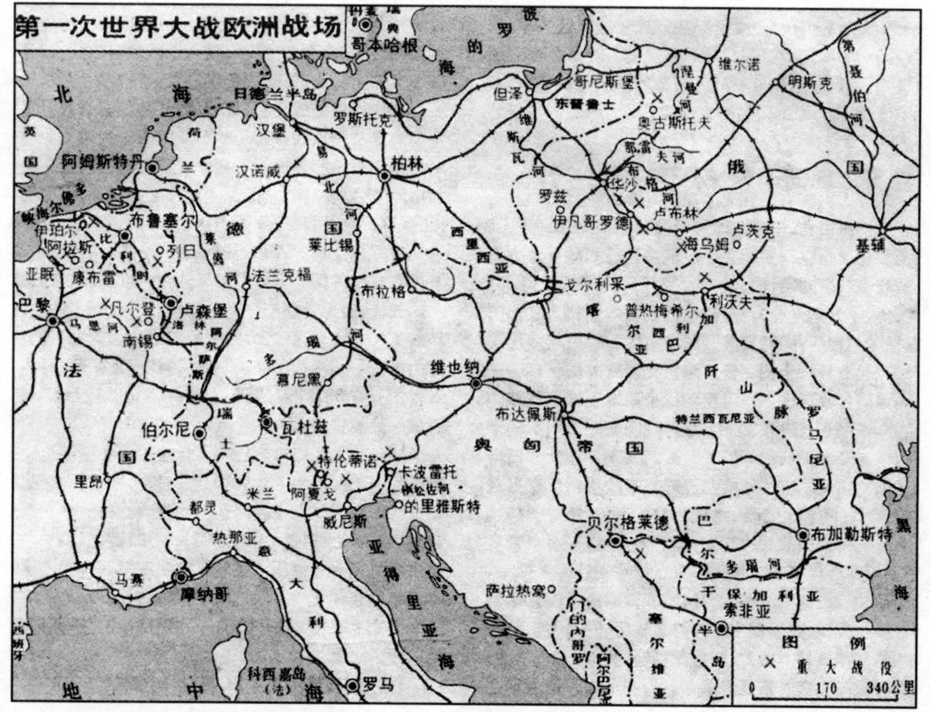

第一次世界大战欧洲战场示意图

全面爆发。一战主要有三大战线，东线——俄国对德奥作战；西线——英法对德作战；巴尔干战线——塞尔维亚对奥匈帝国作战。

可以看出，德国是两线作战，势必得全力以赴，那么德国在中国的利益暂时就顾不上了。

战火缠身的德国有意把青岛“归还”给中国，但是，中国政府必须对德国进行资金赔偿，因为德国在青岛搞了不少建设，同时，德国还要求中国政府为德国另行选择一个合适的港口作为替代。可以说德国的这种做法也很无赖，便宜全让它占了。不过，中国北洋政府也希望以尽可能小的代价收回青岛，为此，袁世凯与德国进行了秘密接触。日本得知此消息后，恫吓北洋政府，不准其与德国进行谈判。北洋政府腐败无能，不敢再议及此事，默认了日本的恫吓。

日本早看到了德国的困境，此时德国无心亦无力与日本再战，正是日本从德国手中夺回青岛的大好机会。德国在胶州湾只留下了数千兵力，完全没有能力抵抗日军的进攻。

日本很高兴。前些年德国盘踞青岛时，日本虽耿耿于怀，但一直不敢轻举妄动，不敢在德国面前表露自己对中国山东的野心。一战爆发前夕，日本在青岛的活动突然活跃起来，明里暗里四处搞情报，司马昭之心，路人皆知。

1914 年 8 月 15 日，正值德国酣战时，日本向德国发出了最后通牒，以“维护远东和平”为名义，要求德国立即撤走在日本海面和中国海面的全部军舰，不能撤走的要立即解除武装。同时，日本还要求 9 月 15 日以前，德国必须无条件地或无补偿地把其所租借的胶州地区移交日本政府，将来再把这一地区归还中国。

但是，德国一直没有对日本作出表示。8 月 23 日，日本正式向德国宣战。而在德国方面，不想让日本占了好处，就向袁世凯建议，要把胶州湾租借地立即无条件地归还中国。但是，对于这样的提议，袁世凯竟不敢表示同意，生怕引火上身。袁世凯企图利用美日之间的矛盾，希望美国从德国手中接收胶州湾，然后中国再由美国手中赎回，这样的话就可以不得罪日本。然而美国政府怕此举风险高而收益低，因此拒绝了袁世凯的建议。

看来德日是不免一战了，中国作为中立国，要求德国和日本把战事控制在租借地境内，然而，此时的北洋政府说话如同放屁，没人拿其当回事，日本到处横冲直撞，北洋政府也不敢吱一声。

德日战斗打响后，在英国军舰的配合下，日本第二舰队封锁了胶州湾。9 月 2 日，近五万日军突然在山东龙口登陆，打响了地面战。而德军只有数千防守力量，与日军差了近十倍，所以这场战斗没有悬念，11 月 7 日，德军宣布投降。整个胶州半岛都被日军所占领。

1918 年 11 月 9 日，在内外交困的情况下，德皇威廉二世被迫宣布退位，逃至荷兰。11 月 11 日，德军宣布求和，第一次世界大战就此宣告结束，协约国胜，同盟国败。中国亦属第一次世界大战的战胜国。

1919 年 1 月 18 日，第一次世界大战的战胜国和战败国在巴黎凡尔赛宫召开和平会议，二十多个战胜国出席了会议。作为战胜国之一，中国北京政府也派出了一个代表团出席会议，团长为陆征祥。中国政府对此会抱了极大幻想，希望能收回战前德国在山东的一切利益，而且这些利益不得由日本继承；取消袁世凯政府对日本承认的“二十一条”；取消列强在中国的一切特殊利益，包括领事裁判权、租界、租借地、势力范围等；结束德、奥等战败国在中国的政治和经济利益。单看上面这些内容，就可以看出中国政府有多天真，竟寄希望于列强给自己公平，只能对其说一句：你想太多了。

巴黎和会完全被英、美、法、意、日列强操纵，各列强为了各自的利益而明争暗斗，怎么可能考虑中国的利益？在第一次世界大战中，日本捞到的好处最多，引起了其他列强的不满，尤其是美国。他们正好以中国问题作为与日本讨价还价的筹码，并怂恿中国代表团向会议提出特别不利于日本的要求，而日本则提出其大战期间强占德国在胶州的租借地、铁路，以及德国在山东的其他利益要无条件地让与日本。

4 月 29 日，达到了各自的利益后，英、美、法三国首先完全接受日本的提议，并载入《巴黎和约》，并向北京政府施压。屈服于各列强的压力，北京政府允许其代表在和约上签字。

对巴黎和会寄予极高期望的北京政府算是被当头浇了一盆凉水，不但没

收回丢失的权益，反而还要让日本正大光明、白纸黑字地占取中国的利益。

真是一次彻头彻尾的失败。消息传到中国国内，国人义愤填膺、怒不可遏，5 月 4 日爆发了五四运动，提出了“外争国权，内惩国贼”、“拒绝和约签字”、“废除二十一条”、“誓死夺回青岛”的口号，坚决反对中国代表在《巴黎和约》上签字，并要求惩办亲日派卖国贼曹汝霖、陆宗舆、章宗祥。激愤的人群痛打章宗祥，火烧曹宅，以示抗议。最终，中国代表团决定不在和约上签字，并发表声明：“媾和会议，对于解决山东问题，已不予中国以公道，中国非牺牲其正义公道爱国之义务，不能签字。”

由于中国政府的拒签，《巴黎和约》也没有在美国国会通过，从而使得日本独占山东的野心没有得逞。美国国会未通过这一条约并不是出于对中国的维护，这其实也很好理解，这次和会，美国、英国没能取得在东方的利益，自然也不愿意让日本独享在中国的特权。

但是巴黎和会签订了《凡尔赛条约》，全称《协约国和参战各国对德和约》，这是战胜国对战败国的和约，旨在惩罚和削弱德国。《凡尔赛条约》应法国的要求而加入了极其苛刻的条款，因为法国在第一次世界大战中损失惨重，因而条约中向德国强加了巨大的割地赔款及限制军备条款，完全没有考虑战败国自身的利益，使得德国人民对此条约产生了极强的抵触和反感情绪，民族复仇主义情绪日益强烈，为以后的第二次世界大战埋下了伏笔。

出兵西伯利亚

俄国国内革命在一次次上演，沙皇政府力图镇压。第一次世界大战爆发后，俄国爆发了第二次资产阶级民主革命。因为长期的战争和饥寒交迫，被逼上绝路的彼得格勒的工人走上街头示威游行，沙皇政府急忙派去军队镇压，而军队当场哗变，站到了反对沙皇的一边。短短几天时间，沙皇尼古拉二世就因为失去了对军队和国家的控制而被迫退位。

这就是俄国的二月革命，它推翻了沙皇制度，但是却出现了两个并立的政权，一个是在彼得格勒成立的资产阶级临时政府，另一个是工人和士兵自己组织的领导机构——苏维埃。苏维埃掌握了实际的权力，资产阶级在苏维埃中没有任何权力。但资产阶级临时政府一直企图消灭苏维埃政权。

4月，列宁回到俄国，发表了著名的《四月提纲》，指明了革命发展的前途。根据列宁的伟大指示，布尔什维克党在群众中积极进行革命宣传活动，并多次领导工人和士兵举行罢工、示威。到9、10月份时，革命形势完全成熟。

11月6日，列宁秘密来到斯莫尔尼宫，亲自领导武装起义，参加起义的人数达到二十多万。从11月6日夜间到11月7日上午，彼得格勒的各个战略要地被革命士兵和起义工人迅速占领。11月8日，资产阶级临时政府被推翻，彼得格勒武装起义取得了完全的胜利。

十月革命是人类历史上第一次胜利的社会主义革命，不但沉重地打击了帝国主义的统治，同时也鼓舞了世界无产阶级革命运动和殖民地半殖民地被压迫民族的解放运动。

当时，日本正是寺内正毅内阁的时代。十月革命之火也烧得日本寝食难安，生怕日本人民也来个依葫芦画瓢，推翻天皇专制制度。于是，日本政府就想尽办法抹黑苏维埃，“布尔什维克党”本是指“多数派的党”，而日本政府故意歪曲地翻译成为“过激派”，竭尽所能对苏维埃进行妖魔化，让日本人民对其产生恐惧和抵触心理。与此同时，抵制布尔什维克革命的浪潮从西伯利亚正往东波及。

新生的苏维埃政权遭到了全面封杀，德军入侵，英法等联军的武装干涉，美英帝国主义暗中出钱出力资助俄地主资本家发动武装叛乱。而日俄本是同盟，但是所谓的同盟都是为了利益分割，当俄国陷入其他国家剿杀中时，日本野心又起，对俄国的远东地区和当时尚在苏俄控制之下的中国东北北部馋涎欲滴，于是，日本政府决定伺机趁火打劫。

英法等国企图武力干涉俄国十月革命遭到了失败，因此要求日本也出兵西伯利亚。这正中日本的下怀，于是，1918年1月，日本和英国向海参崴（今俄罗斯符拉迪沃斯托克市）派出了少量舰队；4月，日本又派遣500名

海军陆战队士兵进入海参崴进行警备工作，这意味着日本出兵西伯利亚正式开始了。

其实在日本政府内部，声音也是不一致的，外相本原一郎是出兵西伯利亚的积极支持者，而外交调查会的原敬持反对态度，首相寺内正毅及军界大亨山县有朋持慎重观望态度。不过，他们很快因为美国的加入达成了一致。

5 月，因为捷克战俘问题，美国的态度出现了动摇。7 月，美国和日本决定联合出兵干涉俄国革命。8 月 2 日和 3 日，日本和美国分别发表了出兵宣言。

这场战争开始时对日本是十分有利的。因为当时苏联的情况十分不妙，其在日本出兵前后只有三十万正规军，而且都在欧洲方向与各列强进行反剿杀战，无法脱身，对远东地区无法进行支援。当时，苏联在远东只有两万五千左右的兵力，还都是非正规军。还有一个对日本极其有利的情况是，西伯利亚铁路除乌苏里和阿穆尔两段外，均在反革命势力控制之下，所以日军出兵西伯利亚之初明显占据了主动。

但是，日军一直在走下坡路。

日本扶植的反革命政权，如谢田诺夫政权，企图控制东西伯利亚地区。但是，苏军积极发动群众，采用游击战术，对日军造成了极大的困扰。特别是进入冬季，大雪封塞，日军行动困难，游击队切断日军电话线，破坏其铁路运输，给日军造成了极大威胁。

不得已，日军先后进行了三次较大规模的扫荡清剿活动，企图彻底剿灭红军游击队。

但是，日军清剿得越狠，苏联人民的反抗越强烈，坚决地对日军进行了反击。日军田中营的全盘覆灭就是苏游击队反击的胜利之一。

事情发生在 1919 年 2 月斯沃博德内一带，时值数九隆冬，气温降到了零下四十多摄氏度，2 月 25 日，气温骤降到了零下五十三摄氏度，路面积雪厚达半米多，野兽都跑不动，何况人乎？且这种天气只能徒步行军，日军一个小时勉强能走半里路。

当时，田中营奉命清剿游击队，不过，田中营也知道游击队不好对付，

所以他们制订了一个貌似很完美的计划。田中营分成三路，第一路先头部队担负搜索任务，但是没能发现游击队的踪迹，决定撤退，但是由于速度缓慢，被游击队“包了饺子”。第二路田中营主力约一百五十人乘着雪橇前去增援，因为日军还没掌握驾驶雪橇的本领，所以他们乘坐的雪橇全是苏联人的。走到半路时，遭到游击队的伏击，日军急忙下雪橇还击，游击队虽暂时退却，但是赶雪橇的苏联人却乘他们交火时逃之夭夭了。结果日军“杯具”了，在半米多深的雪地里，迈不开腿跑不了路，个个成了游击队的活靶子。接着，第三路田中营后卫队和炮兵也被苏联游击队消灭了。

在苏联军民的顽强抵抗下，日本入侵西伯利亚的美梦被无情地粉碎了。且苏联游击队越打越强，打出了气势，日军损失惨重。更为重要的是，整个苏维埃政权在 1919 年年底情况开始好转，已经有能力向远东地区进行军事援助了。

而在另一方面，意图干涉俄国革命的联军内部，也出现了不和谐的声音。英美支持的反革命高尔察克政权与日本支持的谢苗诺夫政权发生了矛盾，由此日、英、美间又发生了冲突，联军开始四分五裂。

10 月间，苏联红军开始进攻由英美支持的高尔察克军政权，并很快将其消灭，美国见势不对立刻掉头向后转，决定从西伯利亚撤兵。可日本“其实不想走，其实我想留”，竭力想保住自己最后的侵略果实。

1920 年 3 月，日军故技重施，制造借口，突然解除了海参崴政府军队和滨海州各地的苏军武装。为了加强兵力，日军又调来第八、九、十一师，占领了库页岛。

但是，苏联的反击是坚决的。1922 年 2 月，红军占领了水陆交通重镇伯力，接着向海参崴逼近。在红军强大的军事压力下，日军又不得不在 8 月开始从滨海州撤兵，到 10 月 25 日，日军从西伯利亚撤军完毕。

但是，日本军国主义者不甘心失败，仍占据库页岛不肯撤兵，直到 1925 年 2 月苏日恢复外交关系后，日本才于 5 月正式撤出库页岛。

也就是说，日本军国主义对俄国革命的武装干涉以彻底失败告终。

日本出兵西伯利亚前后共计约八年，累计出动兵力达十一个师之多，而

当时日本总兵力才二十一个师。军事耗资也高达十亿之巨，严重影响了国内的经济。据不完全统计，日军在入侵西伯利亚期间，死亡共一万两千万余人。

而且，日军在远东地区的暴行，给当地人民带来了深重的灾难，直接得罪了苏联，也让世界各国对日本的野心产生了警惕之心。所以，日本此次出兵，完全可以用“偷鸡不成蚀把米”来形容。

三 陷入战争

——世界大战的泥潭

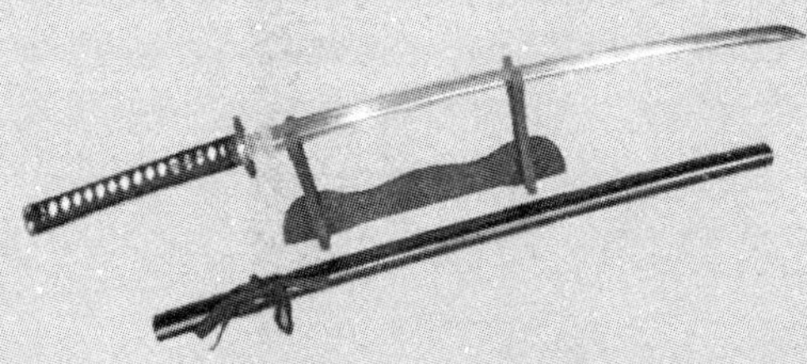

法西斯统治下的日本歇斯底里地疯狂和残忍，在肆意践踏他国和人民的同时，也蹂躏着本国的人民。然而，邪恶总是以失败收场。从 1939 年 9 月 1 日至 1945 年 9 月 2 日，在反法西斯同盟和全世界反法西斯力量的抗击下，以德国、意大利、日本法西斯为首的轴心国的一方终于举起了双手。但是，战争的代价永远是触目惊心的。二战中，大约有 6000 万人死亡，至少 1.3 亿人受伤，合计伤亡 1.9 亿人。妄图吞并世界的人，最终两手空空。

巧妇难为无米之炊——米骚动

日本能在国外炫耀武力、耀武扬威，是以日本人民的牺牲为基础的。

1914 年至 1918 年的第一次世界大战，让日本的资本主义有了长足发展。一方面，由于同盟国对军需品需求的增加，刺激了日本国内产业的发展；另一方面，由于欧美各资本主义大国把重心放在战场上，对东南亚的出口出现了停滞，日本乘机向亚洲各国大力拓展对外贸易，出口暴增。

一战爆发一年后，日本经济出现了空前的繁荣，棉纺织业、海运业、钢铁业等发展迅猛，尤其是造船和海运业，日进斗金，出现了大量的“船暴发户”。工业繁荣的同时，农村经济也活跃起来。因为战争时期米价和丝价上涨，农民收入增加。另外，资本主义的发展造成了劳动力短缺，农民在务农之余也可进城打工。

在此期间，日本的经济在世界上一枝独秀，其工业产值比战前增加了四倍，由原来的债务国变成为债权国，不但偿还了三亿日元外债，对外债权也增加到十七亿四千万日元，完全一副农奴大翻身的扬眉吐气之状。

但是，资本主义的繁荣往往是血腥的。绝大部分日本国内工业是掌握在极少数大垄断资本家手里的，如著名的三井、三菱、安田、住友等大财阀。资本家对工人的盘剥一向是赤裸而残忍的。为了降低成本、攫取高额利润，资本家压榨女工和童工，他们每日所得还不够买升米。尤其残酷的是，当时在工业中广泛地采用奴役性的包工制。包工制下的工人等于是资本家的奴隶，像罪犯一样被监管着。工人们不能外出，除了短暂的休息就是做工再做工，如活在地狱中，这样的生活能撑过五年就算是奇迹了。1919 年日本纺织企业调查的结果，有 70% 的女工由于生病而离开了，20% 则逃跑了。可见工人生活之苦。

另一方面，农民生活也极端穷苦。日本一半以上的土地都让地主占了，而 70% 的农民只有很少量的或没有一点儿土地。农民只得租种地主的土地维持生活，而地租极其高昂，全年收成的一半甚至四分之三都要作为地租向地主缴纳。农民生活长期得不到温饱，到第一次世界大战末期，农民已到了啃树皮、吃草根的地步，卖儿鬻女的更是常事。

在思想上，无论日本政府如何扼杀，俄国十月革命的赤色浪潮还是传到了日本，激起并鼓舞了日本工人革命的勇气和信心，日本工人秘密寄给年轻的苏维埃国家一封贺信："我们的关心和注意都集中在俄国革命的进展上，我们以深切的同情注视着俄国无产阶级的前进。它在日本群众心目中留下了不可磨灭的印象。"

工人对革命的热情是向往的，仙台工人原田忠一在《劳动与产业》杂志上，发表了一篇《我们的生活已经有了光明》的文章，他满怀憧憬地写道："以前我常常像一种习惯似的告诉我的孩子们说：你们生在像我这样穷困的工人家庭，是你们不可挽救的不幸。你们要认命，你们一辈子要像我这样作为没有学问的人过着穷苦的日子。无论怎样挣扎，你们是绝对没有希望能掌握天下或发财的。……可是，正像一声迅雷，在俄国掀起了革命，霎时天下归到工人手里来了！这完全是我想象不到的事，所以我一时很莫名其妙。可是千真万确的，俄国是掀起了革命。我喜欢得跳起来，在屋里乱跑，抱起孩子们喊着说：'喂！小子们，别焦急，你们也能取得天下了！'俄国革命给我们带来了生活的希望！"

在十月革命的鼓舞下，大阪、长崎各地工人纷纷举行了游行示威活动，并且工人罢工和农民租佃争议的次数越来越多。

战争期间，物价一路飞涨。从 1916 年起，日本工人工资出现了实质性的下降，工资的增长速度远远赶不上物价飞涨的速度，生活困顿。到 1918 年，作为日本人的主食大米，数月之内米价从每升二十多日元涨到了五十多日元。

日本差不多所有的岛屿都产米，但是因为人口的增加，生产技术落后，粮食产量上不去，战争期间，军队用米更是大幅增加，国内粮食越发显得不够吃。而奸商们乘机大搞大米投机，囤积居奇，大米一天一个价，疯狂上涨。

大米是日本人的主食，米价的暴涨严重威胁着日本人民的生活。不但工人们要求降低米价，连监狱的看守和城市里的警察也呼吁政府尽快降低米价。但是，政府正是那些地主和资本家的保护神，不但不制止他们的投机倒把行为，也不进口大米抑制米价，对于人民的苦难和呼声视而不见，反而诬蔑群众受了蛊惑，“思想大大地变坏了”，必须加强对国民的宗教和道德教育，企图继续蒙蔽和愚弄日本人民。

政府的所作所为激起了民众的极大愤慨，国内阶级矛盾一触即发。

忍无可忍就不要忍了。不过，事实证明，有时女人的勇气比男人要大得多。“米骚动”就是由数百名渔民的妻女开始的。

日本共产党创始人之一片山潜为此写下记录：“时间是（1918年）8月3日，酷热的一天已近黄昏，夏季炙热的太阳沉入日本海的灰色海面，黄昏笼罩起家家户户时，街头突然响起惊人的警钟声。”

富山县西水桥町三百多名渔民妻女从四方八面走上街道，包围了米店，阻止米商把大米运往外地，并与前来镇压的警察发生了肢体冲突。

有人可能要问，为什么只有女人参加暴动，男人都到哪里去了？因为他们都不在家。“米骚动”发生前，这里的男人都到北海道的渔场打鱼去了，可是因为打鱼的人太多太频，鱼极难打到，打不到鱼就卖不到钱，所以这些渔民没钱寄回家。而此时，米价越发疯涨，留守的女人们基本上已无米下锅，她们数次要求当地政府采取措施降低米价并禁止米商把米运往外地，可谁管她们的死活呢？

8月4日，《东京日日新闻》报道了这一事件：“渔民妻子强迫米商廉价出售大米，同前往镇压的警察发生冲突，结果有数人负伤。”

但是，这一事件有一个更响亮的名字：“越中妇女起义”。

当日，西水桥町河对面的渔村东水桥町，也有八百多名妇女包围了大米商高松长太郎的米店，阻止他把大米运往外地。

当时，高松长太郎囤积了一千多袋大米，准备拉到外地高价出售。妇女们一再恳求他：“现在本地缺米，请不要把米卖到别处。”但高松长太郎却蛮横地说：“大米是我的，我想卖给谁就卖给谁，你们管得着吗！”他老婆更凶

狠："活不下去就去死，谁让你们买不起米！"妇女们气得咬牙切齿，她们一怒之下捣毁米店大门，把米哄抢一空。

8 月 5 日晚，附近滑川町的数百名妇女也加入了运动。她们集合起来，请求米商降低米价。警察闻讯赶来，企图驱散她们，妇女们怒不可遏，责骂他们说："你们吃饱了，快回去睡你们的吧！"随后，男人也加入了行动，和妇女一起阻止本地米外运，迫使米商降低米价。

相对于女人自发的运动，男人的加入就有些被动了，因为女人对他们说："要是不参加，以后就不要回家了！"

暴动的消息散开后，整个富山县都沸腾了。在富山县各个村落，大批群众自发组织起来，袭击米店惩罚奸商，不分昼夜抢夺米粮。

然后，暴动在日本全国各地蔓延，京都、大阪、神户等都为革命的风暴所席卷。特别是神户，暴动一开始就是狂风暴雨。因为神户是海运业中心，大发战争财的暴发户们大都聚集在此，而且神户还是大米投机最猖獗的地方。臭名昭著的大奸商铃木的铃木总商店就在这里。而且铃木不顾本国人民的死活，为获取高额利润接受英国军需品合同，垄断粮食运往海外。愤怒的群众烧毁了铃木总商店，并将铃木的住宅也一并焚毁。

据不完全统计，从富山县一个渔村开始的"米骚动"，在将近两个月的时间内，覆盖了日本约四分之三的地区，卷入的人数达一千万人以上。

在政府的血腥镇压下，"米骚动"引发的革命暴动暂时被压制住了。但是，这次暴动提高了人民群众的政治觉悟，他们的血不会白流。片山潜总结说："从米骚动和巨大的罢工浪潮的经验证明，无产阶级运动如果是自发的，就难以取得胜利。革命斗争关键在于组织。这就是日本无产阶级从这一斗争中学到的教训。"

虽然这次暴动被镇压了，但直接导致了寺内正毅内阁的倒台。新上台的原敬内阁被迫作出让步，日本人民的革命精神让他们明白：他们再也不能为所欲为了。

法西斯思想萌芽

明治以来，日本一直在强化天皇专制，虽然民权运动也曾风靡一时，但如同昙花一现，很快就偃旗息鼓了。1878 年，战争狂热分子山县有朋炮制的《军人训诫》，要求军人必须把天皇当做神来崇拜，"武士道"就是军人精神的根本，为天皇而战是最大的荣誉，为天皇而死是世界上最幸福的事。到了 1882 年更进一步，明治天皇亲自向陆军、海军长官颁布了《军人敕语》，"我国军队世世代代均由天皇统帅"，"朕为汝等军人大元帅，故朕赖汝等为股肱，汝等仰朕为首脑"，一再强调天皇的绝对领导地位，军队必须绝对服从，天皇说什么就是什么，不能提出疑问，更不能反抗，否则必遭制裁。并且，《军人敕语》中还把武士道精神中的"忠节、礼仪、勇武、侠义、质素"作为五项军人必备的素质。

1890 年 10 月 30 日，明治天皇颁布了《教育敕语》，确定了"忠君爱国"的伦理道德思想，"我臣民克忠克孝亿兆一心，世济其美，此我国体之精华，而教育之渊源亦实存乎此"。要求全体国民遵守，"一旦缓急则义勇奉公以扶翼天壤无穷之皇运，如是者不独为朕忠良臣民，又足以彰显尔祖先之遗风矣"。

从《教育敕语》的内容可以看出，其教育目标是培训忠顺天皇的臣民和父辈的孝子，同时也要学习富国强兵所需的知识和技能，为天皇服务。可以说，《教育敕语》指导了日本教育的方向，向国民灌输"忠君爱国"的国家主义思想，维护天皇专制的国家主义，公然把日本的教育引上了军国主义的道路。

在这些政治文化的引导下，奴化的忠君爱国思想日益高涨，极端狭隘的民族主义、国家主义迅速在社会上膨胀起来。不能否认，明治时代日本人的爱国心是炙热的、献身的，但是也是盲从的，他们只考虑日本的利益，从不站在人类的角度进行分析。正像一个西方学者雅各布・布克哈特所说："爱国主义与偏爱故乡的情结如出一辙，它表现为轻视其他民族，所以它偏离了

真理的轨迹……其目的有时就是伤害他人。"

其实，对于日本日益高涨的所谓"爱国心"、"大和魂"、"武士道"精神，一些有识之士也保持了相当的清醒，如夏目漱石在其作品《我是猫》中，写过这样的一段话："大和魂！一个日本人这样呼喊以后，发出了痨病鬼式的一声咳嗽……大和魂！一个报混子说；大和魂！一个扒手说……东乡大将具有大和魂，鱼铺子掌柜阿银也具有大和魂。投机者、骗子手、杀人犯也都具有大和魂……谁都挂在嘴上，可谁也没有见过。谁都听人说过，可谁也没有碰上过。大和魂，大和魂，其天狗之类欤？"

日本早期社会主义运动活动家堺利彦

同时，社会主义也悄然在日本发展起来。早在1902年，社会主义者堺利彦将《共产党宣言》翻译成日文，1912年又翻译出版了考茨基的《社会主义伦理学》，恩格斯的《社会主义从空想到科学的发展》也被他翻译介绍到日本。在堺利彦等人的努力下，马克思主义在日本取得了不小的成绩和影响。但是，作为与天皇专制相对立的思想，日本的社会主义活动从一开始就受到了政府的高压和扼杀。

1910年，发生了著名"大逆事件"，幸德秋水等一批社会主义者和无产主义者，被政府以谋杀天皇的罪名投入了监狱，包括幸德秋水在内的十二人被判处死刑，另有十二人被判无期徒刑。在政府的恐怖镇压下，社会主义运动陷入了低谷。但是，革命的种子总是杀不死的。1922年，日本共产党成立，社会主义运动以微弱但永不熄灭的姿态在日本顽强地生存着。

第一次世界大战后，因为军需减少，钢铁及军需产业受到打击，日本物价暴跌，1920年又赶上世界性经济危机，大量工人失业，百姓生活越发艰难，罢工活动此起彼伏。与此同时，在中国和朝鲜，反抗日本帝国主义的运动也是接连不断，如中国的五四运动和朝鲜的三一运动。

社会的动荡不安，国内外形势的交迫，刺激了国家主义的发展，法西斯思想迅速在日本抬头。“大正赤心团”、“大日本国粹会”、“赤化防止团”等法西斯团队相继成立。由北一辉、大川周明等人结成的“老壮会”、“犹存社”更是影响巨大，对昭和时代军国主义激化有直接影响。

说起北一辉，一定要隆重介绍一下，此君乃一坚定的法西斯分子，可以用魔鬼来形容。

北一辉出身贫贱，早年对社会主义革命非常有好感，“无疑为一个激烈的革命分子”。并且，北一辉与中国革命曾有着很深的联系。1911 年，宋教仁邀请北一辉参与辛亥革命，此后北一辉常活动于上海、武昌和南京等地。1913 年，宋教仁被刺身亡，北一辉曾自组调查团，想查明宋教仁被刺杀的真相，但被日本政府勒令回国。五四运动后，中国民众反日情绪高涨，北一辉自思再无为中国革命效力之处，便“告别十余年间参与的中国革命的生活”，返回日本。

北一辉自认为是社会主义者，他认为“日本社会主义的终极目的在于迫使西方退出，在全亚洲重振的基础上创造一个新的文明”。但是这种“新的文明”的创造，北一辉认为，应当是日本领导下的“大东亚圣战”，而且必须是在日本领导下进行，因为“日本特别适合当领导，由于她维持了最高的统治原则——帝国天皇——无视于西方政治与社会体制的进侵”。

北一辉

他于 1919 年写了一本书：《日本改造法案大纲》，在此书中，北一辉分三个步骤来“改造日本”。首先利用天皇至高无上的权力，踢掉那些“软弱无能”的政党及废除其政策，所谓“清君侧”；然后，组建新的统治机构，发布新的政策；最后，建立一个地大物博的庞大帝国，成为一个真正的“大”日本帝国。

北一辉备受法西斯分子的追捧，因为他

的思想实在太合法西斯的心意了。北一辉鼓吹战争万能，宣称国土狭小的国家采用暴力手段对外扩张是合理的，这一观点，成为日本侵略中国的直接理论依据。北一辉还认为，日本必须且应当打败英、美、俄、中等国，将这些国家通通归到大日本天皇名下，从而缔造一个空前绝后的世界帝国（这野心大得简直不叫野心了）。

同期反映法西斯主义思想的著作还有权藤成卿的《自治民范》，鼓吹纯粹农业国家主义，主张推翻“巨大的日本官僚体制与工业复合体的罪恶操纵与摆布”；还有被称为“昭和的教祖”的安冈正笃所写的《日本精神之研究》；大川周明的《日本及日本人之道》。这些著作大力鼓吹日本精神，竭力要把日本人民带到法西斯的阴沟里。

大川周明被称为日本法西斯的鼻祖。其个人能力堪称卓越，能够阅读中文、梵文、阿拉伯文、希腊文、德文、法文和英文，是东京帝国大学的法学博士。大川周明可以说是日本最疯狂的法西斯宣传家和煽动家，他鼓吹大日本主义、大亚细亚主义，美化侵略战争，歌颂殖民主义。

由于大川周明对法西斯的杰出贡献，所以日本战败后，他也有幸成为甲级战犯里的唯一民间人士。在远东军事法庭对其审判期间，大川周明忽然“神志失常”，他时不时地裸露自己的肉体，要不是有人按着，他就要裸奔了；又是喊又是叫，还用手对着坐在他前面的东条英机的大光头频频拍打；休庭时，他又突然猛掴东条英机耳光，一边打还一边喊：“我要杀了东条！我要杀了东条！”总之，大川周明的表现如同精神病一般。后经鉴定，认为他患有精神病，因此，大川周明逃过了审判，苟全了性命。事后，大川周明说：“我是装的。”

大川周明

血染世界的法西斯魔头希特勒，曾以一本《我的奋斗》狂热了无数的德国青年，此书出版于 1922 年，比北一辉 1919 年成

书的《日本改造法案大纲》还晚了几年。可以说，在传播法西斯思想方面，日本是走在世界前列的。就是意大利的墨索里尼，他建立法西斯团体“黑衫党”时，只是 1919 年 3 月，而此时，日本已有好几个法西斯团队在活动了。

法西斯思想的传播对日本学生和青年军官产生了不小影响。

1921 年 9 月 28 日，发生了朝日平吾刺杀事件。朝日平吾生活贫困，曾因交不起学费而被迫辍学。受《日本改造法案大纲》的影响，朝日平吾追捧国家社会主义，反对无政府主义和共产主义，企图组织社团改造社会，但都因缺乏资金而失败。他想寻求资本家的帮助却遭了白眼，于是他决定“诛杀一、二彼等奸富的代表人物，使其反省悔悟”。日本四大财阀之一的安田财阀首脑善次郎成了他的枪下亡魂。

1921 年 11 月 24 日，法西斯团队“犹存社”机关杂志《雄叫》的一位忠诚读者中冈良一，受到朝日平吾刺杀事件的鼓舞，行刺了日本首相原敬。

其实，在大正时代，虽然北一辉等人大力贩卖法西斯思想，但是仍处在非主流的范围，并未对社会造成太大冲击。但是到了昭和时代，法西斯思想咸鱼翻身，以野火燎原之势裹挟着日本在法西斯的道路上开始狂奔。

一人一刀——恐怖的血盟团

幕府末年，一些激进武士大搞“天诛”行动，看谁不顺眼，跳到人家前头大喊一声“天诛”，就把人家剁了。幕府很多官员就死在“天诛”之下，而且这些武士把自己的刺杀美其名曰“为国除害”，但是“害”的标准完全由他们自己说了算，简直就是无厘头。

明治维新时又大搞政治、军事的改革，导致许多武士下岗失业。于是，一些对时局不满的武士又掀起了刺杀活动，有“东洋俾斯麦”之称的大久保利通就是这样玩儿完的。昭和时代，随着法西斯在日本的抬头，恐怖暗杀活动又在日本活跃起来。

1930 年，日本陆军产生了法西斯军官团体——樱会，这是个极右翼组织，鼓吹动用武力来推进国家改造和建立军部政权，并声称“战争乃创造之父，文化之母”，主张以武力解决“满蒙”问题。

为了建立军人专政，推翻政党统治，樱会首领桥本欣五郎、长勇、根本博等陆军军官，密谋通过武装政变达到目的。在法西斯积极分子大川周明、西田税等人的协助下，樱会打算在 1931 年 10 月 21 日出动军队及飞机袭击首相官邸和警视厅，处死首相若槻礼次郎、外务大臣币原喜重郎及内大臣牧野伸显，然后颁布“戒严令”，建立以荒木贞夫为首的法西斯政权。

但是由于考虑不周，计划泄露，被军部首脑得知，10 月 17 日，桥本欣五郎等主谋者被政府拘捕。但是，陆军给这些阴谋政变的惩罚相当轻，主犯桥本欣五郎竟然只被处以二十天的“谨慎”，所谓谨慎是当时的一种处罚手段，就是要控制言行，没什么实质性的处罚力度。并且，荒木贞夫还出任下届犬养毅内阁的陆军大臣，使得法西斯势力在军队中得到更进一步的发展。

这就是政变未遂的“十月事件”。

樱会的行动是失败了，不过，另一个法西斯团队“爱国社”却成功地策划了一起暗杀。

当时，日本首相是滨口雄幸，在外交上采取“协调外交”政策，并不顾右翼势力和军方的反对，批准了伦敦海军裁军条约，这种“软弱”、“卖国”行为立刻引起了法西斯分子的不满。于是，“爱国社”便计划刺杀滨口雄幸，计划实施者为佐乡屋留雄和松本良胜。

不过，右翼青年佐乡屋留雄雄心勃勃，他决定提前独自执行刺杀计划。佐乡屋留雄多次踩点后，最终选择了东京火车站为刺杀地点。这一天，佐乡屋留雄得到情报，说滨口雄幸要陪同天皇观看陆军特别大演习，并将乘坐 11 月 14 日上午 9 点 15 分的火车从东京火车站出发。佐乡屋留雄认为这是个机会，提前赶到了东京火车站伺机干掉滨口雄幸。

结果，佐乡屋留雄的刺杀计划非常顺利，他开枪击中了滨口雄幸的腹部。1931 年 8 月 26 日，滨口雄幸因伤重不治身亡。

佐乡屋留雄刺杀滨口首相后被当场抓获，抬往警察署

佐乡屋留雄当场被抓捕归案，但是对于他的判决却是一变再变。刺杀首相可谓一个影响巨大的国际事件，因此，1933年，佐乡屋留雄被判处死刑，但没有执行，反而一再减刑，1940年时竟被假释出狱。而他当初被判处死刑时，全国递交了七万多份请愿书，要求为他减刑。由此可见当时日本右翼势力之猖獗。从滨口雄幸遇刺开始，日本又进入了一个“激动期”，恐怖活动和阴谋笼罩着整个日本。

十月武装政变计划流产后，樱会中的一些军官加入了血盟团。

血盟团，听着名字就知道不是善茬儿，它是日本右翼恐怖组织，十月事件败露后，由日莲宗僧人井上日召组织而成。井上日召曾在中国待过很长一段时间，他虽然是个和尚却不念经，每天净琢磨如何杀人，是一个信奉恐怖主义的狂热法西斯分子。

不过，同为法西斯分子，井上日召与北一辉、大川周明等人不同，他不研究理论，而是注重实践。他认为，只有进行“玉碎主义”和“抛石主义”才能实现政治革新，因此，他独具匠心研制了“一人一刀”的恐怖计划。此

计划用其心腹池袋正钏郎的话说，就是“把总理大臣一个一个地杀掉”。井上日召要求成员不但要具备个人暗杀的素质，同时还要有团队精神，“我们的同志应该抱成一团，作为肉体炸弹投出去，用我们自己的肉体作炸药炸死我们的敌人”。即使在日本战败后，井上日召仍旧是个“魔僧”，不思悔改，堂而皇之地将自己的自传命名为《一人杀一人》，恐怖味十足。

作为血盟团的精神领袖，井上日召一出手就绝不负恐怖之名，他以“一人一刀”即“一人负责杀一人”的行动方针，组织人手，准备暗杀井上准之助、团琢磨、若槻礼次郎、西园寺公望、池田成彬、德川家达、币原喜重郎、牧野伸显等二十名政府要员，看来是想给政府来个大换血。

这主要是因为法西斯痛恨政党政治，痛恨民主，也讨厌财阀聚敛财富，这对那些出身贫苦的青年非常具有迷惑性，井上日召策划此次大暗杀是想达到“打倒政党、财阀和特权阶级”，实现“君民共治”的法西斯制度。

1932 年 2 月 9 日夜，民政党选举委员长井上准之助在东京驹小学被血盟团杀手小沼正二刺杀。3 月 5 日，就在光天化日之下，三井合名会社理事长团琢磨在东京三井银行门口，被菱沼五郎要了性命。小沼正二和菱沼五郎都是恐怖头子井上日召亲手培养出来的人才。

这就是血盟团事件，财政界的两个大人物就这样无端丧命，引起了社会的震动，日本警视厅将血盟团的全部成员予以逮捕。

但是，血盟团制造的如此恐怖的行径，却难以得到惩处。处处有法西斯分子为其辩护、捞人，因而审判难以决断，本来罪行很清楚的恐怖暗杀竟经过 92 次公审，直到 1934 年 11 月审判结果才出来，判处井上日召、小沼正二、菱沼五郎三名首恶无期徒刑，其余人等被判处 3 到 15 年有期徒刑。

但是，这些双手沾满血腥的凶手在监狱里只待了几年，便于 1940 年 11 月，在天皇恩赦下，被日本政府全部提前释放。

按照血盟团的原计划，是要暗杀掉二十名政府要员，但是仅杀掉两名后就被捕入狱，血盟团也就此宣告解散。但是血盟团的影响很大，民众对他们谈之色变，而政府、军方要员对他们也是避之不及，唯恐他们暗杀到自己头

上。正因为政府及军方对法西斯恐怖活动的退让，使法西斯分子越发肆无忌惮地活动起来。

政党政治的瓦解——五一五事件

自 1918 年 9 月原敬内阁执政起，打破了萨长藩阀政治，确立了日本政党政治的格局。不过，受诸多条件的制约，政党政治一直非常不成熟，很多时候处事不是依靠法律，而是在于人力。大正时代时民主运动高涨，政党政治较之以前更为强大有力，但是，内阁腐败丑闻不断，民众日益对其失去信任，且产生了厌恶之情。法西斯分子一贯仇恨政党政治及民主，但想从政党手中夺取政权也不是件容易的事，所以，追求效率的法西斯分子们就频频采取暗杀等暴力手段，打算直接从肉体上消灭政党政治。

1931 年 12 月，立宪民政党的若槻礼次郎（曾在血盟团暗杀名单里）内阁倒台，犬养毅作为反对党总裁被授命组阁。当时，日本国内外形势十分复杂，全球范围经济大萧条。1931 年 9 月 18 日时，日军在中国制造了满洲事变（即九一八事变），针对这些情况，犬养毅任命高桥是清为大藏大臣（财政部长），高桥是清断然实施黄金输出禁止令和兑换停止令，以积极的财政政策对抗经济危机。但在对待九一八事变上，犬养毅与军方起了分歧。

犬养毅

犬养毅与中国关系向来友好，与孙中山是相识数十年的好友，且与友

华亲中的法西斯组织黑龙会交情很深。他就任首相后，希望以和平途径来解决九一八事变问题，并对军方要求承认“满洲国”的指示表示反对，军方对其极为不满。

犬养毅觉得日军一些青年军官做法太激进了，并将此忧虑写信告诉陆军长老上原勇作，认为应该对军风作一些改变。他上奏天皇，建议将三十来个有问题的军官免职。犬养毅还把此忧虑透露给了对华强硬派的内阁书记官长森恪，森恪马上将此事向军方作了汇报，军方认为犬养毅试图干涉军队，因而对他十分愤怒。同时，犬养毅又削减军费，把军方得罪了个彻底。

当时，得罪了军方就是得罪了魔鬼、得罪了阎王，恐怖主义再次上演，陆海军的一些法西斯分子与民间法西斯分子勾结起来，决定采取非常手段，发动一次规模更大的刺杀行动，完成血盟团未完成的任务，统一日本未来的发展方向，“拯救日本”。这就是即将发生的五一五事件。

此次事件由海军军官古贺中尉负责指挥，参与政变的人有十余名海军军官与陆军候补生及血盟团的残存分子，还有民间法西斯分子橘孝三郎组织的农民决死队，大川周明、本间宪一郎等人对其进行了武装援助。

1932年5月15日，是一个天气晴好的星期日，犬养毅在首相官邸休息，他的妻子、秘书、护卫等人皆外出，只有一名医生来为他治疗鼻子。作了一系列检查后表明，已届77岁的犬养毅身体还很健康，犬养毅对医生开玩笑说：“全身没有查出一点毛病，看来我还能再活一百年吧。”

傍晚5点半左右，一群年轻海军官兵强行闯进犬养毅官邸，犬养毅很镇定，表示要与这些人好好说理，但是，能说理的还是法西斯吗？犬养毅刚说了一句“有话好说”，暴徒就回复了一句：“说也没用，开枪！”犬养毅的头部及腹部各中一枪，当晚11时左右伤重身亡。

据说刺杀名单里还有当时正在日本访问的喜剧明星查理·卓别林（人家招谁惹谁了？），不过刺杀发生时，查理·卓别林正在跟犬养毅的三子犬养健观赏相扑，因而逃过一劫。

法西斯分子的这次政变虽然成功杀掉了犬养毅，但是其他的行动计划却都落了空，并且他们缺乏建立政权的具体计划，比如他们预谋刺杀犬养毅后

拥立东乡平八郎，但是却从没有和东乡平八郎联系过，好像东乡平八郎随叫随到似的。最后，参与行动的暴徒全部被抓捕归案。

可是，由于当时政府无力改善民众极端困苦的生活，因而招致民众的满腹怨言，法西斯暴徒却得到了民众的同情。在杀害犬养毅的暴徒被审判前，一份由 35 万人以鲜血署名的请愿书被送到法庭，请求法庭宽大处理。法西斯分子的气焰越发猖狂，他们利用法庭作为宣传舞台，打着效忠天皇的名义，粉饰美化自己的暴行，博取大众的同情。更有甚者，还有人愿意替杀害犬养毅的 11 名军官去死。新潟县的 11 个年轻人给法庭寄来求情书，愿意一命换一命，代替那 11 名军官赴死，为表诚意，他们还同时附送了 11 根血淋淋的手指。

军方如此猖狂，民众同情刺客，可见“政党政治”不得人心。它没有为人民带来预期的幸福生活，于是人心思变，日本人的思想逐渐统一向法西斯靠拢，军国主义时代来临了。对杀害犬养毅的暴徒，法院“从宽发落”，几个海军首犯最高判了 15 年刑期。就这样法西斯分子还不满意，声称还要造反。

五一五事件对社会政治及民众思想影响巨大，给法西斯上台提供了社会基础和舆论准备，刹那间，日本右翼团队如雨后春笋般大量涌现，到 1933 年年底的时候，竟达到 501 个，而左翼的活动几乎销声匿迹，日本共产党中出现了很多识时务的“转向者”。

五一五事件的最后结果，是日本政党政治崩溃，成立了以海军大将斋藤实为首的所谓“举国一致”的内阁，日本军国主义开始极速发展。

泷川幸辰事件

日本建立“满洲国”后，中国政府随即将此事诉诸国际联盟，国际联盟派出了李顿调查团进行调查。1933 年 2 月 24 日，在国际联盟全体特别会

日本无产阶级文学的奠基人、日本共产党员小林多喜二

议上，除日本反对和泰国弃权外，一致通过了“日军在满洲的行动是侵略行为，日本应撤出满洲”的决议，日本代表松冈洋右当场拂袖而去。

这一决议是英、法、美等大国为维护自身在华的利益而作出的，而急于扩张的日本当然不能接受，因此，日本不执行这一决议。1933年3月27日，日本宣布退出国际联盟。天皇还发布诏书，极力辩解日本退出国际联盟是何其英明与正当。

日本退出国际联盟之后，国内有很多人，特别是进步知识分子，对此表示不满，于是一些有识见、反对武力的知识分子就成了法西斯对付的目标。

就在日本退出国际联盟前不久，1933年2月20日，日本进步作家，日本无产阶级文学的奠基人、日本无产阶级文学运动领导人之一、日本共产党员小林多喜二被军警特务逮捕。当局对他毒刑拷打，企图强迫他改变立场、站到法西斯队伍中来。但是小林多喜二宁死不屈，当晚就被残忍地杀害了。

所有反抗武力的言论都会被视为共产党分子，小林多喜二被杀之后，进步知识分子人人自危，各学校教授更是紧张，在法西斯血腥恐怖下，知识阶层噤若寒蝉，再也不敢发出一点不同的声音。

但是，军部对此效果还不满意，一定要再揪出几个典型来压制民众思想。

泷川幸辰是帝国大学法学部的教授，他在著作《刑法讲义》、《刑法读本》中，认为“对女性规定通奸罪而男性没有对应规定，这是男性对女性的压迫”。这一主张纯粹是从法律公平角度提出的，“通奸”是男女双方共同犯下的“罪过”，一个巴掌拍不响，只处罚女方而放过男方，怎么说都不合理

更不公平。所以，怎么看，泷川幸辰的这一主张都没什么问题，更不会和共产主义言论扯上什么关系。

但是，贵族院议员菊池武夫和政友会宫泽裕等人偏偏就从鸡蛋中挑出了骨头，硬说泷川幸辰的主张属于共产主义的学说，《刑法讲义》、《刑法读本》两本书因而遭到了禁售。

搞笑的是，在此之前，大审院认为这两本书非常有价值，还隆重推荐给部下和其他人让多多阅读。

可是法盲何其多，文部大臣鸠山一郎甚至对帝国大学校长小西重直提出罢免泷川幸辰的要求。校长小西重直头脑还是清醒的，认为这些人简直都是在胡闹，因此拒绝了鸠山一郎的荒唐要求。但是，根据文官分限令，泷川幸辰仍被迫停职。

太过分了，京都帝国大学法学部全体 31 位教授提出集体辞职，以表示抗议。但学校当局和其他学部并没有站到他们这一边。消息传出后，东大、东北大、九大学校纷纷响应，闹起了学潮，局面一时混乱起来。

因为处置不力，校长小西重直也被迫辞职，学生们的抗议活动一度爆发。新任校长松井元兴迎合政府，采取强硬态度，才将此事件迅速平息下来。最终的结果是，泷川幸辰、佐佐木惣一、宫本英雄、森口繁治、末川博等教授被免职，其余十四名教官辞职。

这一起压制思想的事件，史称“泷川幸辰事件”。不过，二十年之后，泷川幸辰成为了京都大学的第十五任校长。

这一事件的意义在于，展现了京都大学的师生为了学问的自由和大学的自治，而与官僚体系顽强抗争的精神风范。战后黑泽明监制的第一部电影《青春无悔》就是以此事件为背景的。此影片反映的就是个人为自由理念与体制抗争所经受的挣扎和承受的牺牲。

内讧和屠杀——二二六事件

五一五事件后，号称“举国一致”的斋藤内阁上台。首相斋藤实搞了个“五相会议”，以平衡并达到配合各方势力，所谓五相，是指首相斋藤实、藏相高桥是清、外相广田弘毅、陆相荒木贞夫、海相大角岑。陆相、海相分别代表陆军、海军，可见军方力量对政治的干预大大加强。

不过，日本法西斯分子内部也分成了好多派，陆军主要分为皇道派和统制派，陆相荒木贞夫就是皇道派的代表人物，他认为要改造日本，就要先消灭天皇身边的奸臣小人，由天皇亲政实行昭和维新，此乃天皇之道，故得名皇道派。荒木贞夫称日本军为皇军，皇军之名得以广泛流传。皇道派受北一辉思想的影响，言行激进大胆，不听指挥，对外主张同苏联决战，作好全面战争的准备，以图征服世界。

统制派一看就不简单，其核心人物有军部中坚将校永田铁山、石原莞尔、冈村宁次、杉山元、东条英机等，他们不主张以武力改造日本，而是准备用合法途径建立军部独裁，平稳地进行国家改造。对外，统制派认为要求先解决“中国问题”，然后南北并进，作好同美苏长期作战的准备。他们攻击皇道派的过激行动扰乱了军队的秩序，因此必须消除军内派系，加强统制，故而得名统制派。

永田铁山

皇道派和统制派互相攻击，争权夺利，矛盾十分尖锐。以荒木贞夫为首的皇道派坚决主张北进，而统制派的头脑人物永田铁山等人则持反对态度，认为时机未到，且外相广田弘毅和藏相高桥是清也对皇道派的主张毫无兴趣。双方明争暗斗的结果是，1934 年 1 月，荒木贞夫一怒之下辞去

了陆相的职务。这就意味着统制派实际占了上风，一向以敢想敢干著称的皇道派岂能甘心?

矛头逐渐对准了统制派的首脑人物永田铁山。

永田铁山是穷人家的孩子，当时，日本军事学校免费且前途光明，很多穷孩子都投身到了军事学校。永田铁山 14 岁考进了陆军“东京地方幼年学校”，然后经“中央幼年学校”到“士官学校”，成绩优异，先后以中央幼年学校第二名、士官学校第一名的骄人成绩毕业，后来又以第二名的成绩从陆军大学毕业。

按照日本陆军惯例，像永田铁山这样优秀的陆军大学毕业生，都是陆军培养的后备人才，会调到中央工作，一番按部就班的历练之后，官至将军并不困难。而且永田铁山是一个绝顶聪明且求知欲旺盛的人，很快就在陆军崭露头角，在陆军中有很高的人气，大家称赞他说:“永田之前无永田，永田之后无永田。”

荒木贞夫辞去陆相一职后，本想推荐同是皇道派核心人物之一的真崎甚三郎接任自己的职位，但是皇族载仁亲王不喜欢，荒木贞夫只好推荐现任教育总监、看似无害的林铣十郎大将继任，而真崎甚三郎担任教育总监一职。

荒木贞夫本以为林铣十郎软弱无为，是个极好控制的人，没想到蔫人也是有脾气的，林铣十郎出任陆相后，真崎甚三郎事事对他指手画脚，好像他才是陆相似的，让林铣十郎十分恼火。不过，他表面上什么也没说，只是等到每年 3 月春季定期进行人事调整时，将被荒木贞夫赶走的永田铁山调回了中央，担任陆军省军务局长一职。

冈田内阁时期，陆军对政治的权力扩张非常明显，作为统制派的领袖，永田铁山可以左右政局，决定重大人事的任免。

1935 年 7 月，陆相林铣十郎找到教育总监真崎甚三郎，“十分友好”地向他透露一个内幕消息，那就是陆军部决定在 8 月秋季定期人事调整时，免去真崎甚三郎教育总监的职位，调任军事参议官，他本人对此非常遗憾，请真崎君多多谅解。真崎甚三郎气得鼻孔冒烟，自己本来是要当陆相的，却成了教育总监，现在可倒好，教育总监也做不成了，又降为参议官了，

当他好说话是不是？真崎甚三郎当即表示，陆军三长官的任免是由天皇说了算，别人无权调动，硬是跟林铣十郎顶上了。大家就这样僵持了一个星期后，参谋总长载仁亲王支持林铣十郎，在这样的强大压力下，真崎甚三郎只好被迫屈服。

这幕后推手必定是永田铁山，皇道派的武士们认定这完全是永田铁山导演的一出好戏。

1935 年 8 月 12 日，皇道派军官相泽三郎闯入军务局局长办公室，抡起大刀将永田铁山砍死，制造了永田事件。皇道派与统制派的矛盾已不可调和。

永田事件后，统制派也在寻找机会打击皇道派。1935 年 12 月，陆军人事定期调整，统制派趁机把铁杆皇道派成员、第一师团长柳川平助调任台湾驻屯军司令官，然后又命令第一师团调往满洲。这一招可是击中皇道派的要害了，第一师团在东京驻守长达 30 年之久，是皇道派的大本营。皇道派立刻怒火中烧，决定提前执行“崛起计划”，其实就是搞武装政变。

1936 年 2 月，东京迎来了一场几十年不遇的大雪，深夜时分，大雪覆盖下的东京城一片寂静。2 月 26 日凌晨，天还未亮，皇道派军官香田清贞、安藤辉三、河野寿、野中四郎等九名政变核心者带领千余名官兵兵分七路，分头去刺杀“天皇周围的坏人”，这次行动的代号为“天诛风暴”。

冈田的秘书兼妹夫松尾传藏因为与首相冈田启介长相相似而被误杀，首相冈田启介第二天下午化装为吊唁人，混在送葬队伍中逃脱。

年届 77 岁的内大臣斋藤实身中 47 枪。

接替真崎甚三郎出任教育总监的渡边锭太郎被乱枪打死，并被砍下了头颅。

财政大臣高桥是清因主张削减军费而招来杀身之祸，暴徒对其连开数枪后又竞相用刀乱剁一通，然后彬彬有礼地对其家属说：“真是打扰了。”

天皇的侍从长铃木贯太郎被认为是和英美勾结的代表，身中三枪，抢救几日后奇迹生还。

大久保利通之子、前内大臣牧野伸显伯爵险些重蹈他父亲的老路。

西园寺公望公爵乃是日本帝国最后的一位元老，德高望重，无人下手。

发动政变的官兵控制并封锁了陆军省、参谋本部，包围了陆军大臣官邸、警视厅，要求陆相川岛义之出面谈判。

对于这次政变，陆军行动迟缓，还是因为皇道派和统制派的分歧。统制派则坚决要求立刻派兵镇压，但陆军高级将领组成的军事参议官会议被荒木贞夫和真崎甚三郎所操纵，试图将这次政变合理合法化。

川岛义之将政变军的要求传达给了天皇，且为其美言了几句，说政变军“完全是一片为国尽忠的赤诚”，但昭和天皇十分震怒，说政变军“杀害朕之股肱老臣”，“绝不允许凶暴的将校胡作非为”，要“尽快将这一事件镇压下去”!

但天皇的命令被当成了耳边风，军事参议官会议被皇道派操纵，统制派无法直接调兵镇压，只好寄希望于天皇的权威。

2 月 29 日，在天皇的催促下，军部终于出动戒严部队，将政变军团团围住。戒严司令部首先发动了强大的心理攻势，在坦克车上装高音喇叭，不停地广播《告军官士兵书》，劝告政变军说：“现在归复原队，仍为时不晚；抵抗者全部是逆贼，射杀勿论；你们的父母兄弟在为你们成为国贼而哭泣。”与此同时，还派出飞机向政变部队散发《告军官士兵书》的传单。

政变士兵纷纷散去，组织政变的三十几名军官被拘捕，在幕后支持政变的北一辉和西田税也被抓了起来。

对于这次政变的处理相较于以前，是极为严厉的，且审判过程不公开，不为政变军官设辩护人，一审就定生死。7 月 5 日，在政变中起领导作用的矶部、香田等 17 名军官被判处死刑，约一年后，法西斯精神领袖北一辉和西田税也被执行了死刑。

二二六事件后，军部在寺内寿一的主持下，统制派趁机排斥、打击皇道派，荒木贞夫、真崎甚三郎和陆相川岛义之都被解除了现任职位，所有倾向于皇道派思想的军官都从陆军重要部门被清除出去。以陆相寺内寿一、陆军次官梅津美治次郎和教育总监杉山元为核心的新统制派彻底掌握了陆军实权。

卢沟桥事变

二二六事件后，军队不仅在上层掌握了政权，1936 年 9 月 25 日，又公布了“帝国在乡军人会令”，让“在乡军人会”由私转公，成了官方机构。所谓在乡军人会，是一个准军事组织，成员没事种地，打仗缺人手时就让他们上，其成立的倡导者田中义一认为：“由于日本的国力、财力平时不可能保持一支人数庞大的军队，因此只能由在乡军人会来肩负战争与生产两不误的重任了。”“在乡军人会”的由私转公，表明地方也在军人的统治之下了。

从另一方面讲，接连不断的侵略战争，为日本带来了巨大的经济利益，因而军人备受尊重，而且军人的收入非常高，加上军国主义教育的宣传，人们普遍认为，要想有出息，就得去当兵。

在军人统治的强化下，对外战略成为了日本的最高目标。军部将美国和苏联作为第一假想敌，英国和中国作为第二假想敌，大肆扩张军备，实行准战时经济体制。参谋本部作战课课长石原莞尔认为，要想同苏联作战，就要将日本同中国东北、华北联为一体，成为一个经济圈，相互协调，积蓄足够的经济实力。

1936 年 11 月 25 日，日本和德国签订了“德日防共协定”，完成了法西斯国家结盟的第一步。

为了尽快达到战略目标，日本加快了对中国的侵略脚步。

1937 年 7 月 7 日夜，卢沟桥的日本驻军径自在中国驻军阵地附近举行所谓的军事演习，并声称有一名日军士兵失踪，要求进入宛平县城搜查，并鸣枪示威。中国守军表示可以代为查找，拒绝日军进城。

日军即于当夜不宣而战，炮击宛平城，向城内的中国守军进攻。无奈之下，中国守军第 29 军第 37 师第 219 团在团长吉星文带领下奋起抵抗。这是日本帝国主义发动全面侵华战争的开始，同时也掀开了日中战争的序幕。

中国守军和日军在卢沟桥激战，日军见暂时很难占领卢沟桥，便进行所谓“现地谈判”，争取调兵遣将的时间。日本向天津、北平增派大批援军，

在卢沟桥上欢呼胜利的日本军人

到 7 月 25 日，陆续集结平津的日军已达 6 万人以上。

7 月 26 日下午，日本华北驻屯军向第 29 军发出最后通牒，要求中国守军于 28 日前全部撤出平津地区，但遭宋哲元拒绝。27 日，日军参谋部经天皇批准，命令日本华北驻屯军向第 29 军发动攻击。第 29 军将士在各自驻地顽强抗击，最后，第 29 军副军长佟麟阁、132 师师长赵登禹先后战死。7 月 29 日，日军占领北平。30 日，天津亦落入日军之手。

从此，中日进入了长达八年的战争时期。

精动运动——进入战争后的动员

在卢沟桥事变的前一个月，1937 年 6 月 1 日，日本贵族、出身于“五摄家”之首的近卫家族的近卫文麿第一次组阁。近卫文麿 12 岁就作为近卫

家族长子而承袭公爵爵位，成为近卫家族的家主。近卫文麿深受法西斯思想的熏陶，对日本军人制造的九一八事变极为赞赏，声称青年军人在“满洲事变以来所推进的方向，是我日本必须走的命运之路”。

近卫文麿组阁后，立即加强日本国内的法西斯化，加快了侵略战争的准备工作。近卫文麿认为“华北经济开发”对日本有极其重大的意义，一个多月后，侵华战争就全面爆发。

中日战争开战后，为确保侵略战争的顺利进行，近卫文麿内阁不断加强日本国内的法西斯统治。政府不断美化战争，煽动民众对战争的狂热情绪，侵略战争一时受到日本民众的大力支持和拥护。

民众的战争热情被煽动起来后，1937年8月24日，政府制定“国民精神总动员实施纲要”；9月9日，政府在日比谷公会堂召开国民大会。近卫文麿开展的“国民精神总动员”运动，简称“精动运动”，提出三个极具蛊惑性的口号，“举国一致、尽忠报国、坚忍持久”，有意向民众灌输“尽忠报国”、“征服世界”等法西斯思想。

日本侵华祸首之一、法西斯主义的首要推行者、日本首相近卫文麿生前最后一张照片

近卫内阁还设立国民精神总动员中央联盟的领导机构，实际上由内务省、文部省、情报委员会的官员指挥。在上层的带动下，下层的町村长会、在乡军人会、妇女团队、青少年团等组织都加入了进去。活动的主要内容之一是大搞军事演讲，鼓舞民众投入战争、为战争贡献一切；并对出征在外的军人家属进行慰问及援助，感谢他们的牺牲精神；还放电影，大多是战争题材，以宣扬日本军人的勇敢及战无不胜的信心等。

国民精神总动员目的在于统

一思想，限制国民的言论、集会、结社等自由，加强对民众的思想控制，最大限度集中军事力量，鼓舞士气，配合战争、充实军备。

1940 年 4 月，国民精神总动员中央联盟改组为“国民精神总动员本部”，活动进一步扩大。7 月，近卫文麿第二次组阁，当时，纳粹德国闪击西欧成功，极大地刺激了日本扩大侵略的野心。日本政府先后通过《基本国策纲要》和《适应世界形势演变的时局处理纲要》，打出建设大东亚新秩序的旗号，在国内开展了建立政治和经济的新体制运动，加强法西斯统治。10 月，国民精神总动员运动被近卫新体制运动所代替。

住嘴事件——国家总动员法

为适应侵华战争的需要，陆军省军务科政策班长佐藤贤了认为，有必要扩大武器弹药的生产规模。因此，陆军省邀请军需企业家到陆军大臣官邸做客，希望他们配合政府工作。但是，这些富商想到第一次世界大战后，很多为军队服务的企业都破产倒闭，因而对陆军省的要求一口回绝了。

佐藤贤了很生气，他觉得必须制定一种总动员制度，让这些没有“爱国心”的人都投入到政府的怀抱中来。于是，总动员法案应运而生，并于 1938 年 3 月 3 日的通常国会上被提出。

总动员法案一提出，就引起了一场激烈的争论。财界和政党政友会、民政党等对此法表示强烈反对，财界反对的原因不言自明，政友会的牧野良三、民政党的斋藤隆夫认为这是内阁有意在非常时期，借口战争需要而干涉和冒犯天皇的权力，不能通过。

而政府一方由于没有熟悉军事情况和战争形势的人，理屈词穷，对反对方的质疑无法反驳，根本就无法说服议员同意。佐藤贤了无法以理服人，就东拉西扯，而且还滔滔不绝地讲个不停，引起一些人的不满。于是，在座的议员、他的老师之一、政友会宫协长吉出来制止他，哪知佐藤贤了目无尊

长、毫无素质，竟然冲宫协长吉大吼："住嘴！"

这就是有名的"住嘴事件"。

敢这么大吼大叫的当然不是寻常人物，佐藤贤了被称为是东条英机身边的"三奸四愚"之一，与东条英机关系密切。话说当年佐藤贤了还是中队长的时候，东条英机是其联队长。有一次，佐藤贤了手下的一个军官的老娘生了急病没钱医治，这军官便三更半夜地跑来找佐藤贤了借钱。但佐藤贤了也没钱，佐藤贤了就跑去向东条英机借钱。可东条英机也没钱，他就让自己老婆去当衣服弄了几个钱，算是给佐藤贤了救了急。这件事让佐藤贤了对东条英机感激涕零，从此唯东条英机马首是瞻。

佐藤贤了是个死不悔改的战争狂徒，日本战败后，他也被列为 28 个甲级战犯之一，得知此消息的他居然高兴得手舞足蹈，说："我不过是一介小小的中将，现在竟能和众位前辈大将并列，太光荣了，这哪是法庭传票，分明是晋升令啊！"

再说这《国家总动员法》，在佐藤贤了等人的推动下，于 1938 年 3 月 24 日被正式通过。1938 年 4 月 1 日颁布，历经多次修订，同年 5 月 5 日实施，共 50 条。

该法规定，国家总动员的物资是指兵器、舰艇、军需品、被服、粮食、医药品、船舶、燃料、电力，等等。国家总动员业务是指物资的生产、流通、进出口、运输、通行、情报、宣传、警备等。同时该法还规定，"政府在战时，在国家总动员上，遇有必要时得依法征用帝国臣民，使其从事总动员业务"，限制集会、群众运动，停止报刊发行等，连工人的工资、劳动时间都在国家的统制之下。

《国家总动员法》为财阀大发战争财提供了最好的机会，"军财勾结"，尤其是那些军需生产商，他们与军部通力合作，沆瀣一气，各取所需，并且一些大财阀代表人物还出任政府的金融、财政首脑，借助战争而攫取了大量财富。

战时经济下的民众生活

在发动战争的同时，日本政府也不遗余力地美化战争，蛊惑日本民众都积极投入侵略战争的伟大事业中。

拿破仑曾说过："一支鹅毛笔能抵三千毛瑟枪。"法西斯政府通过文化途径大肆宣扬"大东亚圣战"。1938 年，政府还组织了"笔部队"，呼吁作家也投身战场，通过亲身经历创作出鼓舞人心的战争文学作品。

日本士兵兼作家的火野苇平是笔部队中的"佼佼者"，被军部赞为"国民英雄"。他创作的"士兵三部曲"——《麦与士兵》、《土与士兵》、《花与士兵》，在日本国内引起了轰动。在他的笔下，侵华日军是一支伟大的军队，日本士兵英勇无畏，非常具有英雄主义气概。

在《花与士兵》中，火野苇平以浪漫的笔调描写一个侵华日军与一个中国姑娘的爱情故事。中国姑娘莺莺受到了日军士兵河原的救助，在接触中两人不由自主地坠入了爱河。为了能更好地交流，两人相互补习日语和汉语，并决定结婚。结婚后，莺莺的裁缝店就免费为日军士兵服务，两人过着幸福快乐的生活。这部作品目的在于掩盖侵略者的屠杀和对妇女的强暴，美化日军在华的行为，让民众认为日本发动的侵略战争是在行善积德，是为了解放亚洲，使得民众对参战充满了无限向往。

而在经济上，日本国内民众的生活日益艰难。

在法西斯战时体制下，日本一切活动都围绕着战争来进行，军费开支在整个国民经济中的比重越来越大，1930 年为 28.5%，1937 年达到了 69.0%，而到 1944 年时，竟占到国家财政预算的 85.5%。

中国的抗日战争将日本拖入了持久战，日本兵源越来越紧张，甚至连 14 岁的男孩子都被送上了战场。大部分青壮年男子都充了军，劳动力自然缺乏，生产生活当然跟不上去。

战时经济下，一切生产以军工生产为主，其他民用产业自然不景气，日常生活用品奇缺。同时，国民还要强制交税、买公债、捐献等，老百姓的日

子是越来越穷，而那些财阀却是日进斗金，聚敛了大量财富。因此，被战争狂热洗脑的民众开始感到了不满。

因为粮食、物资短缺日益严重，从 1940 年起，东京等大城市实行火柴、砂糖配给制；到 1942 年，大米也开始实行配给制，成人每天只能领到 330 克大米，根本就不够吃。于是，政府就号召民众少吃米，多吃土豆、面条和掺入豆粕的面包等。

民众虽然感到不满，却敢怒不敢言，因为工会、农会等民众组织都被政府解散或瓦解了，一切社会活动都在政府的监视、控制和镇压之下，因此，百姓只好忍受战争带来的苦难和恶果。

但是情况还在恶化，在战争后期，人们已经没有食物可以用来充饥，很多小孩都是饿死的，疾病、死亡、恐惧伴随着日常的生活。一个负责民生经济的将军在日记里写道："至日本投降时整个日本只剩下两种人，死人和濒死的人，日本平民能吃进嘴里的就只有子弹了。"

虎！虎！虎！——奇袭珍珠港

1940 年 9 月 27 日，日本驻德国大使来西三郎、德国外长里宾特洛甫、意大利外长齐亚诺齐聚柏林，分别代表本国政府共同签署了三国同盟条约，德意日三国轴心正式宣告诞生，欧洲和亚洲的法西斯国家走到了一起。

与此同时，美日之间的利益冲突日益尖锐。在德意日三国结盟之前，美国就于 1940 年 7 月 31 日禁止向非西半球地区出口航空汽油，表示对日本的不满和警告。但是，到了 9 月 22 日，日本又公然进驻法属印度支那的北部，形成侵略东南亚的军事基地。这让美国很生气，随后就宣布禁止向日本出口军用原料。同时，美国加强了对中国的支持，不承认日本与汪精卫集团签订的日华基本条约。

对日本来说，中日持久战已不可避免，而军用资源却日益匮乏，尤其是

石油等战略必需品，而石油等资源在南方，于是日本政府长期议而未决的南进问题被迅速提上了日程。但是，南进途中最大的障碍就是美国。

日本想先通过谈判搞定美国，一方面让美国放弃支持中国的立场，另一方面为自己争取时间。但在日美谈判过程中，外相松冈洋右实在狂得离谱，让美国总统罗斯福很反感，说他是一个“不能安静地进行合乎逻辑思考的人”，所以，美日矛盾反而越发激化了。

其实所谓的谈判只不过是日本人玩弄的伎俩，一边跟美国谈着，一边加紧对东南亚的侵略。当然，美国可不是那么好糊弄的，日本的密码早已为美国情报部门所破解，可以说，日本的一举一动都在美国的掌握之下。

当得知日本要侵占法属印度支那南部后，美国真的生气了，决定给日本点颜色看看。1941 年 7 月 25 日，美国冻结了日本在美国的资产，英国、荷兰也随后仿效；8 月 1 日，美国停止向日本出口石油。

没有石油一切都得歇菜，飞机上不了天，舰艇跑不了海，日本的扩张就得被迫停止下来，而日本的石油只能维持半年的时间。

要么打要么谈判，日本没有太多的选择，东条英机等人极力主张对美开战，但是近卫文麿认为开战时机未到，还得与美国再谈谈以拖延时间。显而易见，这谈判根本就谈不拢，最后还是谈僵了。

1941 年 10 月 18 日，主战派狂热分子东条英机内阁成立，日本决定趁美国尚未准备就绪，发动偷袭，取得战争的主动权。海军联合舰队司令官山本五十六认为，一旦日美开战，美国太平洋舰队必然会成为日本“南进”的最大障碍，只有消灭美国太平洋舰队，去掉后顾之忧，才能放心大胆地南进。

东条英机

太平洋上的珍珠港是交通的枢纽，位于日、美之间太平洋东部的夏威夷群岛，是美国太平洋舰队最重要的基地。山本五十六认

为，要在太平洋上夺取制空制海权，就必须先摧毁珍珠港。于是，在一番紧锣密鼓的准备后，1941 年 12 月 8 日（美国时间为 12 月 7 日），日军在联合舰队司令山本五十六的指挥下，偷袭珍珠港。

从日本 6 艘航空母舰上起飞的第一攻击波的 183 架飞机，直扑向珍珠港的瓦胡岛，突袭成功后，发回“虎！虎！虎！”的信号。随后，第二攻击波的 168 架飞机再次发动攻击。两小时内，日军的两次突袭获得了巨大成功，仓促应战的美军损失惨重，美军舰艇 40 余艘被炸沉炸伤，188 架飞机被击毁，美军主力战舰“亚利桑那”号被击中沉没，舰上 1177 名美军官兵全部殉难。而日军只损失了 29 架飞机和 55 名飞行员。

日军的这次突袭，的确给美国太平洋舰队造成了重创，此后六个月，美国海军在太平洋战场上无所作为。日本迅速占领了整个东南亚、太平洋西南部，势力一直扩张到印度洋。

珍珠港上的滚滚硝烟终于把美国卷入了第二次世界大战。1941 年 12 月

日本成功偷袭珍珠港，浓烟中，美战舰倾覆

8日（美国时间），美国总统罗斯福在国会发表演说：“不论在不在港内，我们每个人都将永远记住这一时刻。”随后，国会通过对日宣战。美国的参战成为第二次世界大战的转折点。

1941年12月9日，中国正式对日本宣战，紧接着，澳大利亚、新西兰、加拿大等近二十个国家也相继对日宣战。随后，德国、意大利与美国也相互宣战。

疯狂的赌徒——山本五十六

山本五十六，1884年4月4日出生于日本一个破落的武士家庭，由于出生时其父已经五十六岁，故得名五十六。

山本五十六

1901年，山本五十六以第二名的成绩考入江田岛海军军官学校。1904年，他参加了日俄战争中的对马海战，在战斗中失去了左手的食指和无名指，因而左手只剩三个手指，从此也得了一个“八毛钱”的外号。八毛钱？因为当时艺伎修剪指甲是按照手指头的数量来收费的，一个指头一毛，山本五十六两只手只有八个手指头，因而只要八毛钱。

对马海战的胜利使山本五十六对当时的联合舰队司令东乡平八郎无比崇拜，发誓要建立像东乡平八郎那样的丰功伟业。作为一个绩优生，山本五十六在美国哈佛大学待过几年，海归后在日本海军大学担任教官。作为老师，山本五十六实在不合格，他太好赌了。

山本五十六痴迷赌博，喜欢冒险，把赌博看得比吃饭还重要，是个十足

的赌徒。不管是玩扑克、打桥牌、下围棋，就连做什么事情都跟人打赌，没钱也敢赌，同事、手下、朋友、艺伎都是他赌博的好对象。但是再高的高手也有失手的时候，有一次，山本五十六跟朋友打赌，一下输掉了 3000 元巨款，相当于输掉了一座好房子，山本五十六就是把裤子当了也不够还赌债。朋友说算了，可山本五十六非常有赌品，坚持还赌债，每月从工资中扣一点，一直扣了十几年才算把这笔赌债还清。

摩洛哥是赌徒们的天堂，山本五十六对此地也是神往已久。正好 1923 年奉命到欧美出差，他便趁机到摩洛哥狠赌了一把。据说，因为山本五十六赌技太高，赢钱赢到手软，摩洛哥赌场不得不谢绝他入内。山本五十六因而也成为第二个被摩洛哥赌场禁止入内的赌客（第一个被禁止的是日本天才特工、“特工之王”明石元二郎，被称为一人可抵十个师团的人物）。

山本五十六曾自信地对天皇说，如果天皇能批他一年的假去赌博，他就可以为日本赢回一艘航母。山本五十六爱赌大的，他赌博的格言是要么大赢，要么大输。这种赌徒性格和他的军事思想有着不可分割的联系。

山本五十六提出奇袭珍珠港的方案后，一度引起上层的争论，一部分人对此方案持怀疑态度，不相信如此庞大的舰队横渡 3500 海里而不被美国发现，万一失手该怎么办？山本五十六答曰：“如果上天保佑日本，那么夏威夷作战必定成功；如果中途失败，只能说明上天不站在日本这一边，那放弃整个作战就行了。”奇袭珍珠港完全带着山本五十六孤注一掷的赌徒风格。

除了好赌，山本五十六还很好色，常出入烟花之地，还有好几个很亲密的情人。情书也是写了无数，看起来十分动人，比如他给一个情人河合千代子的情书中写道：“每当我想起你娇艳多姿的身影，就无法抑制对你的眷恋之情……炽烈的感情之火，使我无比兴奋……不断地燃烧着我的整个身心。我恨不能插上翅膀飞入你的怀抱，为你减轻孤独寂寞之苦……”

但是，奇袭珍珠港只是个短暂的胜利，日本对美国的战争越来越不妙。瓜岛战役失败后，山本五十六决定前往南太平洋前线视察。1943 年 4 月 14 日，美国海军情报部门截获并破译了包含山本五十六行程详细信

息的电文。

美国总统罗斯福命令海军部长弗兰克·诺克斯“干掉山本”。这一命令由切斯特·尼米兹海军上将执行。18 位从三支不同部队精心挑选出来的优秀飞行员被授命去拦截一名日本“重要的高级军官”，但是他们并不知道这位“重要的高级军官”是谁。

4 月 18 日早晨，东京时间 9 点 43 分，战斗开始。美飞行员列克斯·巴伯中尉不断向一架日机进行射击，致使该机左引擎起火冒出黑烟，当列克斯·巴伯转而攻向另外一架日机时，那架冒烟的日机坠落到了丛林中。事后证明，那是舷号 T1-323 的山本五十六的座机。

山本五十六的死给日本当局带来极大震动，为避免山本五十六之死带来的低迷和恐慌，日本当局企图隐瞒其死亡的事实，一直拖到 1943 年 5 月 21 日才公布山本的死讯。

山本五十六之墓

法西斯的末日

1942 年 1 月 1 日，中、美、英、苏等 26 个国家在华盛顿签署并发表了拥护自由和人权、打倒法西斯国家的《联合国家宣言》，标志着国际反法西斯同盟正式建立。到第二次世界大战结束时，加入同盟的国家共达 52 个。

在太平洋战场，美军在与日军的争夺中逐渐占据上风。

1942 年 5 月 4 日至 8 日，珊瑚海之战。美日双方互有损伤，日军航空母舰“祥凤”号被击沉，大型航空母舰“翔鹤”号遭重创。

1942 年 4 月 18 日，杜立特空袭。美军杜立特尔中校率领机队从航空母舰“大黄蜂”号上起飞，成功轰炸了东京，对日本朝野造成了极大的心理震撼，因而被称为美国二战中的第一次胜利。

1942 年 6 月 3 日至 6 日，中途岛战役。此战是太平洋战争的转折点，日军损失惨重，从此再也无力发动大规模的海空作战，美军取得了海上主动权。

1942 年 8 月到 1943 年 2 月，瓜达卡纳尔战役。在六个月的时间里，日美进行大小海战三十余次，被称为是太平洋战争的分水岭。

1943 年 2 月到 1944 年 3 月，日美两军在南太平洋展开激战。在一年多的激战中，日军损失 2 艘巡洋舰、26 艘驱逐舰，另有数十艘运输船被击沉，损失飞机约 1300 架，日军阵亡总数在 2.5 万人以上。

1943 年 9 月 8 日，意大利无条件投降。

1944 年 6 月 6 日，诺曼底登陆，德国全面溃败。

而日军仍在垂死挣扎。

1944 年 6 月至 7 月，马里亚纳群岛战役。此战役也十分惨烈，日军伤亡约 6.5 万人，而美军付出了伤亡 2.2 万人的代价。

1944 年 10 月，莱特湾大海战。日本海军遭到毁灭性打击，对美国海军再也构不成重大威胁了。此战是迄今为止世界战争史上规模最大的一次海战。

1945 年 3 月至 6 月，冲绳战役。此战被丘吉尔称为“战争史中最激烈最著名的战役之一”。美军伤亡 7.5 万人，日军伤亡 11 万人，岛上平民死亡超过 10 万人。

1945 年 5 月 8 日，德国宣布无条件投降。

然而，德国投降后的次日，日本发表声明：“德国之投降，不能令日本之作战目标有丝毫之变更。”

1945 年 7 月 26 日，美、英、中三国政府发表《中美英三国促令日本投降之波茨坦公告》，简称《波茨坦公告》，但日本拒绝接受。

1945 年 8 月 6 日，美国投掷原子弹轰炸日本广岛。

1945 年 8 月 8 日，苏联对日本宣战，并发动八月风暴行动。

1945 年 8 月 9 日，苏军对日本关东军发起总攻击，同时进军库页岛南部和千岛群岛。

1945 年 8 月 9 日，美国投掷原子弹轰炸日本长崎。

1945 年 9 月 2 日，日本外相重光葵在美国军舰“密苏里”号上正式签署投降书

1945 年 8 月 10 日，蒙古人民共和国对日本宣战。与此同时，中国向日军展开了全面反攻。

1945 年 8 月 15 日，日本天皇裕仁宣告日本无条件投降。美联社在这一天向全球发出电文："最惨烈的死亡与毁灭的汇集，今天随着日本投降而告终。"

1945 年 9 月 2 日，在美国军舰"密苏里"号上，日本新任外相重光葵和日本参谋总长梅津美治郎代表日本政府在投降书上签字。

第二次世界大战宣告结束。

四 昭和中期

——被占领的岁月

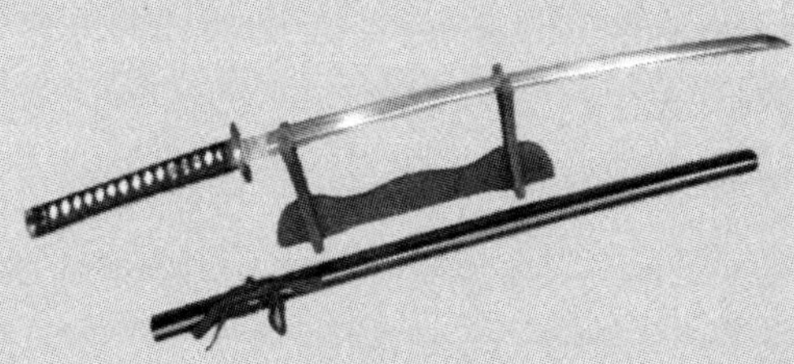

1945 年 8 月，随着两朵蘑菇云先后在广岛和长崎升起，大梦初醒的日本人终于竖起了免战的白旗。从此，日本开始了长达近七年的被军事占领时期。在这一时期，由于东亚形势的转变，尤其是美苏在亚洲的对立和红色中国的崛起，美国开始调整对日政策，大力扶植日本，这也为日本的政治经济转型创造了条件。日本以此为契机，加快了重新崛起的步伐。

美军占领初期的对日政策

1945 年 9 月 2 日上午 9 时许，日本外相重光葵代表日本政府和天皇、日军总参谋长梅津美治郎代表日本军方向停靠在东京湾的“密苏里”号军舰上的盟国代表提交了投降书。在签署投降书的当天，日本天皇也下发了投降诏书，表示认可“日本帝国的一切权利，今后均置于本官（盟国最高司令部总司令官，当时担任这个职务的是大名鼎鼎的美国五星上将麦克阿瑟将军）权力之下行使”，这相当于承认盟国最高司令部是自己的太上皇。在投降文书正式签订之后，日本正式进入了被盟国占领时期。据说美国人曾经邀请当时中国的国民政府派一部分精锐的部队共同参与对日占领，并且指派在缅甸战场战功赫赫的孙立人将军担任中方的最高司令长官。由于那时候国共双方已是剑拔弩张，内战一触即发，蒋介石没有精力和力量来参与对日占领了，此事也就不了了之了。

日本历史上从来没有尝过被占领的滋味，就连此前横扫亚欧大陆的一代天骄成吉思汗和他的继承人都没有成功占领过日本，再加上日本本身长期的侵略扩张，在亚洲的各地烧杀抢掠，无所不为，总之是干了很多的缺德事，所以，在美军大规模地进入日本本土之后，不少日本民众对于美军的到来有一种世界末日般的恐惧心理。而且日本政府基于同样的担心，为了笼络和安抚驻日美军，主动投怀送抱，送上了糖衣炮弹。日本政府专门成立了一个“特殊慰安设施协会”，组织全国各地的一些慰安妇和艺伎，来为美军进行一些特殊的服务。不过这些做法却遭到了美国国内舆论和人权组织的抨击，实行了没几年就被迫取消了，这自然是属于后话了。有些出乎日本人预料的，也许正是日本的这些“无私奉献”的女人软化了美国大兵哥哥那颗勇敢的心，这些可爱的美国大兵似乎并不是此前日本帝国主义势力所极力渲染的那种洪

日本慰安妇与美军跳舞

水猛兽般的可怕形象，盟军对于日本的占领要比日本此前在中国实行的“烧光、杀光、抢光”的所谓的“三光”政策要文明得多。在美军占领之下的街头秩序一片井然，这说明美国人在日本初期的占领政策还是非常有效的。

美军能够顺利稳住在日本的局势，与他们长期以来作好了接管日本的准备是分不开的。其实早在欧洲战场的战争还进行得如火如荼的时候，美国总统罗斯福在 1944 年 5 月 9 日出台了第一份关于战后对日政策的文件，这就是历史上著名的“赫尔 5·9 备忘录”，这个备忘录初步规定了对日占领的主要原则和基本结论，其中规定日本政府要立即停止军政活动，日本由盟国共同占领，并且详细规定了占领的办法，那就是由盟国对日本进行直接的占领。例如，日本首都东京以及附近的地区由中、美、英、苏共同占领，日本的本州岛东北部和北海道交由苏联人占领，本州岛中部由美国占领，本州岛南部由英国占领，四国地区交由当时的中华民国政府占领。

但是这个章程并没有得到实际的落实。不久，罗斯福总统病逝，副总统杜鲁门继任，杜鲁门可不愿意把到手的肥肉分给盟国，尤其是势头日渐增强的苏联人，于是他决定对日本进行独自占领。1945 年 8 月下旬，美国国务

院正式下发了《日本投降初期美国的对日方针》，该方针不久之后就被总统杜鲁门签署，详细规定了占领日本的最终目的。第一，保证日本不再成为美国的威胁，不再成为世界和平的隐患；第二，立即在日本成立和平而负责任的政府，该政府必须尊重别国的正当权利，认同联合国的宪章。这个规定其实就是对于日本战前的军国主义进行清洗，进行所谓的去军国主义化和民主化。

随后，美国人就正式开始了对于日本的再造工程，并陆续采取了诸如解散日本军国主义的大本营军队、逮捕战犯、剥夺军国主义头目和职业军人的公职、整肃一批极右政界人物、恢复日本政党自由、解散财阀、实行土地改革、制定新宪法，推进民主化等一系列措施。总体上来说，这段时间美国人采取的是对于日本的一个限制政策。著名的东京大审判就是在这时候发生的。

东京大审判可以说是这一段时期的一个高潮，东京大审判是指由远东国际军事法庭在日本东京对第二次世界大战中日本首要战犯的国际审判，这个军事法庭的起诉委员会是由 11 个战胜国的代表构成，当时中国的代表是著名的律师、立法院立法委员梅汝璈。这个审判历时近三年，1946 年 1 月 19 日发表了特别通告，设置远东国际军事法庭，同时颁布了《远东国际军事法庭宪章》，大审判的序幕正式揭开。经过一段时间的调查取证之后，由前面提到的来自 11 个国家的检察官组成的起诉委员会于 1946 年 4 月 29 日向法庭提出起诉书。起诉书控告 28 名日本战犯在战争期间犯有破坏和平罪、战争罪和违反人道罪，除松冈洋右等 3 人已死亡或丧失行为能力外，实际受审 25 人。到 1948 年 11 月 12 日远东国际军事法庭正式宣判，宣布判处东条英机、广田弘毅、土肥原贤二、板垣征四郎、松井石根、武藤章、木村兵太郎绞刑，木户幸一等 16 人判处无期徒刑，等等。这些罪恶累累的战犯终于得到了应有的惩罚。

当然了，在现在看来，这个东京大审判还是有着许多不合理的地方，整个过程让人看起来一头雾水，充满了虎头蛇尾之感。首先就是很多的判决和惩罚不够严厉，放过了对于战争的爆发有很大责任的日本天皇，而且对于那些判刑的战犯似乎也是过于人道，例如在审判结束后美国人释放了除 28 名

甲级战犯之外的所有战犯嫌疑人，而且还将被判有期徒刑和无期徒刑的 18 名甲级战犯在几年后予以释放，有众多犯有战争罪行的战犯通过与美国人合作逃过了惩罚。日本的战争发起人仅仅有一小部分受到了法理的惩罚。而且对于日本军国主义的精神领地——靖国神社供奉战犯的问题没有处理好，没有彻底地把这些战犯的牌位扫地出门，以至于现在日本的右翼势力经常打着参拜靖国神社的名义为日本军国主义呐喊。

然而作为战后的盟国对于日本的一次正义的审判，这个功绩还是蛮大的，在东京大审判和随后的清洗之中，涉及人数约 22 万人，其中 18 万为旧军人。同时，约 1300 多个军国主义的团体、组织被解散了，甚至旧军人的遗属领取抚恤金的权利也被剥夺了，日本军人地位一下子一落千丈。它从根本上断绝和铲除了日本军国主义复兴的经济基础，政治上还最大限度地予以日本右翼势力沉重的打击。

当然美国对于日本随后进行的政治改造无疑也是非常成功的。最为人称道的就是美国人为日本制定了一部《和平宪法》。这部宪法要求对日本实行“非军事化”和民主化，它废除了日本“发动战争”的权利，并且规定日本不得拥有“军队”等，可以说这些规定成了战后日本发展中最为基础的政治基石，甚至可以说为日本战后的经济腾飞提供了一个较为和平和稳定的政治局面。

东京审判现场

但是不久，随着共同敌人的消失，曾经的战时盟国美国和苏联矛盾激化，国际形势骤变，尤其是新中国的建立，整个亚欧大陆的社会主义势力连成一片，这给美国带来了很大的压力。在这种情况之下，为使日本成为“拦住共产主

义东进和南进的壁垒”，美国对日政策也相应地发生了重大变化，开始由限制转为大力扶植，重新武装日本，使其成为美国反共战略的急先锋和亚洲的盟友。1951 年 9 月 8 日，在美国的操纵下，48 个国家于旧金山签署了片面的对日媾和条约（当时中国的合法政府被排除在外），至此，日本长达六年的被占领时期宣告结束。

这次美国对日占领方针的调整至今仍对日本的社会政治产生了影响，其中最大的影响就是导致日本军国主义没有受到有力的批判和清算。美苏冷战全面爆发后，美国出于反苏反共的需要，对日本战犯实行了一定的包庇政策，许多已判刑的战犯先后被提前释放了，而被整肃的军国主义军政要员大部分也都先后被提前释放了。这样，许多犯有侵略战争罪行的人又重返政界，这其中不少人还担任要职，例如吉田茂、岸信介、福田赳夫、中曾根康弘等人还先后登上了首相宝座，以至于不少人称这一个局面为“战犯政治”现象，真是莫大的讽刺。正是由于美国的这一政策，使得日本国民对侵略战争的历史缺乏彻底的认识，这也是当前日本政坛许多政客美化侵略战争的历史根源。

总之，曾经不可一世的日本，能够在一片废墟之上重新崛起。这在很大程度上得益于战后初期美国对日政策的转变。

天皇之“人的宣言”

对于日本历史比较熟悉的读者，有时候总会不自觉地把日本的历史与我们中国的历史进行比较。许多人热衷于评论的就是中日两国最高统治者的区别，在中国，正如一句古语“王侯将相，宁有种乎”所说的，只要你本身有两把刷子，皇帝这个位子是谁都可以坐的，即使是李逵这样身处草莽的绿林好汉也会产生“杀到东京去，夺了鸟位”的念头。而日本的社会就不同了，日本的天皇自从相当于隋炀帝时期的神武天皇开始，父传子，子传孙，旁人

根本没有插手的机会，一直到现在的明仁天皇，总共传了近一百三十个天皇，堪称世界上历史最长的王朝，可以说是万世一统了。与此同时，天皇逐渐地被神化，成为日本最高的神祇天照大神在人间的代表。尽管这种说法在现在看来荒诞不经，但是长期以来日本的国民对此深信不疑，他们认为日本天皇所说的都是完全正确的，他们甚至于执迷不悟地认为由天皇宣布、支持的战争是“圣战”，是绝对正义公道的。

到了裕仁天皇的时候，形势发生了逆转。裕仁天皇是日本第一百二十四位天皇，他生于 1901 年，在十五岁的时候被册封为皇储，1926 年大正天皇去世后即位，年号昭和。正是他在位期间，日本对全亚洲发动了十几年的侵略战争，给亚洲各国人民带来深重的灾难，也把日本推向崩溃的边缘。得道多助，失道寡助，最终日本侵略者在世界反法西斯联盟的进攻下一败涂地。日本天皇也被迫于 1945 年 8 月 14 日召开御前会议，讨论对外投降的问题，经过一番争论之后，裕仁天皇正式拿起话筒向全国广播宣布日本无条件投降。日本的战败使不少人对于天皇的信仰产生怀疑，既然天皇是神，为什么神的军队会输得这么惨，这显然是一个矛盾。

当时战后关于天皇战争责任的讨论非常激烈，这在当时的国际上和日本的国内都是一个热点问题，当时亚洲不少曾经遭受日本侵略的国家要求追究日本天皇政治责任的呼声甚高，而日本的共产党也提出要废除天皇制，建立人民共和国。众所周知，日本对于亚洲的侵略战争历时十几年，造成了几千万人的伤亡，经济的损失更是一个难以估量的天文数字，即使是日本人在战争之中死亡人数也都达到了三百多万。因此如果说作为日本最高统帅的日本天皇没有责任，那只能说明这人要么是脑子有问题，要么就是脸皮也忒厚了。其实在战后，日本的裕仁天皇也不是个懦夫，他也曾想过要承担一点责任，他在私下里跟自己亲信的臣僚提出过退位的想法，但是遭到了大部分亲信的反对。他们认为日本自传说时代以来，即使是在群雄逐鹿的战国时代，虽然当时的天皇只不过是当时群雄的一个玩偶，但是那时天皇都维持了自己的神圣地位，所以昭和天皇不应该自毁长城，终结万世一系的皇位，否则他就会被作为日本皇室乃至于整个日本民族的罪人而被牢牢地钉在耻辱柱上。

于是裕仁天皇打消了退位的念头。

正是在这个时候，日本出现了一种有意思的现象，社会上出现了不少冒牌天皇。其中最为著名的是熊泽宽道，他原本是一个杂货店老板，熊泽宽道自称是日本南北朝时期南朝的最后一个天皇后龟山天皇的第十九代子孙。在日本人的心目中，南朝的正统性要比北朝强一些，因为象征着皇权的三神器（镜、玉、剑）一度长期掌握在南朝的皇帝手中，所以熊泽就攻击当时的裕仁天皇只不过是篡位的北朝的子孙，不具有正统性，应该把皇位让给自己，而且这个新天皇还不断攻击裕仁是一个战犯没有资格继续盘踞皇位。初来乍到的美国人对于这件事情非常新奇，再加上美国人也打算对日本天皇施加一些压力，于是就派记者报道了这件事情，美国人的介入一下子引起了日本朝野的震动。

为了平息这个风波，裕仁天皇只好求助于当时驻日盟军的总司令麦克阿瑟。而麦克阿瑟认为正是日本天皇的一纸诏书才促使了日本的早日投降，由此他得出了一个结论，日本天皇比二十个机械化步兵师还好用，这从而避免了美军在日本的登陆战，大大地减少了美国大兵的伤亡数字，这使不少美国人对日本天皇也有了一些好感。而且在大多数日本人都信仰天皇的情势之下，美国人也认识到要想维持好日本的秩序就必须借助于天皇权威。双方一拍即合，于是熊泽就被冷落到了一边，前面的那个闹剧就不了了之，而不久之后，熊泽“天皇”也在郁闷中死去，这场天皇之争就以裕仁的初步胜利而告终了。

不久之后，日本天皇为了答谢麦克阿瑟的支持，于日本投降当年的9月27日亲自到麦克阿瑟美军司令部拜访他。由于双方的约定，参与会谈的只有天皇、麦克阿瑟以及麦克阿瑟的日文翻译，而且会谈的内容也从来没有公开过，至于当时的双方到底交换了什么内容现在仍然是一个谜。无论如何，日本天皇这一次屈尊拜访极大地满足了麦克阿瑟作为日本“太上皇”的虚荣心。麦克阿瑟对于裕仁非常满意，这从麦克阿瑟后来写的回忆录之中可以看出。据麦克阿瑟说，裕仁天皇曾表示自己对于战争进行期间日本在政治和军事两方面所做的一切决定和行动负完全责任，并且表示自己愿意以这个身

份，接受美国方面以及各盟国对自己进行的裁决。这句话使麦克阿瑟颇感意外也深受感动，作为一国的元首，尽管在战争中负有责任，但是能够亲自来“朝觐”自己，能够说出这样的话来，还是需要有相当的胆识和肚量的，他感到“在那一瞬间，坐在我面前的天皇，作为个人来说，是日本最高尚的绅士”。他赶紧向日本天皇表示，美军之所以能够顺利进驻日本，美国的不少小伙子能够及时地结束战争回家，都是多亏了天皇的“帮忙”，并表示今后在日本顺利执行占领政策还要靠天皇的多多关照。这样的一个表态，相当于承认了日本天皇在战后社会中仍然占有非常重要的地位，于是裕仁那颗悬着的心就彻底地放下了。

日本裕仁天皇（右）与美国麦克阿瑟总司令（左）的合影

会后两人还煞有介事地进行了合影，其中人高马大的五星上将麦克阿瑟与身材比较矮小的裕仁形成了鲜明的对比，这张照片传达出了一个明确的信号，那就是现在日本的老大已经不是天皇，而是麦克阿瑟了。不过不少人对《麦克阿瑟回忆录》的真实性表示了怀疑，他们认为麦克阿瑟为了满足自己的虚荣心，有夸大的嫌疑，尤其是不少的日本人对天皇表示对战争负有完全责任的话，表示难以接受。

无论如何，这次日本天皇对尊严的牺牲还是值得的。这次拜访后，麦克阿瑟给当时的美国总统杜鲁门发去了一封电报，建议不要把天皇作为战犯而审判，正是由于麦克阿瑟的活动，改变了美国对日本的政策。不久之后进行的东京大审判中，在美国总统杜鲁门的亲自过问之下，裕仁被免予起诉。但是这引起不少盟国的反对，尤其是澳大利亚、菲律宾等国家的不满，他们提出了包括日本天皇在内的战犯名单，但是美国人一意孤行，一方面劝

说盟国要以大局为重，认为日本国民显然是支持天皇制的，如果对天皇制的直接攻击会加剧日本社会的动荡，不利于日本的民主化改造，也不利于彻底铲除日本军国主义。

虽然美国人没有把天皇作为战犯处置，但是并不代表美国就原封不动地维持了天皇制。随着美军逐渐在日本站住脚跟，为了杜绝日本军国主义死灰复燃，便加快了对日本的民主化改造。1945 年 10 月，麦克阿瑟指示日本的内阁大臣近卫文麿在制定宪法的时候，一定要加入自由主义的要素。几天后，他更是直接向币原首相提出了“五大改革指令”。1946 年年初，盟军总部更是起草了《日本国宪法草案》，草案规定：日本天皇是国家的象征，不具有政治上的权限。起初日本人不肯接受这个草案，但是在美国人的监督和压力之下，日本按照盟军总部提出的草案通过了新的《宪法修正草案》，这部新宪法其中就有对于日本天皇制的一些限制条款的明确规定，天皇不再具有战前的“神圣不可侵犯”权力，日本天皇从明治时期开始的总揽全国大权的最高统治者变为没有任何实际权力的象征性国家元首，这就是战后的“象征天皇制”。

不久，日本废除了皇籍制度，不少的皇族被废黜为平民。眼看如此，识时务者为俊杰，裕仁天皇也相时而动，相应地采取了一些行动来配合这次天皇制的改革。他于 1946 年初，发表了所谓的《国运振兴之诏书》，也就是著名的《人的宣言》，诏书中说道：“朕与尔等国民同在……非单纯依神话及传说而生，且非基于以天皇为现御神、以日本国民为优于其他民族”，显然文中说得比较含糊，但是却申明日本天皇不是神而是人，而且日本民族并不像以前所宣传的那样比其他的民族要优秀。《人的宣言》的发表推翻了一千多年来天皇一直被认为是神的传统，迈出了日本天皇从神到人的第一步。

天皇是人而不是神，在现在看来是一种卑之无甚高论的看法，但是在当时的日本确实引起了轩然大波，因为这是与日本人近千年以来的传统说教相违背的。当时为了平息这个风波，日本天皇开始了所谓的“天皇巡幸”，正所谓是骡子是马拉出来遛遛。从 1946 年 2 月开始，裕仁开始了长达两个月的全

国视察活动。在“巡幸”中，他身穿西服，深入日本的普通工人和农民之中，对他们嘘寒问暖。动情处，裕仁甚至对那些在国家危难的时候仍然进行经济建设的国民脱帽致敬，这是日本历史上从来没有过的。日本天皇的这次“巡幸”，起到了稳定人心的作用，而日本天皇也彻底地完成了从神到人的转变，从此日本的神话政治正式结束，日本历史翻开了新的一页。

朝鲜战争之后，日本加速崛起

第二次世界大战给全世界人民造成了深重的灾难，这其中就包括作为战争罪魁之一的日本。当时日本国内也是满目疮痍，国民经济已经到了崩溃的边缘，就连盟军总司令麦克阿瑟都说“经过这次战争，日本已降为四等国”，并得出结论，日本在短时间内已经无法对美国构成威胁了。

据日本经济安定本部在战后所作报告统计，在太平洋战争中，日本就死亡了一百八十多万人，显然这个数字还是有些被低估了。后来的历史学家的考证，这个数字被低估了一百多万人，如果算上在战争后期，因为美军持续不断的空袭以及原子弹所造成的人员伤亡，这个数字至少应该达到三百万人，而当时的日本总人口也不过七千万左右，这就相当于每二十个日本人中就会有一个人死于战乱，而每十个男人当中就会死掉一个，这个比例显然有点令人触目惊心。

战争也给日本造成了巨大的经济损失，日本经济安定本部的调查认为，战争期间，日本损失国家财富 653 亿日元，如果再算上日本的军事损失 404 亿日元，日本物质财富损失总额达到 1057 亿日元，相当于 1945 年全部国家财富的三分之一，而日本人均国民生产总值仅及战前一半，关于战争所造成的间接经济损失更是无法估量的，这个数字只会更加庞大。

战争结束后，日本还得了一个所谓的战争综合征，在进行了长达十五年的战争之后，日本的经济体制逐渐转变为战时体制，全国的力量都被集中在

重工业上，尤其是军工工业，而与国民的日常生活密切相关的轻工业和农业都被忽视，国内需求日益减少，军工部门日益膨胀，全国的资金和劳动力都被集中到军需部门。于是，国内的生活必需品严重不足，例如棉纺织业在战前是日本的一个重要的支柱产业，日本人还借此对中国进行低价倾销，打击中国的民族资本主义。但是战争之中，这一产业的发展严重滞后，生产设备早已到了应该淘汰的程度，但是日本人还在勉强运行下去，其生产效率自然也不会高到哪里去。随着日本军国主义势力的倒台以及美军对东京地区的地毯式轰炸，日本连军需生产都难以为继，所以国内工人大量失业。据统计，日本战后处于失业和半失业的人口就达到600万人，约占劳动人口的五分之一。

民以食为天，此外，日本的粮食生产也遭遇到严重的困难。日本人以稻米为主食，而稻米的生产是一个劳动密集型产业，需要投入大量的人力。但是在几乎全民皆兵的战争形势之下，精壮的男劳动力都被征入军队，或者投入到军工的生产之中，而不少日本的女劳动力则被征入军队做慰安妇，成为日本军人泄欲的工具。于是，日本的水稻生产就只能靠家里那些老弱妇孺来完成，这样日本每年的粮食缺口大约有二三百万吨，可以说日本的粮食危机非常严重。但是由于当时日本控制着大批的粮食产地，如中国的东北和台湾以及东南亚等地区，可以方便地从这些国家和地区掠夺，所以战后日本的粮食危机更加严重，日本的不少地方甚至发生了米暴动。由于物资奇缺，战争期间，日本也发生了严重的通货膨胀。日本战败后的1945年的物价是日本在发动全面侵华战争之前的1936年的三到四倍，而一年后更是暴涨到十五六倍，而那些生活必需品更是夸张地增长了几百倍，人民群众苦不堪言。

针对日本这种死气沉沉的局面，负责接管日本的美国政府当时也是有所认识的，但是按照美国人的计划，战后初期美国对日政策的重点是实现日本的非军事化和民主化，以确保日本军国主义不会死灰复燃，不会重新给亚洲各国造成威胁，所以对于日本的经济恢复，美国人虽没有达到漠不关心、任其自生自灭的程度，但至少是采取了消极旁观的政策，美国甚至打算通过一个日本赔偿的实施方案。按照这个方案，日本全国制造业的一半都要被作为

赔偿物，用来赔付战争中遭受到破坏的国家，而且还规定日本的工业水平要维持在 20 世纪 20 年代中后期的水平，日本的国民生活水平不得超过被日本侵略的亚洲其他各国，并打算将日本生产设备的能力移交给这些国家。如果严格按照这个计划进行，日本就将会如后来不少学者所预料的“陷入瘫痪状态，再也无法摆脱经济的崩溃命运”。不过值得日本人庆幸的是，这个计划后来由于美国对日政策的变化而没有兑现。但这至少说明，美国在战后初期还是对日本采取了不偏不倚的政策，这有别于朝鲜战争后开始变本加厉的对日扶持政策。

总之，战后日本元气大伤，面临着非常严峻的经济形势，而日本重建也处于蜗牛爬行阶段，经济恢复的速度非常缓慢。到 1948 年的时候，日本经济形势才开始逐渐好转起来，但整个经济形势仍不景气，通货膨胀率居高不下。与此同时，国际风云形势大变，城头变幻大王旗，亚欧的许多国家都爆发了比较严重的国内革命，不少国家投入了美国的争霸对手苏联的怀抱。眼看如此，为了防止日本经济不稳造成政治动荡，美国人终于坐不住了，开始对日本的经济施以援手。1949 年初，美国开始帮助日本实施以紧缩财政、抑制通货膨胀为核心的“道奇路线”。经过整顿，到 1949 年底，日本的通货膨胀得到有效遏制，税收增长 40% 以上，道奇路线初见成效。但是在市场经济的发展中，任何人为干预市场平衡的政策都是一把双刃剑，道奇路线也不例外，它在另一方面又造成货物大量积压，工厂相继倒闭，失业增加，银根紧缩，出现所谓“稳定中的萧条”的现象。可以说，一直到 1950 年初，日本经济仍然是阴云密布，然而正所谓否极泰来，不久之后，日本的机会就来了。

俗话说得好，国家之间没有永恒的朋友，也没有永恒的敌人，只有永恒的利益。而第二次世界大战之后，国际形势的变化就很好地印证了这句话。这不，第二次世界大战的战争硝烟刚散去没有多久，美苏这两个在战争中携手并肩的盟友便反目成仇，而战后世界的主要矛盾变为美苏之间争霸世界的冲突，而日本自从美军占领以来可以说是表现良好，尤其是战后历届政府也比较安心地听美国老大哥的话，做一个安分的美国小弟。于是美日这一对

战争中的冤家的关系逐渐得到改善，与此同时，美国在亚洲最重要的盟友国民党政府却已在风雨中飘摇。所以美国开始考虑把美国在亚洲的战略支点转移到日本，决心扶持日本。而朝鲜战争爆发之后，日本更是成为驻朝鲜半岛美军的一个后方基地。美军在战场上的物资匮乏比较严重，由于朝鲜距离美国本土比较遥远，交通运输非常不便利，而当时日本还保存着战前的军工基础，不少的军工企业只要有需求马上就能够重新启动并投入生产。于是双方一拍即合，美国驻朝军队军需物资便直接从日本订货，对于美国方面来说大大提高了物资保障的效率，而日本则获得了经济发展的一个最初原动力。

朝鲜战争爆发，它宛若久旱之后的甘霖，给日本经济带来了战后被称为天助神佑的“朝鲜特需景气”，日本经济在朝鲜战争期间得以迅速恢复和发展。据统计，在历时三年的朝鲜战争中，“军需订货”源源而来，日本几乎成为了美国的兵工厂，美国向日本提供的特需订货数额高达 13 亿美元，美国的“特需订货”动员了日本各部门的经济力量，在战争期间，日本电力的 70%，煤炭的 80%，船舶和陆地交通的 90% 直接或间接地为美军服务。特需订货还极大地刺激了日本的出口贸易的发展，而 1950 年 6 月至 1951 年年底，日本对外贸易总额增长达 2.8 倍。随着对外贸易的增长，日本的外汇储备迅速增加。1952 年，日本“特需收入”为 8.2 亿美元，占该年外汇收入的 66.8%。

此外，特需订货和出口增加使日本的商业迅速恢复了生机与活力。20 世纪 50 年代初期，日本工农业生产指数迅速回升，各项指标都已经超过了战前的水平，国民生产总值于 1951 年达 152 亿美元，是战前的 1.2 倍。朝鲜战争使日本企业界获得了高额利润，又保证了企业有充足的资金来引进世界上最先进的技术设备，提高企业劳动生产率，增强其国际竞争力，反过来又促进了企业资本积累和扩大再生产。在短短几年之间，日本初步完成了对煤炭、电力、造船、电子等国民支柱产业的现代化改造。

总之，战争中美国在日本的大量物资采购，使日本大发战争财。1950 年爆发的朝鲜战争成了日本战后经济复兴的一个重要转折点。到 1951 年，日本的经济终于超过了战前水平。之后不久，美国在越南进行的战争，更是

进一步刺激了日本经济的发展。可以说，没有朝鲜战争，就不会有今天日本的崛起。正如不少日本政客所津津乐道的，朝鲜战争是“一股神风”，是日本起死回生的“妙药”。

旧金山体系的建立和日美结盟

美国对日本的占领时间，从 1945 年 8 月开始一直到 1952 年 4 月，长达六年零八个月，这显然是有点不同寻常的。因为不论在第一次世界大战中对战败国德国、奥匈帝国、土耳其的处理，还是在二战后对德国和意大利的处理都没有持续这么长时间，况且美国对日本的战犯的审判和民主化改造已经在战争结束的两三年内就初步完成了。

其实早在美军占领日本后的第三年，当时的占领军最高司令官麦克阿瑟上将在给美国国会的发文中，就提出军事占领这种手段一旦超出一定的期限，就无法发挥效果了，对日媾和的条件已经成熟，美国应该见好就收，迅速结束对日本的占领，把政权逐步移交给日本的政府和人民。在他的督促下，日本内阁也开始着手准备拟定媾和条约，但是当时美国总统杜鲁门并没有理睬麦克阿瑟的这个建议，于是对日媾和条约便被搁置起来了。

为什么美军对于日本的占领持续了这么长时间呢？原来，在与日本长期的交火中，美国人吃了不少苦头，尤其是在二战后期，日本人所谓的神风敢死队的那种不计生命代价的疯狂精神令美国人很震撼，也使他们对日本人顽强的武士道精神留下了深刻的印象。美军认识到，要想彻底防止日本死灰复燃，就必须对日本进行一个彻底的改造，绝不允许像一战时候的德国人那样，由于战后的改革不彻底而导致德国军国主义势力死灰复燃，重新成为战争策源地的情况发生。而美国人认为，为了彻底地按照美国的意图对日本进行改革，就必须依靠占领军强制地排除改革的阻力，就必须对日本进行彻底的改革。

再者，在美军占领日本的同时，亚欧大陆的形势发生了革命性的变化：二战后，社会主义革命形成了一个世界性的潮流，社会主义国家也从苏联一国变为多国，大半个亚欧大陆都已经变成了红色。更为重要的是，美国人的盟友蒋介石政权已经被赶到了台湾岛上，很难有什么大的作为了。正如美国智库分析到的，美国对于压制中国的革命形势已经是力不从心了，要想在东方有所作为，美国人除了扶植日本之外别无选择了。此外，社会主义革命也在日本引起了不小的反响。战后日本的工人罢工不断，到1946年年底，日本国内就已经存在着大大小小的工会近两万个，参与工会的人数更是多达五百万人，一时间日本罢工风潮风起云涌，尤其是在1947年2月1日举行了日本全国性的大罢工。这次罢工是许多人始料未及的，新成立的日本内阁对此束手无策，只好求助于盟军方面的麦克阿瑟才平息了这次罢工。通过这次罢工，美国人认为，如果美国退出日本，就会进一步加剧日本国内的社会主义运动，日本有可能就会投入苏联的怀抱，再加上朝鲜战争爆发之后，日本成为了美军的兵工厂和基地。于是美国进一步加紧了对日本的控制，暂时打消了对日媾和退出日本的打算。

由于以上这些原因，对日本的媾和行动就被长期搁置了起来，但是美国人也认为长期由美军占着日本也不是个事儿，既不合法，又似乎在道义上有点说不通。许多二战时期与美国共同打击日本侵略者的盟国也主张尽快与日本签订和约，而且日本的政府和人民也急切地盼望，能够迅速结束占领状态，重返国际社会。这样，摆在美国人面前的压力越来越大。

于是，美国总统杜鲁门就加快了对日媾和的速度，他于1950年正式任命杜勒斯专门负责对日媾和。杜勒斯是一个极端仇视共产主义的政治家，他最为人熟知的就是在1954年于日内瓦一次中美共同参加的谈判中，拒绝与当时中国的代表周恩来握手，由此可见，此人是多么狂妄和骄傲。杜勒斯上台后，加紧了对日媾和的速度。遗憾的是，在媾和问题上，杜勒斯仍然固执地坚持片面媾和的立场，就是说由美国为主体签订对日和约，把当时抗击日本的主力中国和苏联都排除在外，这种做法显然是不公平也不合法的。

出人意料的是，美国的这个做法首先遭到了美国军方的反对。在朝鲜战

争爆发后，美国军方强烈要求延缓对日媾和，理由是媾和以后，美军在使用日本军事基地上就会存在着诸多的不便。杜勒斯又赶忙从中斡旋，在得到了日本方面提供军事基地和允许美国驻军的保证之后，美国军方的这一态度才开始慢慢地软化下来。

在随后的一年中，杜勒斯就对日媾和问题频繁地进行穿梭外交，先后访问了日本、澳大利亚、菲律宾、新西兰、英国、法国等，可以说跑遍了除了中国和苏联之外的所有有关国家。随后美国公布对日媾和条约的草案，此后，对日和约的签订进入了一个快车道。在 1951 年 9 月 4 日，美国召集了包括日本在内的 55 个国家在旧金山举行会议，与会各方经过五天的讨论，签订了片面的对日媾和条约《旧金山对日和约》。但是长期以来这个对日和约的合法性是受到质疑的，因为在第二次世界大战中作为主要的抵抗日本侵略的中国并没有代表参加，甚至连蒋介石方面的代表都没有参加，而且与会的苏联、捷克斯洛伐克和波兰的代表拒绝在和约上签字，而南斯拉夫、缅甸和印度等国则拒绝参会，所以实际签字的只有四十多个国家，这个条约也没有规定日本的战争责任，也没有提出一个追究日本战争责任的机制，无怪乎当时的日本首相对这个条约表示非常满意。

在签订《旧金山和约》当天，美国与日本还签订了《日本国和美利坚合众国之间的安全保障条约》，就是至今对于东亚的局势还有影响的《安全保障条约》，这个条约规定：美国有权在日本国内及其周围驻扎陆海空军；根据日本政府的请求，美军可以镇压日本国内发生的暴动和骚乱；美军驻扎条件由两国间的行政协定另行规定。不久之后，这个条约得到了日本国会的正式批准。

1952 年 2 月，日美两国根据《日美安全保障条约》，在东京签订了《日美行政协定》，进一步详细规定了驻日美军的地位及特权，如日本向美军提供基地和设施，承认美国使用、管理和保卫这些基地及设施的权利，美军在日本享受特殊的权利，日本不具有对美军及其家属的审判权。此外还规定，日本每年向美国支付 1.55 亿美元的防卫经费。

按照规定，1952 年 4 月 28 日《日美安全保障条约》和《日美行政协

定》同时生效。但是，由于条约执行中连续发生美军强奸日本学生的暴行，世界舆论哗然。鉴于此，美国作出了让步，1953 年 9 月两国修改了《行政协定》中关于美军犯罪的审判条款，规定除执行公务外，美军犯罪的第一次审判权属于日本，后来美日双方又在美国驻军的军费上达成了一些协议，规定美驻军的费用由美国自己负担。

日本民众游行抗议延长《日美安全条约》

1960 年 1 月，美国总统艾森豪威尔和日本首相岸信介在华盛顿签订了《日美共同合作和安全条约》，这就是著名的《新日美安全条约》，奠定了美日同盟的局面。但是这个条约在日本国内遭到了反对，日本首相岸信介还因此下台，但是这个条约仍然得以执行。

战后日本和美国所签订的这些条约简称“旧金山体系”，这一体系的建立使日本从法律上成为一个主权国家，但是驻日美军的停留，使日本仍然处于美国的附庸地位，并没有获得完全的独立。而日本此后的历届政府也比较安心地听美国老大哥的话，安分地做美国的小弟，于是美日这一对二战中的冤家的关系却逐渐变得好了起来。有了美国人的安全保护，日本得以全心全意地投入经济建设中去，此后经济恢复的速度加快，一跃而重新成为一个经济强国。

日苏邦交正常化，加入联合国

在美国的运作下，1951 年 9 月，日本与世界上四十多个国家签订了美国《旧金山和约》，从此日本开始摆脱战败国的命运，进入了重返国际社会之路。但是，日本重返国际社会的道路并不是一帆风顺的，例如日本多次向联合国安理会提出加入联合国，却屡次因为在联合国安理会中拥有否决权的苏联的阻挠而铩羽而归。

二战之后，围绕着当时世界上美苏两大强权，形成了两个阵营，而美苏分别是这两大阵营的领袖，其中苏联作为世界上仅次于美国的超级强国，又是安理会常任理事国，在国际社会中发挥着举足轻重的作用。而战后在以美苏为主导的冷战格局下，日本成为美国在远东对抗苏联的“马前卒”，特别是战后初期，日本跟随美国的指挥棒亦步亦趋，这引起了苏联的严重不满。所以，苏联只要一有机会就会给日本点颜色看看，由于苏联从中作梗，日本重返国际社会的努力屡屡受挫。不仅是当时的日本加入联合国事件，就是在奠定了日本重返国际社会基础的《旧金山和约》上，苏联也对日本采取了敌对措施。正是因为苏联和同为社会主义阵营的波兰、捷克斯洛伐克、南斯拉夫等国家或者拒绝与会，或者拒绝在《旧金山和约》上签字，才导致《旧金山和约》的效力和威信大打折扣。

而从日本方面来说，日本人对于苏联人又恨又怕，敢怒不敢言。从历史上看，日本在与苏联的争斗之中，几乎没有占到过上风。例如在日本占领了中国的东北之后，为了解决当时日本所急需发展的资源和原材料，日本军部法西斯内部曾经有两派围绕着下一步的行动到底是南下还是北上的问题争论不休，南下就是继续对中国发动全面的战争，并一直打到东南亚；所谓北上就是进入地广人稀的苏联，掠夺资源。1939 年 7 月，日本决定在苏联主力都在欧洲与德国纠缠的情况之下，对苏联进行偷袭，却没有想到苏联边防军早有准备，随后双方在诺门坎地区进行了一场战斗，结果以日本的惨败而告终。此役苏军仅以伤亡 6000 余人的代价，击毙击伤日军 5 万人，关东军精锐部队步兵第 23 师团、第 7 师团、第 1 坦克师团几乎损失殆尽，许多日本军人悲叹

这是战争开始以来从未有过的惨败。两个月之后，日本被迫与苏联在莫斯科签订《诺门坎协定》，规定双方立即停战。为追究责任，日本方面甚至撤换了关东军司令官植田谦吉陆军大将、参谋长矶谷廉介陆军中将，关东军内的“北上”彻底失势。诺门坎战役沉重打击了日军的嚣张气焰，也建立了苏军对日军的心理优势，而且促使日本将“北进”的国策改为“南下”，被迫同英、美交战。

而 1945 年年初，在结束了欧洲战场之后，苏联开始腾出手来专心对付日本，百万红军进入中国的东北，以摧枯拉朽之势，横扫号称日本精锐的关东军。之后，苏联人并没有像抗战之后的中国人那样仁慈，去认认真真地把日本侨民遣返回去，而是不顾当时国际社会的反对把投降的六十多万日本军人和侨民直接拉到冰天雪地的西伯利亚服劳役，这些当年在中国东北趾高气扬、作威作福的日本人终于尝到了点苦头。在这一段严酷的岁月之中，这批人有近六万人抛尸在异国他乡。严酷的拘留岁月，有着人所未知的沉重回忆。这些流放的日本人为了回家，丝毫不讲武士道精神，竞相向苏联人告密，互相出卖，彼此陷入不信任和仇恨的旋涡。面对这种情况，日本政府虽然是心怀不满，但又无可奈何，由于忌惮苏联的实力，也不敢因此主动去得罪苏联人。

当然了，在战后，日苏关系的核心主要还不是双方历史上的芥蒂，而是实实在在的领土争议，也就是直到今天也还没有解决的北方四岛问题。

其实，根据 1945 年 2 月美英苏三国签署的《雅尔塔协定》的规定，日本需将千岛群岛交予苏联，但是《雅尔塔协定》和随后的《旧金山和约》中并没有规定千岛群岛的具体范围。苏联认为北方四岛在地理上属于千岛群岛，于是在 1945 年 9 月初，苏联趁机占领了国后、择捉、色丹以及齿舞群岛这所谓的北方四岛。其实日本国会在批准《旧金山和约》的时候，已经宣布放弃国后和择捉两岛，但是在看到苏联没有让步之后，日本国会又取消了这个决定。而且日本方面还坚持认为，根据日俄于1855年签订的《日俄通好条约》以及 1875 年的《千岛库页岛交换协约》，千岛群岛不包括国后岛和择捉岛，而齿舞群岛和色丹岛更是位于北海道的大陆架延伸上，更不属于千岛群岛的

范围之内，所以日本认为千岛群岛属于日本的领土。

在这种情势之下，不少日本政治家认为日苏之间的长期对立不但不利于北方四岛问题的解决，而且还会对日本国际地位的提高造成非常不利的影响，不利于日本在世界上发挥更大的作用，于是日苏关系的正常化就逐渐被提上了日程表。1953 年 7 月，朝鲜战争停战协定签订，标志着远东局势出现缓和。上述情况为日苏关系的改善创造了一定的外部条件。而且随着日本经济的发展，需要进一步开拓市场和原料产地，而苏联是人口大国和资源大国，国内有着丰富的原材料资源和广阔的国内市场，所以在日本民间要求恢复日苏贸易、实现关系正常化的呼声不断高涨。

1954 年 12 月，在各种压力下，一味追随美国的吉田内阁垮台，日本组成了以民主党总裁鸠山一郎为首相的内阁。鸠山内阁的组成，使日苏关系出现了重大转机。日本首相鸠山一郎认清形势，以日苏复交和修改宪法为争论点参加了参议院的选举，但是修改宪法的行动遭到了失败，日本国民还是比较支持维护宪法的，于是鸠山逐渐失去了修改宪法的热情，把自己的全部精力集中到了日苏关系上。鸠山上台后不久发表声明，向苏联人发出了希望恢复与中苏两国的正常关系的信号。没过多久，这个信号得到苏联方面的积极回应，苏联人专门派特使拜会了鸠山，就两国结束战争状态进行谈判事宜达成共识。双方最终确定于 1955 年 6 月在伦敦进行复交谈判。

1955 年 6 月开始，双方在英国伦敦正式开始了会谈，这次会谈双方主要讨论了如下的几个问题：关于在苏日本人回国问题，日本方面要求尽快地让这些被流放的日本人回国，但是由于苏联在这个问题上涉及苏联对于人权问题的侵犯，所以苏联人巧妙地对这个问题进行了回避；关于北方四岛领土问题，由于双方的争议太大，并没有达成共识。但是双方却在渔业问题和日本加入联合国问题上取得了共识，苏联对日本加入联合国表示同意，而对渔业问题表示可以进行谈判协商。可以说刚开始的时候，会谈还是取得了不错的进展，但由于双方首先在领土问题上发生严重分歧，致使谈判十分艰难。8 月初，苏联为打破僵局，曾表示“将齿舞、色丹移交日本”。而日本却得寸进尺，并不满足部分领土的归还，提出苏联应该将北方四岛全部归还日

本，而千岛群岛和南库页岛则通过谈判决定其归属，显然日本人还想进一步染指千岛群岛和库页岛。日本咄咄逼人的态度，让苏联大为愤怒，致使谈判中断。

几个月之后，双方的会谈又重新于 1956 年 1 月开始。双方仍围绕第一阶段的问题展开谈判。此次日本采取了相对务实的态度，在人员归还、渔业等问题上与苏联达成了一致意见。但双方在领土问题上仍然互不相让，造成谈判再度中断。1956 年 7 月至 8 月，日本再次派出代表团赴莫斯科进行谈判。会谈中，日方提出放弃对南库页岛和千岛群岛的领土要求，企图以此妥协换取苏联立即归还北方四岛，但仍遭到苏联拒绝。这时候，日本代表团团长重光葵内部突然提出放弃国后、择捉的要求，但是此举突破了日本政府所定的底线，引起日本朝野震惊。鸠山急忙将代表团召回，谈判又一次中断。

双方在领土问题上互不相让，如果长期这样谈下去，日苏复交只能是停滞不前，而如果接受苏联方面的方案，就会被国民唾骂为丧权辱国，整个内阁甚至都有可能因此而垮台。可以说这是一个棘手的问题，怎么办呢？在这个历史关头，鸠山一郎显示出了作为一位杰出政治家的智慧。鸠山亲自致信苏联部长会议主席布尔加宁，提出搁置领土问题，先就结束两国战争状态，恢复外交关系，以及日本加入联合国等几项内容进行会谈。就这样，日苏关系正常化重见光明。

1956 年 10 月，鸠山毅然冲破了重重的阻力，为了打消美国方面和日本内部保守势力的反对，鸠山决定如果能够达成日苏关系正常化，他就会退出日本政坛，他决定以自己的政治生命为交换条件提出亲自出访苏联，以达成日苏邦交正常化的最终实现。由此可见，日本领导人为了国家利益作出个人牺牲的精神还是十分令人感动的。10 月 12 日，鸠山率团抵达莫斯科，双方经过七天的斡旋之后，终于在 10 月 19 日签订了《日苏联合宣言》。这个宣言宣布两国正式停止战争状态，恢复正常的外交关系。而苏联也作出了一些让步，决定释放并遣返在苏服刑的日本公民，放弃向日本索取战争赔款，支持日本加入联合国。值得一提的是，苏联还在这个宣言中暧昧地表示："答应日本国的要求并考虑日本国的利益，同意将齿舞群岛和色丹岛交还日本。"

但是，由于日本方面一直坚持“一揽子收复北方四岛”的计划，以后虽然经过双方多次谈判，但分歧依旧，问题仍然悬而不决。

尽管如此，日苏关系正常化得以实现也使日本收到了巨大好处。最为重要的是日苏关系正常化之后，日本进入联合国的障碍得以扫除，就在当年的 12 月《日苏联合宣言》正式生效的当天，联合国安理会一致同意了日本加入联合国的申请，日本的国际地位得到了进一步的提高，日本也开始逐渐走上了政治大国的道路。但是，《日苏联合宣言》毕竟不是和平条约，日苏争端依然存在。特别是北方领土问题，一直是围绕日苏关系发展的“瓶颈”。日苏关系一直处于既对抗又对话的阶段，尽管后来苏联解体了，但是苏联的主要“继承人”俄罗斯继承了大部分遗产，其中就包括与日本的领土争端。自从 1956 年日苏复交之后，北方四岛问题至今仍然是日俄关系中一个不可逾越的鸿沟。可以说，只要北方四岛问题一日不解决，日俄关系就一日得不到彻底的好转。

东京奥运会和奥林匹克景气

奥运会是诞生在古希腊的一个体育盛会，它因为最早在希腊的奥林匹亚地区举办而得名，奥林匹克运动自从诞生以来就超出了竞技体育的范畴，被赋予了多种多样的意义。奥林匹克自从诞生以来就成为一个宣传国家形象的良好平台，所以即使是在希特勒统治下的纳粹德国也并不排斥奥运会，反而利用德国人在奥运会上的优异表现，来证明他所谓日耳曼民族是优等民族的理论。显然想到这一点的并不只有希特勒，聪明的日本人也认识到了这一点。

进入 20 世纪 50 年代以后，以朝鲜战争中美国对日本的军事订货刺激为原动力，日本的经济开始了快速的发展。而 1951 年《旧金山和约》的签订更是帮助日本改变了战败国的地位，日本恢复了国家主权。在此之后，日

本开始通过一系列措施，谋求经济和政治上的国际地位。1952 年，日本成为国际货币基金组织和世界银行的会员国。三年后，日本又加入了关贸总协定，1956 年又在苏联和美国的支持之下顺利地加入联合国。

虽然日本经济在战后很快得到恢复，国际地位也有所提高，然而当时的西方人似乎对此仍然没有察觉。在他们的眼中，日本还是一个狂热的军国主义国家，日本的经济还是处于战后的萧条局面，而日本货也往往是劣等产品的代名词。这些都给了日本朝野一个刺激，日本意识到，如果想改变西方国家的成见，举办奥运会就是非常好的宣传方式。

第十八届东京奥运会纪念邮票

日本与奥运会的联系可以算是较早的了，其实早在 1964 年之前，日本就有过一次参加奥运会的机会，在 1936 年柏林奥运会期间，日本就被选定为下一届奥运会举办国，也就是本该于 1940 年举行的第十二届奥运会的举办国。因第二次世界大战爆发，致使这届奥运会流产，否则日本乃至整个亚洲举办奥运会的时间都会提前 24 年。后来，20 世纪 50 年代初，日本东京又曾提出申请，希望举办于 1960 年举行的第十七届奥运会。由于意大利的罗马也提出了申请，而且东京方面的准备工作也不如罗马充分，日本的这次申请没有成功。此后，东京总结了上次的经验教训，再次提出申请，终于在激烈的竞争中，战胜了比利时的布鲁塞尔、奥地利的维也纳、美国的底特律，赢得了第十八届奥运会的主办权，成为亚洲第一个举办奥运会的国家。

日本取得了这次奥运会举办权之后，可以说是举国狂欢。日本民众认为，这是一个摆脱二战时日本侵略者形象、扩大日本战后国际影响的千载

难逢的好机会，所以日本政府和体育界对于东京奥运会非常重视，耗费巨资，用于改进城市交通建设，兴建体育场馆和其他设施。为了办好这届奥运会，当时日本政府提出了一个口号，“用一千万人的手美化东京”，“振奋全日本民族精神”，全日本上下为办好这届奥运会都动员了起来。据有人估算，为了办好这次奥运会，日本方面投入的资金高达 1 万亿日元，按照当时的汇率计算，约合 30 亿美金，这远远超过了之前在意大利罗马举办的第十七届奥运会，日本为准备东京奥运会而投入的资金是当时奥林匹克历史上最高的。这次奥运会成了一座里程碑，对于以后的历届奥运会追求奢华开了一个头。

经过精心的准备，东京奥运会终于在 1964 年 10 月 10 日揭开了她神秘的面纱，日本天皇裕仁亲自出马为奥运会揭幕。为了让全世界都看到奥运会开幕式盛况，日本人还专门与美国人合作开发了一颗通讯卫星，用于向世界播送电视信号，这个行动也开了一个历史先河。那届奥运会参赛的国家和地区有 94 个，由于南非因国内实行种族隔离政策被禁止参赛，所以实际参与国家只有 93 个，参赛运动员 5151 人。许多国家都是第一次参加奥运会。

该届比赛除了 17 个传统项目外，新增添了排球、柔道这两个日本擅长的项目，从而大项数首次达到 19 个。显然，没有出现意外情况，排球和柔道方面的金牌多数都被日本收入囊中，值得一提的是由大松博文苦心训练的日本队获得了女排冠军。在经过运动员的一番激烈厮杀之后，第十八届奥运会于 1964 年 10 月 24 日圆满结束。在东京奥运会上，日本体育实现了崛起，该届奥运会日本收获 16 枚金牌，仅次于美国的 36 枚、苏联的 30 枚。稳居第三。

1964 年，日本以奥运会为契机，对国民提出了日本国民的礼仪规范，包括不随地吐痰、便溺；对于外国友人要一视同仁；注重仪表，正式场合要着正装；在观看奥运会所有项目的比赛时，无论哪个国家的运动员夺得金牌，都要热情鼓掌，等等。可以说日本借助奥运会，获得了培养和展示国民礼仪素质上的巨大成功，让全世界感到惊讶，甚至演变出了一个传说般的报

道。例如，在中国流传得比较广的一个段子就是东京奥运会结束后，所有的日本人都主动将身边的垃圾带走，现场没有留下任何垃圾。

后来，日本的一个导演以此为素材拍了一部电影《东京奥林匹克》，这部电影甚至还获得了 1965 年的戛纳电影节国际影评人奖和 1966 年的英国学院奖最佳纪录片奖，这在奥运会题材影片的拍摄史上可以说创造了一个纪录。在这部影片中，一个充满活力的、正在崛起的日本民族被镜头鲜活地记录了下来。在影片中，人们看不到一丝战败国萧条的痕迹，更觉察不到参赛的国与国之间曾经的敌意，人们看到的是一个经济繁荣昌盛、活力无穷的现代化国际大都市形象。这个片子甚至在一定程度上成了日本的国家形象宣传片，许多西方人在看完电影之后，对日本人的国民素质留下了比较好的印象。

这次奥运盛会不但使日本摆脱了战败国形象，重新走向世界，还恢复了国民的自信心。最重要的是，它成功地带动了日本经济的发展。

为了成功举办这届奥运会，日本把大量的资金投入到大规模的基础设施建设中，这些基础设施建设又进一步带动了相关行业的强劲发展，日本出现了经济的持续繁荣。东京奥运会开启了日本二战后最大的经济增长期，1963 年，当东京奥运会开幕将要临近时，日本掀起了建设投资的高潮，结果形成了日本经济史上著名的长达 24 个月的奥林匹克景气。而 1964 年到 1970 年，日本经济持续增长，在这段时间内，日本经济总量和人均工资都翻了一番。

奥运会后，日本的国民经济总产值在 1967 年超过英法，1968 年超过联邦德国，成为仅次于美国的世界第二经济大国。东京奥运会因此被视为日本进入世界工业强国的里程碑。

五五政治体制

最近几年，日本的内阁首相可以说是走马观花，瞬息万变，从小泉纯一郎到安倍晋三，再到福田康夫、麻生太郎、鸠山由纪夫、菅直人、野田

佳彦，五六年间日本换了七任首相，这速度也太快了，这对于我们来说有点出乎意料。其实，不仅我们会有一些意外，六十年前的日本人也没有想到自己的国家以后会变成这样。历史没有偶然，如果我们能够对日本政党制度的历史有所了解，就会发现这种情况的出现既具有其偶然性，也有其必然性。

现在资本主义国家一般都采用议会制度和政党制度，一般是由议会选出内阁，但是日本由于长期实行军国主义，虽然在战前也出现过政党政治，但是却比较脆弱。日本在明治维新之前并没有现代意义上的政党，日本最初的一个政党是由板垣退助等人于 1874 年组成的爱国公党，板垣退助是明治维新的元勋，后来甚至还被日本天皇授予了伯爵的爵位。这个政党当时在日本宣传法国大思想家卢梭的天赋人权、自由平等的思想，还要求日本的天皇和政府制定宪法，实行民主政治，后来板垣退助又以爱国公党为基础组织成立了自由党，以这个政党的成立为标志，在当时的日本掀起了历史上著名的自由民权运动。不久之后，另一个日本著名人物大隈重信成立了改进党，等到日本正式开设帝国议会以后，自由党和改进党合并议席即可以控制议会的过半数。在他们的影响之下，日本全国又轰轰烈烈地成立了几十个政党，但是日本的明治政府认为这些如雨后春笋般兴起的新兴政党，是对自己统治的一个威胁，就采取了不少镇压和破坏的政策，当时可以说无所不用其极。例如他们以日本天皇的名义给主张取消贵族特权的板垣退助授予一个伯爵的称号，这就给板垣退助出了一个难题：如果他拒不接受，就要承受不敬天皇的指责，而当时日本天皇在国民看来是神一般的人物。如果忤逆天皇，自由党就会失去民心，这显然不是一个明智的决定；但是如果板垣退助接受伯爵这个封建称号，就会与自己所宣传的自由平等思想相违背，也会对自己的政党发展不利。在日本天皇的一再催促之下，板垣退助实在被逼无法，只得接受这个封号。而接受伯爵之后，当时自由党内舆论大哗，板垣退助被迫辞去了自由党总裁职位。失去了领袖的自由党再也选不出一个像板垣这样的领袖，群龙无首，自由党便被日本政府各个击破，被迫于 1884 年一度解散。

虽然后来自由党与进步党又重整旗鼓，并于1898年组成了联合内阁，板垣退助担任内阁的内务大臣，而大隈重信担任总理大臣兼外务大臣，这创造了日本的历史，因为这是日本第一个政党内阁。但是这个内阁确实非常短命，由于两党上台之后争权夺利，同盟瓦解，它只存在了四个月。此后两党再一次解散，后来原自由党一派又建立了立宪政友会，而原进步党一派则成了立宪政本党，后来立宪政友会一度控制了几届的日本内阁，但是到1932年最后一个政党内阁——犬养毅内阁时，因为日本内部的军国主义者不满内阁的政策，刺死了首相犬养毅。从此，日本的政党内阁正式结束，日本的政权被法西斯主义者控制，而日本的政党则被迫解散。在日本一些军阀、财阀的组织之下，本来就基础不稳的日本政党政治被取消了。

这种情况直到日本战败以后才有所改变，美军进入以后宣布对日本进行民主化的改造，与此相对应，日本政党政治又重新崭露头角。在短短的几个月内，日本各种政治势力重新划分组合，重建或者成立了五个主要的政党：日本自由党、日本进步党、日本社会党、日本协同党、日本共产党。

其中自由党是由前任日本首相鸠山由纪夫的祖父鸠山一郎等人筹建的，鸠山一郎在二战时期是日本重要的反对派领袖，在战时受到了日本军国主义势力的压制，在日本战后就开始筹备新的政党，并且还专门成立了“政党成立事务所”这样的一个筹备机构，但是日本自由党的成立却需要大笔的政治资金，由于这个问题不太好解决，所以自由党的成立被迫拖后了几个月，直到一个日本甲级战犯和军国主义者儿玉誉大夫的出现。儿玉誉大夫是一个日本右翼势力的头子，在日本侵华期间，他长期在中国从事间谍特务工作。太平洋战争期间，他还在中国成立了一个专门的机关，用以掠夺中国的物资来为日本海军服务，以此他也中饱私囊，榨取了中国人民的大量血汗。虽然战后儿玉誉大夫被判为甲级战犯，但是却因为不久之后美国对日政策的转变，这个人却被释放了。在鸠山一郎组阁正缺少资金的时候，他站了出来，并把在中国掠夺的大部分黑金捐献出来用作自由党的活动经费，但是他要求鸠山在成立政党的时候，必须要维持天皇制。在鸠山作出了维护天皇制的保证之后，终于获得维持自由党必要的政治资金。由

此可见，日本自由党的成立与日本的右翼势力有着千丝万缕的关系，也无怪乎直到今天，日本右翼势力还时不时地站出来发表一些不和谐的言论。所以可以说，日本的自由党是一个保守党。

自由党成立没多久，在日本又出现一个新的进步党，进步党的基础还是日本战争时期的那些御用政党，它们是这些军国主义政党改头换面的一个形式。日本军国主义垮台之后，它的一些骨干分子并不甘心退出历史舞台，想借美军接管之后，在相对自由的环境下重新掌控日本政权，所以他们开始筹建一个新的政党。但是新的政党领袖尤其是总裁却迟迟无法产生，因为他们认为满足这个总裁职位的人，必须首先能够被盟国所接受，尤其是政治要清白，在战时所犯下的罪恶要小，才具备竞选下一任日本首相的资格。其次是能够帮助政党筹集到政治资金，但是天不遂人愿，在当时的进步党内部能够满足这两个条件的几乎没有。在这种情况之下，进步党不得不退而求其次，选择能够筹集到竞选资金的町田忠治为总裁，但是当时町田忠治已经是 85 岁高龄了，当时他所募集的资金也主要来自于战争中日本侵略者的对外掠夺。所以，进步党跟自由党一样，也是一个保守党。其保守程度与自由党相比，可以说是有过之而无不及，自由党至少还在口头上表示要清算日本军国主义，而进步党却对日本的侵华战争毫无反省之意，简直是有辱了进步俩字。

日本第三个主要的政党是协同党，协同党不像前两个保守党，他们没有前科，完全是一个战后新成立的政党。他们属于中间性质的保守党，他们在党纲中也提出要维护日本的天皇制度，又提出要打破日本战争中所形成的垄断资本主义和封建残余，既反对资本主义，也反对社会主义。

日本社会党是日本战后比较进步的一个政党，他们是由战前的工人运动领袖西尾力三、平野力三等人领导成立的。在日本战败之后，他们就积极活动，主张在日本实行社会民主主义，与日渐兴起的共产主义抗衡，争夺工人斗争的领导权。原本他们打算与鸠山一郎等人一起合作，但是因为双方的政见差距太大而被拒绝。在这种情势之下，他们只好单干了。他们于 1945 年 11 月正式召开成立大会，提出要“排除资本主义，实行社会主义”，反对军

国主义及其残余，实现永久和平。正如有的历史学家概括的那样，他们的纲领就是：政治上的民主主义，经济上的社会主义，国际上的和平主义。可见进步党是日本的一个比较进步的政党。但是社会党的内部并不统一，他们分为左右派，这几派之间差距是非常大的。就以对日本的天皇制度而言，左派的人士认为天皇是日本在战争中遭受羞辱的根源，主张废除天皇制；而右派的人士却主张应该维护天皇制，他们甚至在社会党成立大会上高呼天皇万岁的口号。随着时间的推移，社会党内部的矛盾逐渐激化，到 1950 年左右的时候，左右两派的领导人正式分道扬镳。一年之后，双方正式分裂为左派社会党和右派社会党。

日本共产党在当时可以说是一个最为进步的政党。日本共产党早在 1922 年十月革命后不久就成立了，但是由于共产党支援被压迫地区人民反对日本军国主义政策，所以在日本发动侵略战争之后，遭到了镇压，共产党的许多领导人都被投入了监狱，共产党也成为一个地下的政党。美国人来了之后，在日本采取了开放党禁的政策，在美国人的压力之下，日本政府被迫无罪释放了在狱中的那些共产党的领导人，共产党重新又成为一个合法的政党。值得一提的是，与此同时，一直在延安的日本共产党领导人野坂参三在时隔多年之后终于返回了自己的祖国。他们提出了“打倒天皇制，建立人民共和国”的主张，实现“马克思列宁主义的日本化”。

日本共产党人野坂参三

总之，在战后不到一年之间，日本成立了这五个主要的政党，此外还有近四百个小的政党，有的党甚至于只有一两个人，日本从此进入群党林立的时代。

在主要的政党成立之后，1946 年，盟军总部向日本政府正式下达了一个《关于解除不受欢迎人物公职备忘录》，其中指出由于新成立的不少政党

领导人物在战时参与军国主义，这些人不应该在战后继续发挥政治作用。这一解职令是对日本军国主义势力的一个巨大打击，以至于当时日本的舆论界称这次运动为“无血革命”。战后的过渡政府币原内阁因为包含有一个在解除之列的阁员，所以内阁不得不进行重组，而日本各个政党也受到了很大的限制，例如在此前议会的 274 名议员之中，有 160 人因为不符合条件被辞退，日本国会也被迫重新进行选举。在当年的 4 月 10 日，日本国会从 2700 多人中选出了 466 名议员，其中自由党当选 140 人，进步党当选 94 人，社会党当选 92 人，协同党当选 14 人，共产党当选 5 人，还有 121 人属于其他的政党或者是无党派人士。这次大选是日本民主化改革之后的第一次大选。

这次改革之后，币原内阁正式倒台，此后出现了自由党的吉田茂内阁。吉田内阁是日本战后第一个比较长期的内阁，但是吉田一方面执行了美军的占领政策，一方面又推行一些保守政策，这引起了日本各方面的不满。而且前面已经提到，鸠山一郎才是在大选之中获胜的自由党总裁，但是鸠山一郎因为盟军总部下发的解除公职令才被迫辞职。当时吉田也保证，如果鸠山有朝一日恢复公职，自由党总裁和日本首相的位子愿意拱手相让，但是没几年日本就取消了解除公职令。但是吉田在首相的位子坐热乎以后却食言了，不愿意再让出去。于是鸠山与吉田决裂，自由党受此影响逐渐一分为二。1954 年，吉田内阁的一次政治丑闻更是加剧了自由党的分裂，反吉田派的岸介信等人开始着手组建新党，当年 7 月，他们与日本改进党等合并组成日本民主党，由鸠山一郎任总裁，日本民主党从此成为仅次于自由党的第二大政党。

鸠山一郎铜像

当年 12 月，日本民主党和当时的社会党联合提出对吉田内阁的不信任案，吉田茂被迫辞职，历时达七年之久的吉田内阁终于落下了帷幕。吉田下台之后，鸠山上台正式开始组阁，正是在他执政期间，日本形成了直到今天为止对日本政治格局都很有影响的五五体制。鸠山内阁持续了两年左右，鸠山在任期间最大的贡献就是逐渐实现了日本政治上的独立，开始在一定程度上实行了独立自主的外交政策，鸠山甚至还打算修改宪法第九条，企图重建日本的军事力量，但是最终因为日本人民的反对而作罢。不过在此期间，日本的军备还是有所扩充，也奠定了以后日本军事大国的基础。鸠山最大的贡献就是我们在前文提到的实现日苏邦交正常化，在此就不再赘述。

在日本的民主党鸠山内阁成立并且成功组阁之后，日本的社会党感到了很大的压力，当时日本社会党左右两派正式分裂已经达四年之久。双方逐渐产生了重新合并并且组阁的想法，此后两党开始筹备合并的工作。两派社会党人终于在 1955 年 11 月分别召开了前三大会，第二天之后又召开了两党合并大会，经过四年的分裂，社会党终于重新合并。

在社会党逐渐完成合并的同时，日本的保守党也开始慢慢地整合，日本的保守势力自由党和民主党在 1955 年合并成立自由民主党，简称自民党，自民党的首任总裁由鸠山一郎担任。正如日本著名学者中村正则所说的，20 世纪 50 年代的十年是政治的十年，在这十年之中，日本逐渐从众党林立向相对稳定的方向发展。

社会党和自民党整合完成之后，在以后日本的历次选举之中，双方形成了保守党和社会党两大政党体系，其中这两个政党合计之后的总得票率占到日本投票率的百分之九十以上，但是社会党和自民党的得票率之比大概是 1∶2，这样的状况一直持续到 20 世纪 60 年代。这种政党体制，既不同于欧美国家的多党制，因为多党制的基本特点是政权存在着政党间的更替。所以，有人把它称作“l.5 政党制”，意指由自民党加上一个力量只及其一半的社会党形成的体制。又不同于当时的各种一党制，其他的政党也可以合法地存在，并且具有组阁的理论可能性。这种制度具有日本自己的独创性和特殊性，这就是日本历史上著名的“五五体制”。

在这样的一个体制下，占多数席位的自民党得以长期执政，并逐渐形成了自民党、政府、财阀为核心的政治经济一体化，日本当代的政治体制就正式形成了。即使在 20 世纪 60 年代出现了公明党、民社党，形成保守政党、革新政党和中道政党三大势力后，这种状况也未改变。20 世纪 70 年代后，尽管自民党力量开始衰落，但由于在野党内部斗争也很激烈，无法达成一致，自民党仍始终掌握政权。直到日本前首相鸠山一郎的孙子鸠山由纪夫上台之后，才首次改变了这种所谓的五五体制。

五 昭和后期

——日本可以说不

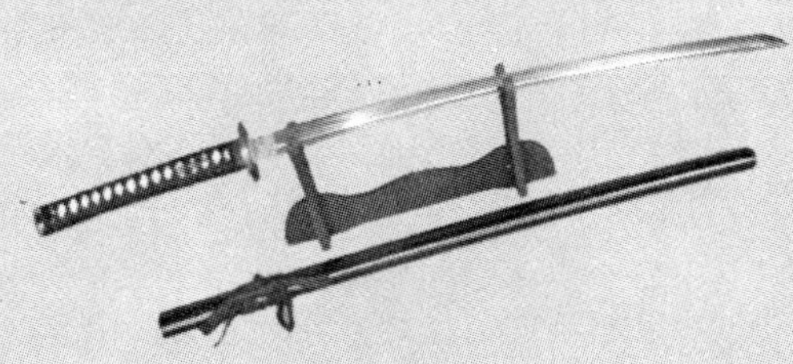

20 世纪 50 年代中后期到 70 年代初期是日本高速发展的时期，在经过十多年的休养生息后，日本一跃成为仅次于美国的世界第二经济强国。日本在成为经济强国后，不少日本政治家和民众不甘心成为美国的附庸和打手，逐渐产生了重新成为政治大国的愿望，日本开始执行独立自主的外交政策。正当日本人跃跃欲试，准备大干一场的时候，不料一场横祸飞来，差点使自己输了个精光，连续两次石油危机，使日本想成为政治大国的计划被迫搁浅。

从伊奘诺景气到万国博览会

在战后的日本，经济的快速发展始终是一个非常显著的特征。尽管朝鲜战争结束以后，推进日本经济发展的“特需景气”消失，但是日本经济仍然通过一系列调整，如推动企业采用新技术等，推动产业的升级，使经济得到了进一步的发展。

1952 年 7 月，随着美军逐渐退出日本的本土，日本开始逐步废除美军占领时期实施的统制经济政策，实行自由经济政策，并且随后还成立了经济审议厅以制定国民经济长期发展规划，用以取代此前的经济安定总部。当时，日本编制的经济计划大多以经济自立为目标，所谓经济自立是指在不依靠美援和特需前提下保持国际收支平衡，维持经济的稳定和发展。

日本在此后几十年的高速发展也是与其积极地融入世界的政策有关的。日本在签订《旧金山和约》以后，迅速重返了国际社会。日本在 20 世纪 50 年代上半期陆续加入国际货币基金组织和世界银行的前身国际复兴开发银行，以及世界贸易组织的前身关税及贸易总协定组织。通过加入这些国际组织，日本迅速地融入了西方的世界经济体系，这些国际经济组织对于推动日本经济迅速走向高速增长之路起到了非常大的作用。

经过长期的恢复发展，日本的经济到 1955 年的时候已经成功超过了日本战前的水平。即使是在当时被称为“战后经济最佳之年”的那段时期，日本在世界上的经济地位也还是微不足道的。它的国民生产总值只有大约 240 亿美元，这个数字只在资本主义体系之中排 34 位，只有美国国民生产总值的二十分之一，是当时联邦德国的一半左右。

但是从 1955 年之后的十年左右，日本经济的年增长率达到了令人咋舌的 9.2%，而国民生产总值由 1955 年的 17 万亿日元，膨胀到 1965 年的 41

万亿日元，翻了一番还多。在进口物价稳定、企业合理化措施取得实效、出口急剧增长、农业丰收、民间设备投资旺盛等因素的支持下，主要经济指标均超过战前的最高水平，国际收支出现 5 亿美元的顺差，日本在很大程度上实现了无通货膨胀的经济增长。

尤其值得一提的是，日本经济从 1954 年底开始一直持续到 1957 年 5 月，出现了长达 31 个月的“神武景气”，这次经济的景气时期是以日本历史上第一位天皇——神武天皇而得名。在此期间，日本的造船、钢铁、电气机械、石油化工等国民经济的支柱产业都获得了长足的发展，但是后来随着钢铁、煤炭等生产源和原材料价格飞速上涨，进口急剧增加导致外汇储备锐减。眼见外贸就要收支不平衡了，日本政府只好又采取紧缩性的财政政策，而终止了“神武景气”。

“神武景气”结束后，日本开始了一段经济萧条的时期，这在历史上被称为“锅底萧条”时期，但是“锅底萧条”持续的时间不长，从 1958 年 6 月开始，到 1961 年 12 月结束。之后，日本经济又一次进入高速增长期，这段时间，日本国民生产总值以年均 10% 的速度增长，而且形成了以钢铁、机械、石油化工为中心的重工业产业结构。持续时间长达 42 个月，被称为“岩户景气”，这段时间，日本经济的发展速度要比前一段时期的“神武景气”更好。“岩户”的得名是由日本传说中的大神开辟岩石降临人世的故事而来的，可见“岩户景气”在日本人心目中的地位。在“岩户景气”时期，日本的经济结构发生了一定的变化，这次景气的产生不仅仅像以前的景气一样，单纯是靠生产和投资拉动的，其中日本内部的消费需求如洗衣机、电冰箱、电视机这些日本人所谓的“三件神器”，也发挥了非常巨大的作用。

“岩户景气”结束后，经过短暂的调整，1963 年和 1964 年的日本经济增长率再次超过两位数，这自然主要是归功于 1964 年在东京举行的第十八届奥运会。在这次奥运会中，日本政府投入了大量的资金用于基础设施建设，所以被称为“奥林匹克景气”。这一时期最有代表性的事件就是 1964 年日本加入被称为发达国家俱乐部的经济合作与发展组织，日本正式被接纳为发达国家中的一员。这是日本经济发展史上的一个里程碑事件。

对于日本经济奇迹的产生，世界上不少学者提出了多种多样的看法。例如美国的支持，或者日本国民比较勤劳，再或是日本战后的机遇比较好，还有的学者提出了日本人通过长期的对外掠夺积累了大量的黑金之类，等等。无论如何，如果我们分析一下日本经济战后发展的原因，日本政府的作用还是不可忽视的，尤其是日本政府在不同时期制订的国民收入倍增计划，基本上就是日本经济景气的一个蓝图。

1960 年 6 月，岸信介因为紧随美国签订《美日安保条约》后，遭到了日本爱好和平的人们的普遍反对，岸信内阁倒台，此后日本执政党自民党重新进行总裁选举。经过选举，池田勇人当选为新一届的自民党总裁，随后被国会指名为首相，组成新内阁。池田原为大藏省资深官僚，吉田茂政权时当选为国会议员，并受到吉田的大力栽培，因而忠实地执行所谓的“吉田路线”。所谓“吉田路线”就是指全心全意地发展经济，军备水平只维持在最低需要的水平，这是有别于鸠山一郎和岸信介等人所谓的政治中心主义。因此，池田上台后，一方面提出了“宽容与忍耐”的口号，努力实现各政治势

1960 年，时任日相岸信介（左）和时任美国国务卿霍特签订条约

力和社会势力的和解。例如池田在组阁时出现了日本历史上首位女性内阁大臣，此外池田在其他，许多方面也表现出了非常高的政治智慧。另一方面，池田制订了非常科学的经济发展规划。1960 年 12 月，池田内阁正式发表了著名的《国民收入倍增计划》，主要内容为在其后 10 年内使国民实际收入增长一倍。为实现这一目标，此后的一段时间年均经济增长率须超过 7.8%。作为具体政策，政府在增加公共投资方面，制订了从 1961 年开始的公路建设五年计划、国有铁路的柴油机化和复线化；而且为了刺激国民经济的发展，日本政府进行了大规模的减税运动，计划从 1961 年开始，每年减税 1000 亿日元；此外，还实行了其他的一些积极财政政策，如降低利息、发行公债等。

池田内阁的这一系列政策最终还是收到了非常不错的效果，日本的国民生产总值于 1965 年超过英国，1967 年超过法国，1968 年超过联邦德国，跃居世界发达国家第二位，此后日本开始成为资本主义世界仅次于美国的经济大国。经过十多年的发展，日本的经济水平与奥运会时期相比，又有了突飞猛进的变化，在此情形之下，日本人为了进一步向全世界人民展示日本新的形象和发展水平，于 1965 年正式申请并被批准举办 1970 年的大阪世博会。日本再一次刷新了亚洲纪录，成为亚洲第一个举办世博会的国家。

世博会是一项由主办国政府组织或政府委托有关部门举办的有较大影响和悠久历史的国际性博览活动。它已有百余年的历史，最初以美术品和传统工艺品的展示为主，后来逐渐变为荟萃科学技术与产业技术的展览会。第一次世博会出现在工业革命之后的英国，当时的英国为了向全世界展示自己的繁荣和强大，在 1851 年举办了世界史上第一次博览会，当时会址建筑是在英国著名的海德公园的一座巨大的玻璃房子中，这就是后来非常有名的“水晶宫”。为了表示重视，当时英国维多利亚女王的丈夫艾伯特亲自参与万国博览会的组织工作，维多利亚女王还亲自为博览会揭幕。这次博览会充分展示了英国的富裕和先进的技术。许多国家看到效果还不错，于是竞相举办这个活动。

像 1964 年的东京奥运会一样，日本政府在 1970 年的大阪世博会投入巨大。根据相关方面的统计，日本在世博会中投入的建设费用达到了 3.3

日本大阪世博会旧址

万亿日元之多，甚至超过了当年在日本奥运会上的投入。这些专款被日本政府广泛地应用在了建设世博会场馆、配套设施以及交通等方面。尤其是在交通方面，政府对东京至大阪的高速铁路线进行改建，大大方便了游客参观。这届世博会推动了大阪的交通、建筑业以及其他的各项相关建设，推动了以大阪为中心的关西地带城市群的形成，对日本全国的经济发展和布局具有重要的意义。日本得益于这次世博会，此后 10 年的经济发展一直保持着强劲势头。

大阪世博会入场人数最多的一天达到 83 万，总入场人次高达 6420 余万，创下了当时世博会历史最高纪录，这个纪录很长时间以来一直没有被打破，直到在中国上海举办世博会，这个纪录才被刷新。正如现代日本历史学家认为，1970 年的大阪世博会，加上之前 1964 年的东京奥运会，宣告了日本在战后重新崛起。特别是大阪世博会，在改变日本国际形象、推动日本经济融入世界方面作用巨大。

日本列岛改造计划的失败与通胀危机

日本经济持续高速地发展达到了近二十年，正如古语所说的物极必衰、月盈必亏。进入 20 世纪 70 年代，日本经济已经到了强弩之末，开始走下坡路了，而长期以来以经济高速增长为基础的“新全国综合开发计划”受挫，已经无法继续推行下去。

全国综合开发计划是 60 年代以后日本政府经济政策的一个重要组成部分，全国综合开发计划主要是指日本的国土计划或者地区开发之类的。其实这项计划日本战败后不久就正式地开展了，1945 年 9 月，也就是日本签署投降书的那个月，日本的外务省就正式提出了日本战后的第一个国土开发规划。一年后便正式提出了一个具体的规划复兴国土纲要。后来由于按照当时盟军总部的一些指示进行改革，内务省被撤销，这个国土规划的任务就被交到了经济安定本部。在确立了国土行政的基本法则之后，日本正式开始实行全国综合开发计划，但是在初期的时候，这个开发计划只是局限于特定的地区。这就是所谓的“特定地区开发规划”，这些所谓的特定地区，主要是指那些资源开发充分的地区、需要防灾的地区以及一些城郊需要建设的地区。在整个 20 世纪 50 年代，日本政府一共划分了 22 个地区，日本先后对这些地区进行了开发和规划。

进入 20 世纪 60 年代，这些国土开发的重点逐渐地移向新工业区，开始系统地整顿产业基础，以及扩充交通体系。此后随着日本国内掀起的一个工业化和城市化高潮，一些大城市如东京、大阪等，人口已经达到了一千多万，而其他地区的人口则相对比较稀疏，而人口的过度集中自然会带来许多的社会问题，如过于拥挤以及地区的发展不平衡问题。显然日本政府再也不能坐视不理了，必须采取有效的政策来解决这些问题。

1961 年，日本的内阁终于通过例如第一个全国性的“综合开发计划草案”，第二年内阁通过了“全国综合开发计划”，这是根据前面提到的 1950

年的国土行政法确立之后，第一个全国性的综合开发计划，为了与以后的开发计划相区别，这个计划被称为“旧全综”。这个“旧全综”首先把日本地区不平衡的问题归结于所谓的“过密城市问题”和“纠正地区级差”问题。然后进一步把全国分为“过密地区”、“整备地区”和“开发地区”，同时在这几个地区采取完全不同的政策，例如在“过密地区”采取抑制生产集中的策略，而在其他的两个地区则以据点开发的方式进行开发。所谓的据点开发，就是在各地根据实际情况设置一些大小不一的开发据点，然后通过交通运输和通信，把各个据点有机地联合在一起，形成组团式发展。

日本政府以上的地区开发政策，深刻地影响了日本各地区的经济结构。但是这些政策在当时收效并不是很大，日本的“旧全综”虽然收到了一定的效果，但是在解决大城市的人口膨胀和人口过密的问题上并没有收到效果。

在这种的情势之下，日本政府和议会决定采取进一步的、新的政策。1969年5月，当时日本的佐藤内阁通过了新的全国综合开发规划，这个规划后来被简称为“新全综”。这个“新全综”提出的目标就是“建立一个高度福利社会，为国民创造一个舒适的环境”，这个新的规划还提出了几个具体的目标：例如要实现人与自然的和谐发展，实现日本全国的均衡发展等。“新全综”这些规划的提出说明了日本在高速经济发展之后，已经意识到日益严重的环境污染和破坏，开始重视自然和环保问题。但是“新全综”在具体的推行之中，仍然试图进一步推动重化工业的发展，继续维持高速经济发展。

“新全综”不再采用旧的据点开发方式，而是采用了新的被称为“大项目方式”的开发方式，这个方式比旧的方式要更加充实一些，大项目力求形成每个地区的特点和主题性，以促进地区的高速发展，并将其扩展到全国，实现全国的均衡发展。在采取大项目的同时，日本政府也采用了所谓的“广域生活圈”的计划，按照这个构想，就要采取一系列的配套设施，来改善圈内的生活环境设施和交通运输设施，力求使国民能够享受到同等舒适的生活环境。这就是所谓的“新全综”，可以说，如果这个计划能够全面实现，对于日本以后的发展将是一个巨大的突破，正所谓百尺竿头，更进一步。但是

日本在经历了近二十年的高度发展之后，似乎已经是气数将终了。

这个“新全综”通过之后没多久，日本社会上就兴起了各种的反公害运动和反对工业化运动（主要是反对各种工业污染）。他们认为日本近来环境污染加剧的一个重要原因就是推行不久的“新全综”，所以日本政府被迫在1970年通过了《反公害法》，修正了“新全综”。就这样，“新全综”实行也没有几年，就被迫不了了之了。

田中角荣

尽管政府的经济发展政策遭受了民众的质疑和抵制，但是日本政府发展经济的策略没有改变。在这种情况下，取代佐藤继任日本首相的田中角荣于1972年正式推出了《日本列岛改造计划》，这个新计划就是以“新全综”为样板的。

田中角荣上台之后，决定大干一场，力图在历史上能够留下自己重重的一笔，他决定用自己的智慧来给日本创造一个新的经济奇迹。于是，田中内阁祭出自己的一个撒手锏，那就是“日本列岛改造计划”。日本列岛改造计划是田中角荣在自己写的《日本列岛改造论》中提出来的，这个计划在很大程度上借助了此前日本成功和受挫的经验，这本书是在田中就任首相之前写的，这本书使当时正处于低谷中的日本经济为之一振，销量达到了90万册。这本书使田中蜚声四起，田中能够就任首相很大程度上也是借助了这本书为他赚来的名声。

日本列岛改造论提出之后，马上成了田中政府的一个基本方针，其中提出日本必须在“明治维新”一百年之后，实行所谓的“国土维新”，而田中就是这个计划独一无二的领导人物。怎样具体来实施“国土维新”呢？田中的计划中提到，要立足于“和平和福利”，改变长期以来的日本经济发展策略，从“增长追求型”到“增长适用型”，主要是用来解决发达地区的过密

问题和欠发达地区的过疏问题，重新调整工业的布局，从沿海的重工业向内陆的知识集约型发展，并在农村或者偏远地区配置内陆工业。

田中的改造论认为，如果经济政策的重点由过去的民间大规模的投资和外向型经济，改变为政府的公共福利主导的建设路线，日本经济还有希望继续实现持续的增长。

"改造计划"以 1985 年为即期年限和目标，实现国民生产总值 (GNP) 年平均增长率 10% 以上，比 1970 年国民生产总值和工业生产总值提高三倍，钢铁产量等主要的工业指标至少要翻一番。在刚开始的时候，这个计划还是受到了普遍欢迎的，日本国内许多大企业为了抓住这个机遇，开始进行大规模的投资和建设，一时之间"列岛改造热"名噪一时。

不过这种大规模的国土开发计划，结果导致企业通过银行贷款等手段进行大规模投资，尤其是向农民大规模收购土地。比如把投机土地所得资金，大规模投资股市，进行投机炒作等，结果导致物价急剧上涨，投机者一夜暴富，泡沫经济开始膨胀，社会公平显失，民怨载道。再加上 1971 年之后，日本因为日元的升值造成了比较萧条的局面。

总之，这个计划实行没多久，就遇到了非常大的困难，不仅这个庞大的改造计划没有完成，甚至连田中政府都因为受到了这个计划的拖累，被迫于 1974 年黯然下台。

正如古人说的"屋漏偏逢连夜雨"，在日本的"全综计划"和"列岛改造热"受挫的时候，正是在 1970 年日本刚刚举办完举世瞩目的大阪世博会后，日本经济的冬天就来临了。日本经济经过了几十年增长之后，表现出了乏力的状态，再加上日本在国际贸易上长期积累的顺差，这样日元就不断地坚挺，相应的美元危机就不断地加深。就以 1970 年为例，当时在美日的贸易中出现了十几亿美元的赤字，这引起了美国的不满，日美之间的贸易斗争开始逐渐升级，美国对许多原产日本的产品进行了限制。此外，美国方面还对日本施加进一步的压力，要求日本实行浮动汇率制，改变长期以来 1 美元兑换 360 日元的固定汇率政策。

1971 年，美国总统尼克松正式发表了"新经济政策"，这个政策正式通

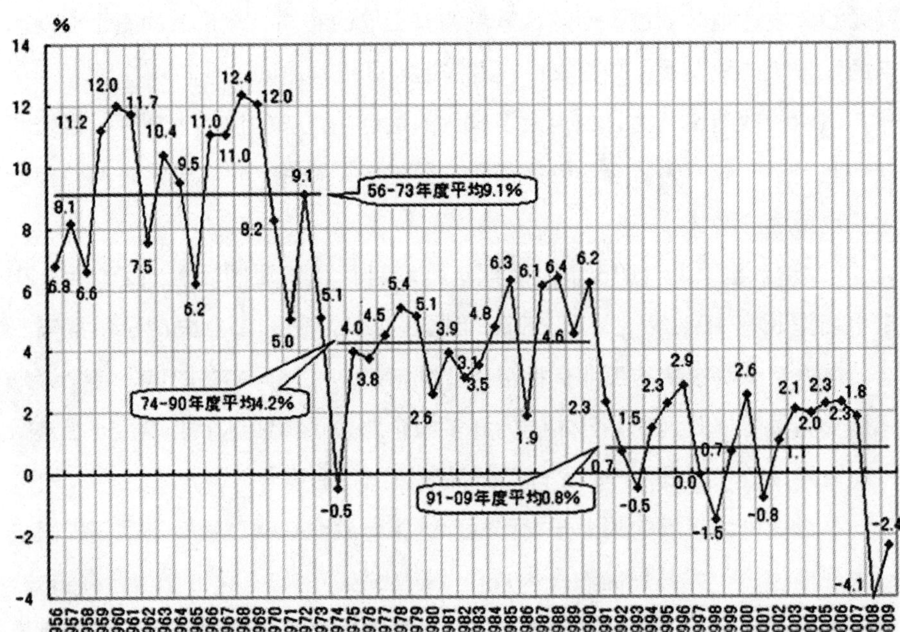

(注)年度值。93SNA连锁方式推算(80年度以前为63SNA值《平成12年版国民经济计算年报》)。

1956—2009 年日本经济成长走势

过之后，美国将会对进口货物征收 10% 的附加税，并且禁止用美元兑换黄金，战后初期制定的所谓布雷顿森林体系终于瓦解了。

此后，日本政府被迫开始实行浮动汇率政策。1971 年 12 月，西方主要的 12 个经济强国在美国的华盛顿举行了会议，会议就日元的升值达成了一致意见。而日本当时考虑到美国即将把冲绳，也就是我们中国人所说的琉球群岛转交给日本，为了防止这个事件节外生枝，被迫作出了让步，美元和日元的比值升高到了 1∶308，与之前相比，日元升值的幅度达到了 16.9%。从此，西方主要国家尤其是美国的经济逐渐恢复了景气，而日本对外出口贸易则受到了巨大的打击，日本经济高速增长停滞，开始了长期的滞涨阶段。

石油危机和日本高速增长的终结

日本作为一个偏居一隅的岛国，经济发展的一个致命的缺陷就是资源的严重匮乏，日本能源消耗的百分之九十以上都需要从海外进口，所以从明治维新以来，日本为了解决这个问题可以说是绞尽脑汁。先入侵朝鲜，后来进而掠夺中国的东北，最后又悍然对中国发动全面的入侵并占领东南亚，这在一定程度上都与日本资源的短缺是有关的。在二战之后，日本经济发展的动力还是主要依靠外来的进口资源，但是日本再也无法继续掠夺资源了，只好借助于当时正常的贸易途径进行正常的进口。但是在很长的一段时间内，由于石油价格被西方国家控制，所以价格被长期压制在一个非常低的水平线上，日本也借此获得了经济的长足发展。

1973 年，爆发了震惊世界的第一次石油危机，这对于经历了因日元升值而造成经济停滞的日本来说，无疑是雪上加霜。日本经济的命脉在这次石油危机中几乎被切断。

中东自从二战时期就开始成为一个火药桶，以色列人和阿拉伯人围绕着巴勒斯坦地区先后于 1948 年、1956 年、1967 年进行了三次中东战争，但是由于以色列方面得到了美国的大力支持，阿拉伯国家在战争中吃亏很大，不仅巴勒斯坦地区没有夺回来，而且在第三次中东战争中，埃及的西奈半岛、叙利亚的部分地区还被以色列占去。当时以埃及、叙利亚等国为首的阿拉伯国家为了收复失地，对以色列采取攻势，发动了第四次中东战争。其他阿拉伯国家多数参与了这场战争，阿拉伯联盟国家考虑到之前失败的原因，认为为了避免再次失败，就需要在打击以色列的同时，还要对支持以色列的西方盟国施加压力、釜底抽薪，使以色列成为孤家寡人，失去国外的支持。

所以，阿拉伯国家决定通过石油这个经济命脉对西方国家进行打击，所以在中东战争爆发之后不久，阿拉伯石油输出国组织，也就是所谓的欧佩克组织，宣布石油生产每个月削减 5%，对于美国等支持以色列侵略的国家的

石油供应逐月减少 5%，并且抬高原油价格的 17%。不久之后，又把石油的价格从不到 3 美元一桶，上升到了 11 美元一桶，于是震撼世界的石油危机爆发了。此后，阿拉伯国家采取了很多的后续政策，继续深化了全世界的石油危机。10 月 18 日，阿拉伯联合酋长国决定完全停止向美国输出石油，接着利比亚、卡塔尔、沙特阿拉伯、阿尔及利亚、科威特、巴林等阿拉伯主要石油生产国也都先后宣布中断向美国出口石油。阿拉伯国家的石油斗争，沉重打击了美国及其盟国。随着美国进口石油的减少，国内的许多工厂被迫关闭停工，遭受能源危机困扰的美国政府甚至不得不宣布全国处于“紧急状态”，美国国会授权总统对所有石油产品实行全国配给，美国仿佛回到了战争时期，不得不动用他们的战时石油储备。

为了打击和分化以色列的盟国，尤其是西欧、日本与美国的关系，孤立和打击美国和以色列，阿拉伯国家对石油进口国采取分别对待的策略，阿拉伯国家根据西方资本主义国家对于战争双方的不同态度，将相关的国家分为“友好”、“中立”和“不友好”三类。凡是对以色列实行某种经济制裁或断绝外交关系或为阿拉伯各国提供某种军事援助的国家，划为“友好”一类，可以获得减产前的供应数量；而那些积极支持援助以色列、反对阿拉伯方面的国家，则被划为“不友好”一类，停止对他们的石油供应；此外，阿拉伯国家还对骑墙派的中立国家，限制对他们的石油供应。

当时的日本首相是田中角荣，在石油危机来临之后，日本显得措手不及，仓促之间决定采取中立的政策。因为美国是自己的大哥，而阿拉伯国家则掌握着自己的经济命脉，日本企图蒙混过关，做一个骑墙派，谁都不得罪。但是阿拉伯国家对此很不满，于是阿拉伯国家驻日本大使集体约见日本外相大平正芳，向日本方面递交了一个备忘录，要求日本方面参与断绝与以色列之间的关系，支持阿拉伯国家的政策，同时对日本现行的中东政策表示强烈的不满。并威胁日本，如果继续一意孤行，欧佩克将不得不考虑对日本的石油供给进行限制。

但是当时日本内阁对于此次事件并没有进行妥善的处理，日本政府中两派势力对于这个问题有着非常激烈的争论。日本的外相大平正芳认为，日美

同盟是日本外交政策的基石，而日本政府如果实行靠近阿拉伯国家的政策，就会给日美关系带来不利影响，而日本战后经济之所以得到这么快速的发展，就是得益于美国的帮助。而日本的产相中曾根通，则主张应该果断地支持阿拉伯国家，趁此机会积极改善同阿拉伯国家之间的关系。但是日本政府内部的两派势均力敌，谁也说服不了谁，于是阿拉伯国家丧失了耐心，终于在当年的10月24日决定采取行动，日本的最大石油输入国沙特阿拉伯宣布削减对日本石油供应的10%，而同时自顾不暇的五家美国石油公司通知日本，将削减对日本的石油供应。在两天以后的10月26日，阿拉伯石油输出国组织宣布把日本列为“中立”国家之类，日本正式受到中东产油国的石油供应的限制。

这次石油的限制供应给日本国内造成了很大的危机，日本自从20世纪50年代开始逐渐实行以重工业和化学工业为龙头的经济发展战略，其中最主要的命脉就是石油的供应，而日本是一个资源小国，国内基本上不产石油，对于石油的依存度非常高。据统计，到1974年，日本的一次性能源消费中，石油占74.4%，而日本进口中东石油占其全部进口额的年均86.8%，

面对石油危机，买不起油的日本人改用马拉火车

日本主妇凭票买油

在这样的能源格局之下，日本石油危机使日本的社会草木皆兵，这次石油限制给日本的经济发展带来了严冬，炼油、钢铁、化学、煤气等对石油依存度比较高的产业先后陷入了混乱，日本国内又出现了严重萧条的局面。

其实在石油危机爆发以前，日本就已经被国内严重的通货膨胀所困扰，石油危机的产生对日本国内的通货膨胀起到了火上浇油的作用，日本全国很快陷入物价飞涨，民不聊生的阶段。从石油危机爆发的当月开始，日本主要的生活用品出现严重脱销的局面，而一些不法的商人趁机囤积居奇，哄抬物价，在 1973 年下半年，日本生活用品上涨的幅度就达到了原先的 1.3 倍。

此外，石油危机也加剧了日本国际贸易的不平衡，日本的财政赤字进一步扩大，石油价格的上涨，迫使日本动用大量的外汇来购买石油，日本大量外汇的流出，严重打击了日本的生产，加剧了日本的经济衰退。

在石油危机的打击之下，日本不得不调整了此前的中东政策，被迫部分放弃了追随美国的政策。1973 年 11 月初，日本派遣原驻沙特大使田中秀穗以“民间人士”身份前往沙特阿拉伯进行秘密的探访，当时阿拉伯方面向日本提出了几个要求：发表一个谴责以色列占领阿拉伯国家领土，并要求以色列立即从 1967 年第三次中东战争中所占领的土地上撤出的声明；支持恢复巴勒斯坦人的合法权利；应重新评估与以色列的关系。日本派代表与阿拉伯人接触没过几天，美国总统尼克松派国务卿基辛格也来到东京，劝说日本要顾全美日同盟的大局，要求至少还坚持中立态度，不要给美国的外交努力带来不良的影响。但是日本首相提出日本政府可以按美国提出的路线走，但

是这样一来必然会招来阿拉伯国家的敌意，如果出现石油禁运的局面，希望美国能够帮助日本填补这个缺口，双方同舟共济，但是这个要求被基辛格拒绝。眼看美国盟友在应对石油危机上表现出的无能为力，日本政府终于决定认真思考并修正自己的中东政策。

恰在此时，西欧国家却在石油大棒的威胁之下，纷纷发表声明，支援阿拉伯国家的行动，并表示与以色列和其盟友美国划清界限。11 月 18 日，阿拉伯石油输出国组织作出决定，宣布取消除荷兰外的欧共体各国的 12 月份石油供应削减 5% 的限度。在西欧国家的榜样作用下，日本政府为了恢复中东石油正常供应，11 月 22 日，日本内阁官房长官二阶堂进代表日本政府发表谈话，明确表示支持阿拉伯国家的行动，并表示日本政府将根据形势的发展，研究对以色列的政策问题。二阶堂进的谈话标志着日本开始转变对中东的政策，对此阿拉伯国家表示了肯定的态度。11 月底，阿拉伯国家取消原定 12 月份对日本追加削减石油供应 5% 的限制。但是由于日本并没有宣布取消追随美国的政策，欧佩克也并没有立即承认日本为“友好”国家。阿拉伯国家提出，日本在与以色列关系上必须要有“具体措施”。但是日本却不愿意因此而得罪美国，为了进一步缓和阿拉伯国家的对日态度，日本政府决定紧急派遣副首相三木武夫为特使出访中东，三木特使先后访问了阿联酋、沙特、埃及、卡塔尔、科威特、叙利亚、伊朗、伊拉克八国。三木答应向中东有关国家提供巨额经济技术援助，后来据说这个数额达到了近三十亿美金。于是欧佩克作出决定，给予日本以“友好”国家的待遇，恢复了对日本的石油供给，从此日本摆脱了第一次石油危机的打击。

尽管后来日本通过政策的改革缓解了石油危机，但是这一次的石油危机给日本带来了深远的影响，石油危机从根本上终结了日本持续二十多年的高速增长阶段，石油危机之后，日本出现了长期的萧条局面，日本经济此后的五六年一直处于滞涨阶段，直到 1978 年才逐渐地恢复了元气。任何事物都有利有弊，石油危机一方面加剧了日本的经济危机，但是在另一方面又迫使日本进行产业结构的调整和改革，这反而对于日本的长久发展有好处。

日本战后四大丑闻

政治本来就是一个权力的游戏，但是这个游戏与其他游戏的不同之处就在于这个游戏往往还牵涉着非常复杂的利益关系，政治的游戏规则难免会受到各种利益的诱惑，从而会在政坛上出现一些偏离常规的事件，各种各样的政治丑闻就因此而产生了。在战后的日本也出现了不少的政治丑闻，其中最著名的是这四大政治丑闻：昭和电气事件、造船丑闻事件、洛克希德事件、里库路特事件。这些政治丑闻造成了当时日本政界的巨大震动，分别导致四届内阁倒台，而执政党的重要人物下台并受到司法追究，对日本政治影响极其深远，在战后日本史上占据着非常重要的地位，这些事件也是被日本人常常挂在嘴边的。

昭和电工事件是日本战后的第一个丑闻。要想了解这个事件就必须先要对战后日本的政治状况有一个大致的了解。1945 年日本投降之后，东条英机内阁倒台，日本天皇被迫任命东久迩宫稔彦亲王组阁，以应付战后初期的局面，但是美军到来之后，显然对于这样的一个皇族内阁没有好感。不久之后，盟军总部借口东久迩宫稔彦亲王无法完成盟军提出的“取消政治、言论控制，取缔一切政治警察”的要求，东久迩宫稔彦内阁于当年 10 月 5 日集体辞职，其存在不足两个月，可以说是日本战后最短命的内阁。

四天后，在得到了美军方面的认可后，古稀之年的币原重喜郎出任首相，作为过渡时期的政府暂时料理战后日本的政局，这就是币原内阁。币原内阁的政策可以说中规中矩，按照驻日盟军方面的要求实行确保人权的五大改革，给妇女以参政权，鼓励组织工会，改革教育制度，废除秘密警察，实现经济机构的民主化等，基本上还是得到了美国方面的信任。1946 年 4 月，根据修改后的选举法，日本举行了战后第一次众议员选举。战后相继恢复的各政党中，其中自由党占据了议会的多数席位，币原内阁于 4 月 22 日率内阁集体辞职。此后议会第一大党自由党总裁鸠山一郎本欲出任首相，但美军以其在战争期间的历史并不清白为由，禁止鸠山出任首相，所以鸠山一郎不得不将总裁职务让给吉田茂。同年5月，吉田茂以自由党总裁的身份组成了吉田内阁，但是吉田内阁维持的时间并不长。不久，日本通过了新宪法，按照新宪法的要求，日本重新进行了议会选举。在这次新的选举中，社会党成为第一大党，因此，1947年5月吉田内阁集体辞职，社会党联合民主党、国民协同党共同执政，并由社会党的片山哲出任首相，但是片山内阁成立没多久，就因为社会党内部的矛盾，被迫辞职。次年3月10日，民主党的芦田均重组三党联合内阁，芦田内阁成立。

日本战后的第一个政治丑闻昭和电工事件就是在芦田内阁时期发生的，当时日本正处于经济恢复时期，日本政府为了促进经济的迅速复兴，开始对企业采取一定的帮扶措施。当时昭和电气工业公司为了获得日本政府30亿日元的贷款，别出心裁地向相关的官员大肆行贿，其中行贿的目标甚至包括当时日本的芦田首相，据说行贿数额高达7000万日元。这个事件被披露之后，引起了舆论大哗，导致以芦田均为首相的社会党、民主党、协同党三党联合内阁倒台，芦田下台后不久就被逮捕了。不过也有人说，这个事件的幕后黑手是美国人，当时美国方面希望在日本建立一个更加听命于美国的政府，而当时的芦田内阁的不少措施在美国方面看来有些激进，尤其是有当时日本太上皇之称的美军五星上将麦克阿瑟认为以社会党、民主党等为主的中道政治在日本已不可行。所以，美军方面就把芦田内阁的这个黑金案子捅了出来。此后，吉田茂借此机会重新上台执政，并成功地维持了长

吉田茂铜像

达七年的政权。

但是吉田茂首相似乎并没有吸取前任的教训，在他执政的末期也出现了一个非常有影响的丑闻——造船丑闻事件。这个事件起源于吉田茂执政末期的 1954 年，当年日本造船业界为了通过一项有利于本行业发展的政策，向首相吉田茂的亲信佐藤荣作行贿，行贿数额达 2000 万日元。后来这个事件被反对派鸠山一郎等人得知，他们认为这是一个推翻吉田内阁的好机会。他们把这个事件向日本的媒体曝光，并且准备在议院弹劾吉田内阁，并要求法院逮捕佐藤荣作。但是没想到吉田内阁出了一个杀招，吉田茂通过法务大臣犬养健向检察总长发出命令，不准法院逮捕佐藤荣作，这个事件就被吉田借用行政权力压了下去。但是吉田的这个做法干扰了日本司法的独立，这显然有悖于资本主义国家三权分立的制度，吉田茂因此名誉扫地，法务大臣犬养健不久之后也被迫辞职。1954 年 11 月底，由自由党的鸠山一郎、岸信介等人联合改进党组成民主党，在之后不久的议会选举中，民主党成了议会第一大党，吉田内阁被迫集体辞职，执政七年零两个月的吉田茂下台。吉田茂下台之后，为了免于被追究责任被迫退出了政界。

造船丑闻之后的日本政坛，随后沉寂了二十多年，直到 1976 年洛克希德事件，日本的政坛才又炸开了锅。事件的起因是 1972 年前后，日本决定采购一批大型客机，当时参加竞标的是美国著名的军火制造商洛克希德公司和麦道公司。洛克希德公司为了能够获得这个大订单，首先向跟自己关系密切的美国总统尼克松打了招呼，而尼克松则向日本首相田中角荣提出了希望日本方面能够采购洛克希德公司的客机，在得到了田中角荣的认可之后。洛克希德公司向田中角荣以及日本其他重要政治家行贿五亿日元，使原本打算采购洛克希德竞争对手产品的日空集团被迫购买洛克希德公司的三星客机。此后不久，田中内阁就因为另外的问题于 1974 年 12 月下台，此事就神不知鬼不觉地过去了，田中角荣似乎就这样逃过了一劫。

但是没想到在 1974 年的时候，美国爆发了著名的水门事件。当时美国总统尼克松为了竞选下一任总统，并希望在第一时间内获得竞选对手的消息，派人秘密地在美国民主党的总部水门大厦安装窃听器，后来这个事件被媒体

揭发，美国总统尼克松被迫辞职。后来在审议尼克松的案子时，有人向美国国会揭发了洛克希德向日本政界行贿的事件。后来美国方面还派人到日本进行取证，这个案子终于又重见天日。日本沿着这个线索顺藤摸瓜，成功抓出了背后的大狐狸日本前首相田中角荣，在开庭审讯后长达七年的时间里，东京地方法院对田中等人进行了 184 次庭审，终于在 1983 年 10 月，东京地方法院一审判决田中有罪，判处 5 年徒刑，罚款 5 亿日元。但是田中角荣方面又进行了上诉，由于此后田中因为突发性脑溢血，这个案件又被拖了十多年，直到田中死后的两年，也就是 1995 年才正式作出了终审判决：维持一审结果。在审讯的过程中还出现了戏剧性的一幕，当时号称田中角荣刎颈之交的小佐野贤治在国会作证的时候居然说“毫无印象”，小佐的这句话后来成为日本社会的一个流行语。

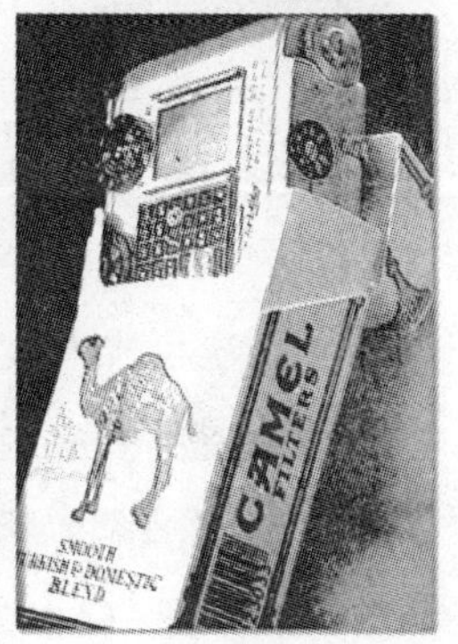

水门事件中所使用的物品

洛克希德事件后来不仅给日本政坛带来极大震撼，加快了日本的民主化进程，而且还影响了世界范围内的反商业贿赂法规。正是因为吸取了这个教训，美国国会在 1977 年通过了《外国腐败行为法》，国际商会则通过了《国际商务中的敲诈和贿赂》报告，使反商业贿赂进入了国际合作的新阶段。

正当洛克希德事件的主角田中角荣忙于上诉的时候，1988 年日本的政坛再一次爆出了一个重量级的丑闻——里库路特事件。事件起源于日本著名的房地产公司里库路特公司以低价向政界要人赠送股票，政界要人再在市场上高价抛售的行贿手法被揭露。自民党五个主要派别中除了河本派，其他四个派别安倍派、宫泽派、中曾根派、竹下派要人先后卷入此事，四派自会长以下所有要员全部涉及此案，这使日本的执政党自民党声誉一落千丈，导致

自民党在 7 月 23 日的参议院改选中惨败，失去了一半左右的席位，造成自自民党成立以来，参议院总议席首次被在野党超越，这也在一定程度上动摇了战后形成的五五体制。

中日关系正常化

第二次世界大战之后，由于中日双方分处各自的阵营之中，中国加入了以苏联为首的社会主义阵营，而日本加入了以美国为主导的资本主义阵营，再加上朝鲜战争等因素，所以双方在战后相当长的一段时间内一直没有交集。1956 年，日本政府想成为政治大国的雄心壮志更加膨胀，希望能够在国际上发挥更大的作用，为此日苏实现了邦交正常化，按理说中日邦交的正常化应该提上日程了，但是这时候，主张对华强硬的岸信介上台了。

岸信介这个人有一个特殊的经历，他是日本首相之中唯一曾经被作为甲级嫌犯而被逮捕过的。他在日本的战争时期就积极推行对外侵略扩张的政策，在战后，他心中还存着所谓的“大东亚共荣圈”等荒谬的思想，这在他的亚洲政策上也有所体现。在担任首相之后，他进一步继承鸠山一郎的政治中心主义的政策，逐渐形成了所谓的“岸信介体制”。他主张修改日本宪法和《日美安保条约》，使日本重新军事化，成为一个军事大国，但是正如鸠山一郎曾经遭受过的挫折一样，岸信介修订宪法的政策也遭到了反对，被迫搁浅。岸信介见无法进行根本的改革，只好在现行宪法之下扩充军备。

他对同样遭受过日本侵略的东南亚各国则采取了积极的政策，例如他有一次就赤裸裸地说道：“现在东南亚已经成为美苏两大阵营的真空地带，而日本应该把它们都纳入自己的势力范围，成为一个中型帝国主义国家。”为此他曾经两次访问东南亚，并且以战争赔偿为手段，对东南亚各国进行有效的经济渗透。岸信介这个人一直对中国采取一种比较敌视的态度，他不顾当

时日本社会要求与中国通商贸易互通有无的要求，多次在公开场合表示自己无意进行中日复交。此外，他还多次到台湾地区进行访问，这不仅妨碍了中日间建立起一个正式的关系，而且使中日之间的民间贸易也被迫中断。

在此期间还发生了中日外交史上的一个重大的事件——“长崎国旗事件”。1958 年 5 月，在日本举行的中国邮票博览会上，一伙日本人闯入会场，焚烧中华人民共和国的国旗——五星红旗。当时中国外交部得知之后，向日方提出强烈的抗议，要求日方严厉追究这些暴徒的责任，并向中方道歉。但是在事后，岸信介不但没有惩治这些暴徒，而且还刻意包庇他们，说什么中日既然没有建立正式的外交关系，日本没有正式承认中华人民共和国，也就不视五星红旗为中国的国旗，这只不过是破坏一般的物品，拒不接受向中国道歉的要求。由于岸信介的顽固政策，中国决定完全中断仅有的中日之间的贸易，中日关系完全断绝了，而中日关系也降到了战后的最低点。

尽管之后没多久，岸信介就下台了，但是之后的继任首相在位时间都不长，也无暇改善中日关系。此后担任首相的是佐藤荣作，佐藤荣作是岸信介的弟弟，岸信介是他的二哥，此人担任首相长达七年零八个月，是日本历届首相之中任职期限最长的一个，另外他和岸信介还是日本历任内阁之中唯一的一对兄弟首相。佐藤在上任伊始曾经表示，自己任期内的重点是实现日韩和日中的关系正常化。但是没过多久，日本就在美国的支持下实现了日韩关系的正常化，但是佐藤并没实现他在中日关系方面的诺言。

例如，1964 年佐藤就拒绝由彭真副总理带队的中国代表团访日，并且还屡次恶毒地攻击中国对外输出革命，是对世界和平的威胁。不久，佐藤对华敌视的政策开始变本加厉，不仅再一次中断了中日之间的贸易，而且还在联合国疯狂阻挠中国恢复合法席位。再加上当时中国正忙于进行“文化大革命”，于

佐藤荣作

是，中日间的关系又被搁置起来，中日在此后一段时间内一直处于冷战的阶段。

也是在这时，中国和苏联方面的矛盾激化，双发甚至一度在东北的边境地区爆发了军事冲突，于是中美双方在共同的“敌人”——苏联的压力之下，开始逐渐地采取联合的政策。1971 年，美国总统发表了新的对华政策宣言，并决定在次年对中国进行访问。这时，中国在联合国的合法席位也得到了恢复。1972 年，美国总统访问中国并发表了联合声明。中美之间关系的快速发展，在日本的政坛引起了很大的震动，许多日本人开始感到有点不可思议，觉得被美国人出卖了。日本长期以来作为美国反华的重要棋子，但是没想到，美国抛开了日本直接去跟中国交往，不少日本政治家开始反思战后日本的对华政策。

恰在这个时候，日本的首相佐藤荣作下台，中日关系正常化的障碍得到了进一步的扫除。而且进入 20 世纪 70 年代，一度消沉的中日之间的民间贸易和交流又开始活跃起来了。而与之相对应的是，日本方面要求日中友好和恢复中日邦交的热潮又重新兴起，日本方面甚至还成立了一个“日中复交议员联盟”，而不少日本政治家也提出认同“中华人民共和国是中国的唯一合法政府，台湾是中华人民共和国领土不可分割的一部分”。

与此同时，日本的公明党和社会党先后派人访华，就中日复交问题进行了磋商。而在此时，第三十一届世界乒乓球锦标赛在日本的名古屋举行，中国方面为了表示诚意，派出了一个大型的代表团，开展了所谓的“乒乓外交”，委婉地向日本表达了中方对于中日复交的期待。1972 年，中国再次派出一个芭蕾舞团到日本进行公演。当时新上任的日本首相田中角荣也对于中日建交进行了积极的表示，他在回答记者提问的时候表示，中日邦交正常化的时机已经成熟，并打算在自己任内解决这个问题。田中内阁还表示会选择首相或者外相访华，促使修复中日关系，并表示愿意就此放弃日台关系。对此中方给予非常积极的回应，当时中国的国务院总理在多个场合表示了对日本首相访华的欢迎。

此后，中国方面又派出中日友好交流协会的副会长孙平化多次会见当时日

本的外相大平正芳，初步向日本方面发出邀请。随后，日本田中首相接见了孙平化等人，双方敲定了田中访华的具体日程安排，于是中日邦交正常化进入了快车道。当然了，田中首相采取中日邦交正常化的行动在日本自民党内部也是遭到阻力的，但是田中在自民党内部公开表示在中日关系问题上，即使遇到阻力也会坚决推行，不达目的誓不罢休。

田中角荣雕像

而与此同时，美国对日本同中国改善关系也表示了欢迎，美国总统尼克松甚至公开表示希望日本首相能够访问中华人民共和国。美国的支持有效地缓解了田中方面的压力。

经过一番精心的准备，1972 年 9 月 25 日，日本方面终于迈出了决定性的一步，日本国首相田中角荣携外相大平正芳等人到北京，他们受到了当时的毛泽东主席和周恩来总理的接见。此后双方就各自关心的问题达成了共识，随后双方在 1972 年 9 月 29 日签订了《中日两国联合声明》。

《联合声明》的主要内容是，日本承认中华人民共和国是中国唯一的合法政府，台湾是中华人民共和国不可分割的一部分，同时中国放弃对于日本国战争赔偿的要求。此外，双方还表示将开始进行缔结和平友好关系为目的的谈判。以此为标志，中日邦交关系正常化。

在中日邦交正常化以后，双方又根据《中日两国联合声明》的方针，又缔结了一些相关的贸易、航空、海运、渔业协定。这一系列协定的签订，对稳定两国的经济关系，扩大双方的人员和技术交流都有着非常重要的意义。伴随着这个热潮，中日双方之间涌现了相互交流的热潮，不少的中日城市都结为友好城市。

此外，为了中日之间能够世世代代地友好下去，当时周恩来总理就提出

中日应该缔结一个和平友好条约。此后，邓小平副总理也认为，中日签订和平友好条约是重要的，日方也对此较为赞同。于是，在这样的背景下，双方开始就这个问题进行了三次预备谈判。但是双方在围绕反对霸权的条款之上存在着分歧。例如中方认为：中日双方不应该在亚洲和太平洋地区谋求霸权，也反对第三方在这个地区谋求霸权。但是对于后一条，日本认为这会刺激周边的其他国家，尤其是苏联，这不利于以后日本收回北方四岛。后来，日本外相宫泽喜一又进一步提到了所谓的反霸问题，他提出了四个建议：反霸适用世界上任何一个地方而不局限于亚太地区，反霸不针对任何的第三国，反霸并不意味着与中国采取共同的行动，不得与联合国的精神相违背。从以上我们可以看出，日本方面主要是误解了中方关于反霸的解释，他们以为中日共同反霸就是一个类似于中日结盟，共同针对第三国的一个条约或者同盟关系。

此外构成障碍的，还有当时中日双方内部政局的不稳定。当时中国正处于“文革”时期，随着毛泽东的去世，“文化大革命”正式结束，开始改革开放。而日本方面政治局势也不稳定，之后不久日本首相田中被迫下台。此外，双方在东海大陆架和钓鱼岛问题上的争议也是很大的。不过，经过双方的让步，双方终于在 1978 年 8 月 12 日正式签订了《中日和平友好条约》，这个条约在当年的 10 月 23 日正式生效。

这个条约的签订具有非常大的意义，标志着两国的睦邻友好关系发展到了一个新的阶段，对于亚太地区的和平也具有非常重要的作用。

石油危机后日本经济的崛起和泡沫经济的产生

第一次石油危机引发了日本严重的萧条局面，通过这一次危机，日本人认识到日本经济受资源方面的制约太多，为了防止再次出现类似的局面，日本方面逐渐开始考虑进行经济结构的调整，实行所谓资源消耗“合理化”和

“减量经营”的发展政策。

日本首先调整了一直以来的重工业和化学工业为主的工业结构，开始重视知识集约型经济的发展。日本政府认识到，此前二十多年之所以能够实现高速增长，是与长期以来比较低廉的石油价格相一致的。而现在随着欧佩克的出现，以前那种廉价石油的时代已经一去不复返了，在这种形势下日本开始调整投资的结构。据统计，在石油危机之后，日本对于钢铁、炼油、化工等资源消耗性的产业，投资分别削减了30%到40%不等，而精密仪器制造等知识性产业的投资则翻了一番还多，而这些产业每年的平均增长率更是达到了25%～30%。

另外，日本还扩大石油储备，并且推广节油措施，降低能源消耗等，而且在1974年日本政府还正式向企业发文要求，各个企业应该备足90天的石油储备。此外日本实行的“减量经营”也非常具有启发意义。“减量经营”就是指当时的日本企业界为了适应长期经济低速增长而采取的一些减轻企业经营负担的方法。“减量经营”这个词汇最早出现在1974年11月的一期《日经商业》杂志上，该杂志在一篇文章中提出，以资源高度消耗为代价的经济高速发展时期已经一去不返了，实施“减量经营”才是以后企业的生存之道。《日经商业》的这个提法在日本引起了共鸣，而日本的内阁在向议会所作的报告中也引用了这个说法，从此日本开展了轰轰烈烈的“减量经营”运动。

“减量经营”主要是通过压缩企业人力、财力、物力的消耗，使企业完成集约型的转变，而日本企业以“减量经营”为契机，采取了许多积极主动的措施削减成本，许多高耗能产业积极采取了节能技术，提高了能源利用率。在此基础上，企业通过转变投资方向，积极调整产业结构和产品结构。可以说“减量经营”是日本制造业战后从传统的粗放型经济增长方式向高附加值型经济增长方式转变的转折点。

正是因为日本方面这些有效的应对措施，使日本成功地渡过了第一次石油危机，经济走上了平稳发展的道路。而1978年之后，中东政局出现了动荡，欧佩克再次大幅度提高了石油输出价格，再加上两年之后爆发的两伊战

争，导致中东的石油输出急剧下降，这样，第二次石油危机就开始了。由于日本已经作了如上所述的那些准备，经济没有受到这次危机的太大影响，例如在石油危机最严重的 1980 年，日本的经济增长率达到了 4% 左右，这个水平要远远好于同时期的西欧国家和美国。

石油危机时，日本的经济增长保持在了 5% 左右，这远远高于其他西方国家的 1% ~ 2%，而在 1979 年的时候，日本的国民生产总值突破了 1 万亿美元，这是石油危机之前的 5 倍左右，达到了当时世界第一经济强国美国的一半左右，而人均国民生产总值则与美国差不多，甚至超过了美国，日本许多的工业产品如船只、水泥、电视机、汽车等的生产指标已经超过了美国跃居世界第一位。此外，日本的外汇储备和黄金储备也先后超过美国和联邦德国跃居世界第一位。

由于日本经济的这种出色表现，西方的不少国家开始看到日本在世界经济体系中所处的重要地位，所以 1975 年 11 月举行的首次发达国家首脑会议也邀请日本方面参加，这是日本在战后首次与西欧主要发达国家就全球的主要问题进行磋商，这对于日本来说具有重要的意义，标志着西方的主要国家已经正式认可日本的发达国家的地位。日本的很多历史学家还把这一次事件作为日本彻底摆脱战败国地位的一个标志。

而在 1977 年举行的第二次发达国家会议上，当时与会的各国还提出了所谓的“火车头论”，认为日本、美国和联邦德国是当时资本主义发展的三驾马车，要求当时生产总值占世界 40% 以上的这三个国家要承担起责任，带动全世界经济走出困境。

也许在这时候，许多人就会不自觉地问，日本经济为什么能够在石油危机之后快速地恢复并超过西方主要的国家？日本的经验有没有我们的发展可以借鉴的呢？其实日本经济的重新崛起是由许多原因促成的。首先这是因为长期以来日本注重采用西方社会已经成熟的技术，而且当时日本正赶上了以原子能技术为代表的第三次科技革命，借此机会在引进技术的同时，也注意消化和吸收改进，逐渐从对于西方技术的简单模仿，发展到有了自己独立的技术研发能力。

此外，战后日本的国内环境一直比较好，由于长期得到美国的保护，而且军费负担比较轻，这样就能够集中全国之力发展经济。而日本人中所特有的那种吃苦耐劳的精神也是日本经济崛起的一个重要因素。日本人中工作狂比较多，许多日本人把自己的一生都寄托在了自己的工作之上，对公司非常忠诚。日本的企业之中劳资关系就比较协调，企业的凝聚力也非常强，从而企业能够把全部的精力投入到生产之中去，大大提高了日本企业在国际上的竞争力。这种状况不仅在西方国家是绝无仅有的，即使是在以勤奋著称的亚洲人中都是不多见的，这对于日本经济的发展而言也是一个不可缺少的因素。

日本国内长期以来比较稳定的政治局面也给经济的发展提供了一个政治环境的保障，日本战后长期实行的五五体制，日本的自民党得以长期执政，这就有效地保证了日本经济政策的有效性和持续性，避免了政局的不稳或者政策迭变引起的动荡。而且日本的自民党政府也在石油危机之后，采取了一些合理的经济政策，这方面我们已经在前面提到过了。

正当日本经济重新又搞得如火如荼之时，日本慢慢地进入20世纪80年代末期，在这个时候日本突然发生了一个惊天动地的大事：1989年1月7日，在位长达64年的日本裕仁天皇去世，享年88岁，而日本的年号也由“昭和”变为“平成”，昭和时代正式结束。尽管如此，裕仁天皇无论在位的年限还是年龄，在之前的一百二十个天皇之中都创了一个历史纪录。裕仁去世之后，皇太子明仁即位，这就是明仁天皇。明仁天皇是日本象征天皇制下，第一个通过继承方式担任天皇的。

明仁天皇

明仁天皇即位之后，日本经济持续发展，从此开始了持续50多个月的“平成景气”，这次景气是仅次于20世纪60年代日本经济高速发展之后的第二次经济发展的

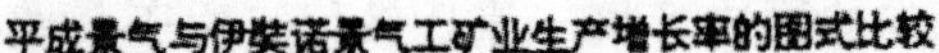

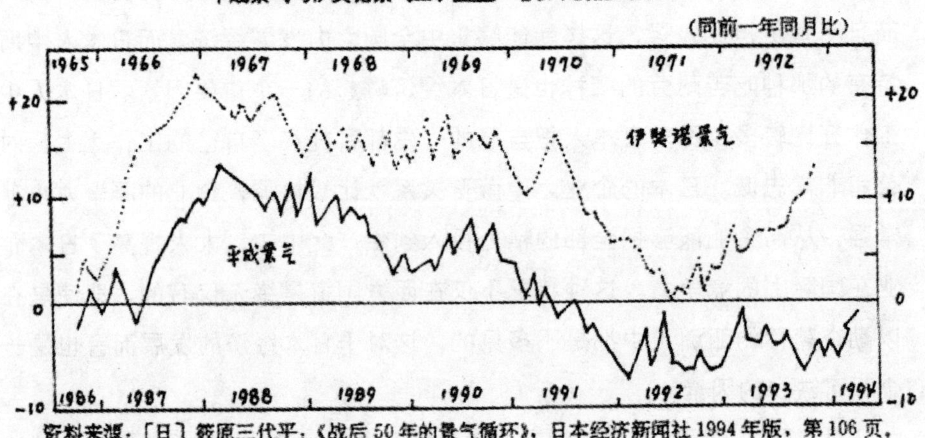

平成景气与伊奘诺景气工矿业生产增长率对比

高潮，这得名于新即位天皇明仁的年号“平成”。正当日本媒体开始欢呼新一轮的“平成景气”到来的时候，日本突然出现了绵亘十余年的经济泡沫时期，一下子“平成景气”变成了“平成不景气”。

所谓“平成不景气”，并不是说日本出现了大萧条而是指日本经济在进入 20 世纪 90 年代之后，当时日本经济的增长率大概是不到 1%，在有的年份如 1992 年，这个数值只有 0.3% 左右，即使是在此后经济最景气的 1996 年，日本经济的增长率也没有达到 4%，日本再也没有出现过以前动辄 5% 以上的经济高速增长，整个国家处于一种奇怪的停滞状态中。日本国民的实际收入水平都有所下降，但是这个下降并没有像之前经济危机那样，给人们的生活和生产带来多大的不利影响。正在日本经济停滞增长的时候，亚洲周边的一些国家和地区开始兴起，而这时候，中国内地经济也如雨后春笋般发展起来，这给经历过几十年经济高速增长的日本人造成了很大的压力和紧迫感。所以，这个衰退显然让争强好胜的日本人无法接受，也给予日本日渐膨胀的政治大国野心一个迎头痛击。

正所谓“成也萧何，败也萧何”，日本在二战后经济之所以能够快速崛起，其中的美国因素不可忽视，但是在日本这一次的经济衰退之中，美国的

因素也发挥了决定性的作用，说来导致这场危机发生的最直接的原因则是日元对美元的升值。

由于石油危机之后，美国长期处于经济萧条的局面，当时美国甚至一度出现了经济负增长，而美国的贸易也出现了大量的逆差和财政赤字。例如，仅 1984 年美国的财政赤字就达到了 1600 亿美元。而当时日本经济比较景气，美国的许多大企业都被日本收购，日本成为美国的最大债权国。此外，美国纽约的标志性建筑曼哈顿的帝国大厦都成为日本企业的囊中之物，以至于当时的美国媒体发出了“日本要收购美国”的惊呼。而美国的白宫也没有闲着，他们利用当时美国人对日本的恐慌，说服国会对日本方面施压，认为美国当时不景气的原因是因为日元在国际贸易中严重被低估，造成了美国对日贸易不平衡，贸易逆差太大，美国方面认为日元必须根据其实际的价值进行重估，也就是日元升值。

1985 年 9 月，美国召集日本、联邦德国、法国、英国五个主要发达国家的财长及央行行长在纽约广场饭店举行会议，在这次会议上各方达成了所谓的“广场协议”，美国希望通过美元贬值来增加产品的出口竞争力，以改善美国国际收支不平衡状况，与会的各国政府同意联合干预外汇市场，使美元汇率下调以解决美国巨额的贸易赤字。

各方达成“广场协议”之后，美元开始大幅贬值，日元兑美元开始大幅升值。日元和美元的比值从 1985 年的 236 日元 :1 美元，到两年以后的 1987 年，这个比率达到了 120 日元 :1 美元，日元升值了一倍左右。日元的升值使以前日本通过对美贸易积累的大量美元化为乌有。此外，日元的升值还导致大量热钱纷纷涌入日本，又进一步推动了日本房价、股价以及土地价格的快速上涨，造成了日本经济的泡沫，但是当日元升值结束之后，这些外资又退出了日本，此后，被人为提高的房价、股价、土地价格就像过山车一样又迅速跌入低谷，给日本的经济造成了重创。

美国通过这个所谓的“广场协定”，成功摆脱了自己身上所背负的沉重贸易赤字，但是日本经济却因为日元的升值，造成了出口产品竞争力的下降，而且日元升值期间涌入的热钱也造成了日本经济的长期动荡。从此之后，

日本走上了十几年的经济衰退期。日本直到今天为止，仍然没有走出这个所谓的“平成不景气”。

“战后政治总决算”与日本政治大国之路

随着日本经济的快速发展，日本成为资本主义世界中仅次于美国的强国，尤其是在20世纪80年代之后，日本经济的总量甚至超过了苏联，从而稳居世界经济强国的第二把交椅。随着日本经济势力的膨胀，日本逐渐不甘心做一个政治的侏儒，长期以来的政治野心也重新开始膨胀，在中曾根内阁时期，日本正式提出了要成为政治大国的设想。

其实早在美军对日本的占领结束后不久，日本就开始通过一系列谈判，谋求摆脱对美国的从属地位，这在美日签订的日美安保体制和新日美安保体制之中都有所体现。随着日本羽翼渐丰，对美国的独立性也在慢慢增强，希望谋求在国际社会上占有一席之地，日本在一定程度上还是取得了成就。例如1956年，日本摆脱压力，与美国的老对手苏联建立了正式的外交关系，日本也借此扫除了进入联合国的一个障碍，从此重返国际社会，日本的政治小国的形象也有所改变。

进入20世纪70年代，田中内阁进一步推行“自主多边外交”，日本进入了外交政策的调整和过渡时期，在这期间尤其值得一提的是，日本抢在美国之前和中国建立了外交关系，这显示出日本在日美之间关系中的独立性逐渐增强。此后日美之间的摩擦逐渐升级，尤其是双方的贸易，甚至可以说在日美关系上日本获得了一定的优势。而在第一次石油危机爆发之后，日本在阿拉伯国家掐断石油命脉的要挟之下，对美国采取了一些疏离的政策。而1973年美国总统福特访日，这是历史上首次美国总统访日，而在之前都是日本的首相去美国访问，给人以强烈的朝觐的感觉，美国总统的这次访日也说明了日本的国际地位有所提升。

进入20世纪80年代，日本政局发生了变化，这也对日本走向政治大国有着直接的作用。1980年，日本国会通过了社会党提出的对大平内阁的不信任案，日本首相被迫解散国会，重新进行选举，但是谁也没有想到在参、众两院大选前夕，大平内阁因为首相大平正芳的突然去世而结束。大平正芳之死戏剧性地使自民党夺回了国会的多数议席，而继任自民党总裁的铃木善幸成为日本的首相，这使社会党成立联合政府的泡影化为乌有。

但是铃木善幸执政时间并不长，他上台之后除了决定继承前任大平正芳的政策，在外交方面以日美安保体制为核心与基轴，增进与亚洲各国的友好关系，并且许诺坚守和平宪法的基本规则，不做给亚洲邻国带来威胁的军事大国。还许诺进行行政和财政的改革，提出了“在不增税的情况下重建财政”的口号，并再三表示“不惜豁出政治生命”来坚决推行改革，由此可见政治改革的决心。但是政治的改革光有热情和决心是不行的，铃木的这个改革因为受到了日本官僚集团方面的阻碍并没有取得效果，眼看改革成为泡影，而自己的许诺又覆水难收，铃木善幸在自民党改选前夕主动放弃了总裁职位。

此后继任首相的是中曾根康弘，而当时中曾根康弘只是自民党内部的一个小角色，他借助于田中角荣以前的势力才得以登上了首相的宝座，而且在中曾根内阁中田中派的人就多达七人，因此这个内阁又被当时日本的媒体戏称为“田中曾根内阁”，俨然有我国东晋时期“王与马共天下”的感觉。因此，当时的日本普遍不看好中曾根内阁，认为他会像自己的前任一样，是一个短命的内阁，但历史老人不是这么认为的，中曾根内阁最终维持了五年，这在战后的日本也算是一个长期内阁了。

中曾根康弘出生在日本群马县一个普通商人家庭，毕业于东京帝国大学法律系，在第二次世界大战中他还一度应征入伍，战争结束后他又开始从政，在自民党成立之后，自民党内一部出现了一个以他为首的中曾根派，这是自民党内部的五大派系之一，但是中曾根派却是五大派系之中势力最为孤单的一派，他是五派首领之中最后一个担任首相的。

与此前的日本首相相比，中曾根是一个比较激进的民族主义者，他不仅

中曾根康弘

作为日本的军人积极参与对外战争，而且即使在日本战败后，他也为日本军国主义招魂。例如，他在参加公众活动的时候经常打着一条黑衣领带，显得非常特立独行，但是据中曾根的说法这个是为“被占领的日本守孝”。而在美军撤出日本之后，中曾根一直鼓吹修改和平宪法，扩充军备，甚至于还像模像样地作了一首《修改宪法之歌》，并在一些狂热军国主义分子之中演唱。而他在担任佐藤内阁防卫厅长官的时候，提出了建立防卫委员会，并且炮制出了所谓的“自主防卫五原则”，这对于日本战后坚守防卫的政策可以说是一个重要的打击。

在中曾根康弘时期日本开始不断挑战之前的和平宪法，例如中曾根内阁就曾经提出了所谓的“不沉航母论”以及“封锁四海峡论”。中曾根上台之后没多久就去美国进行所谓的“朝觐”活动，受到了美国总统里根的接见，里根向中曾根提出日本应该承担更大的防卫任务，里根的话正中中曾根下怀，双方一拍即合。中曾根当即表示，日本将作为一艘防御苏联的不沉的航空母舰，日本方面并打算控制日本周边的四个主要海峡，不使苏联进入这个范围。这个“不沉航母论”以及“封锁四海峡论”经过媒体的报道之后，世界舆论大哗。这个新的提法反映了日本开始慢慢地改变之前专守防卫的军事政策。

中曾根内阁执政时期是日本的一个非常重要的转折时期，例如他还明确地提出了要实行“战后政治总决算”的口号和成为政治大国的目标。“战后政治总决算”是中曾根康弘在 1982 年 12 月的一次自民党会议上提出的，所谓“战后政治总决算”，就是公开向战后的“政治禁区”挑战，力图摆脱日本作为战败国的形象，对于日本战后的基本框架进行重新评估，彻底清算

不适应日本走向国际社会的政治体制和国民意识，改变日本“纯经济大国”的形象，确立走向政治大国的新国家战略。一言以蔽之，所谓的“战后政治总决算”就是为日本走向政治大国扫清道路和创造条件，总决算是手段，政治大国是目的。“战后政治总决算”在具体的实行过程中范围非常广泛，涉及了政治、经济、军事、教育等很多的内容。

1983 年 7 月，中曾根康弘在对他的家乡群马县选民的讲演中，毫不掩饰地提出“要加强日本在世界政治中的发言权，日本不仅要做经济大国，而且要增加日本作为政治大国的分量”。中曾根康弘的这个理论提出之后，受到了全世界的抨击。他迫于国际国内压力，被迫将政治大国的提法改为“国际国家”，但其实质就是要成为政治大国。中曾根康弘所做的这些动作无疑给日本寻求政治大国的道路作了一个铺垫。

中曾根康弘为了实现所谓的“政治大国”目标，可以说是下了很大的力气。在经济方面，为了缓和日益激烈的贸易摩擦，他开始改善日本经济发展的政策，采取了一些经济自由化政策，开放日本市场，降低关税。此外在防卫经费上，他还大胆突破限制，将日本的防卫经费提高到了国民生产总值的 1% 以上，这打破了日本战后长期以来的一个传统。日本还参与了所谓“确保海上交通线”的活动，在海上通道为美国的军舰护航，经过几年的发展，日本的军事装备水平已经达到了西方军事强国英、法、德的水平。此外，日本方面还进一步密切美日同盟，开展所谓的首脑外交，力图树立日本政治大国的形象。值得一提的是日本还努力提高日本的软实力，投入大量的经费用于向国外输出和推广日本文化和价值观，通过改变日本的文化形象来为日本的大国战略服务。此外，中曾根内阁还不断通过措施提高国民的自我认同感，在这个内阁时期，例如根据 1983 年一个舆论调查的结果，日本国民中认为日本是一流国家和日本人要比其他民族优秀的人，比例分别接近 60% 和 70%，日本国民的这种大国意识和优越感为中曾根内阁的政治大国路线提供了坚实的民意基础，正是借助了日本国内的这种民族情绪，中曾根内阁才在普遍不被看好的形势之下得以维持五年。

中曾根康弘虽然提出了所谓的政治大国，但是他的这个说法不是很明确

的，是遮遮掩掩的，其中不论从目标还是从实现的策略和方法上来看都是闪烁其词的，但是中曾根毕竟算是第一个吃螃蟹的人，他为日本的政治大国之路开了一个头儿。中曾根康弘以后，日本的历届政府也都把成为政治大国作为日本的国家战略加以推进。特别是冷战后日本对于政治大国地位的追求更是不遗余力，对 20 世纪 80 年代相对笼统的政治大国战略进行了再定位，提出了相对明确的战略目标。日本方面主要提出两个目标：日本成为在亚太地区起主导作用的国家；使日本在国际上具有同其他大国一样的国际地位和发言权，尤其是日本成为联合国安理会的常任理事国。为了实现政治大国的战略目标，日本不断地调整其内政外交，从经济、政治、军事、外交等多方面采取了一系列的重大举措。进入 21 世纪，随着国内政治生态及外部环境的重大变化，日本追求“政治大国化”目标的意识愈发坚定。在日本成为政治大国的路上，可以说亚太地区是日本外交活动的立足点，而联合国则是日本外交活动的中心。

所以日本在密切加强与亚洲主要国家的关系的同时，还力图成为联合国的常任理事国。联合国的成立主要是二战时期出于抵抗德、日、意法西斯在全世界的疯狂侵略而诞生的，日本作为一个侵略国家和战败国，在战后相当长的时间之内是被排除在联合国之外的，直到日苏之间关系的正常化以后的 1956 年，日本才正式加入联合国。随后不久，日本外务省发表《外交蓝皮书》，提出了“以联合国为中心”的外交政策，并把这个战略作为与“与自由主义各国（资本主义国家）相协调”，以及“重返亚洲，做亚洲一员”的外交政策相并列作为日本外交的三大支柱。

在中曾根提出政治大国的战略之后不久，日本社会就萌发了成为安理会常任理事国的想法。尤其是进入 20 世纪 90 年代，国际格局发生重大变化，东欧剧变，苏联解体，世界朝着国际化方向发展的趋向越来越明显。日本政府认为这是日本成为政治大国的一个千载难逢的好机会。机不可失，时不再来。想要成为多极化社会中的重要一极，日本就必须在世界上最有权力的国际组织——联合国争取更大的发言权和地位，那就是成为安理会常任理事国。为此，日本在海部俊树内阁时期，于 1990 年向国际社会表达了要求成

为联合国安理会常任理事国的愿望，不久，日本又把这个愿望上升为日本的一个重要外交政策。而在 1991 年 9 月举行的联合国大会上，日方代表正式提出日本方面要求成为安理会常任理事国，为国际社会贡献更大的力量。日本将联合国作为提高本国国际地位的重要舞台，把成为联合国安理会常任理事国作为其实现“政治大国”的标志。

日本也认识到一下子成为安理会常任理事国也不现实，日本提出了一些所谓的渐进措施。为此，日本凭借其雄厚的经济实力，大力向联合国提供资金的支持。据统计，早在 20 世纪 80 年代，日本就已经成为仅次于美国的联合国第二大财政负担国，对于联合国会费的分担比例达到了 14% 左右。此后不久，日本又提出要进一步提高分担比例，好为自己挣得面子，以谋求联合国对日本入常开绿灯，从而在联合国的改革中占得先机。

按照规定，联合国安理会由五个常任理事国和十个非常任理事国组成。为此，日本还不断地竞选联合国非常任理事国，以便尽可能长时间地留在安理会内，参与国际事务的决策。经过多年的外交努力，到 2011 年为止，日本先后十次担任联合国安理会非常任理事国，日本是迄今为止当选安理会非常任理事国职位最多的国家。

在作好了一系列的初步准备之后，日本感觉时机已经成熟了，就多次在联合国大会上提出对联合国进行机构改革，尤其是要求取消“敌国条款”，所谓“敌国条款”就是联合国宪章当中这样的一个规定：如果在第二次世界大战中与盟国为敌的国家（德、日、意等法西斯国家）再次发动侵略，联合国成员国无须经安理会批准即可使用武力予以制止。日本政府认为“敌国条款”是对日本的一个歧视，这令日本感觉在国际社会上始终低人一等，始终摆脱不了战败国的阴影。在日本的活动之下，尤其是日本通过一系列对联合国多数的成员国，或者经济援助或者收买的政策之后，1995 年 12 月，联合国大会经过投票取消所谓“敌国条款”的议案，日本人取得了一个阶段性的成果。

在此基础上日本正式提出：把成为安理会常任理事国提到具体的外交日程之上。日本取得了美国支持之后，拟定了有关改组安理会构成的方案，

主张按对联合国贡献财力的程度分配权力，而当时日本已经是联合国的第二大财政负担国，按照这个办法日本进入安理会常任理事国自然是顺理成章的了。

直到目前为止，日本仍然没有进入常任理事国，而且在可以预见的将来日本也无法进入联合国常任理事国的行列。这是由目前的联合国权力分配体制和国际形势决定的。因为按照联合国的章程，日本想要加入联合国必须迈过两个主要的门槛，那就是获得现在五个常任理事国的一致认可，确保没有国家在这个问题上动用否决权；日本还必须获得联合国大会三分之二以上国家的投票赞成。然而，目前五大常任理事国中对日本明确表示支持的只有美、英，而其他几个常任理事国则认为日本长期以来追随美国，不具有政治的独立性，他们对于日本入常都持有异议。即使是明确表示支持日本入常的美、英等国也不是真心的，他们不过是出于盟友的关系，说的漂亮话罢了。此外，日本要成为常任理事国还需要得到联合国成员国中三分之二以上的通过，这对日本来说简直是一个不可能完成的任务，许多发展中国家都在二战中饱受日本侵略之苦，对日本进入安理会常任理事国持有戒心，例如韩国就多次在公开场合表示反对。

其实不仅是在入常问题上阻力重重，而且日本想要在新世纪成为一个在国际上发挥更大作用的国家所面临的困难也必然是很多的。在现在这种国际形势之下，日本想要分一杯羹，就需要在全球范围内实行权益的重新划分，它不能不触动各方面的既得利益，受到各种因素的制约，这些制约因素不只是来自国际上的阻力，而且也主要来自于日本方面自身的态度和实力。

首先，日本经历了持续不景气，经济上的实力受损，正所谓经济基础决定上层建筑，这就不可避免地对日本的外交政策产生一定的不利影响。最近以来，日本内阁频繁更迭，每一届内阁的持续时间都不长，各个内阁在上台之后大多处于一种疲于应付的状态，无暇处理日本的外交政策，这就影响了日本外交政策的连贯性和有效性。此外在战后制定的和平宪法，对日本成为联合国安理会常任理事国也有着一定的限制作用，这个宪法当时出于防止日本军国主义死灰复燃的目的，对日本进行了诸多的限制，日本想要成为政治

大国还必须进行宪法改革，这方面的阻力也非常大。

在国际上，日本成为政治大国的最大阻力来自于曾经在第二次世界大战中遭受日本侵略的周边国家。日本历届政府出于各种需要，长期以来无法正确地看待历史，不但没有彻底清算对亚洲国家发动侵略战争所犯下的罪行，反而参拜靖国神社，修改历史教科书，妄图抹杀日本侵略的历史，这严重刺激和伤害了周边国家的感情，也使人们对日本走上政治大国抱有戒心。日本在这一方面与战后的德国形成了鲜明的对比，德国在战后不仅向遭受侵略的国家积极支付战争赔款，而且德国总理在波兰面对曾经遭受自己屠戮的人民长跪不起，这跟日本文过饰非的态度有着天壤之别！正是因为这个原因，日本扩充军事力量自然也会引起周边国家的高度警惕。

总之，自从日本首相中曾根康弘提出了实现“世界政治大国”的国家战略目标之后，日本采取了一系列重大举措，以加速成为政治大国的进程，日本这些政策也收到了不错的效果，现在日本已是世界政治中一支重要的政治力量。但是日本要想成为政治大国将会困难重重，日本的政治走向越来越受到人们的关注，日本以后的走势如何，我们就只有拭目以待。

六 危机再起

——应对新世纪的挑战

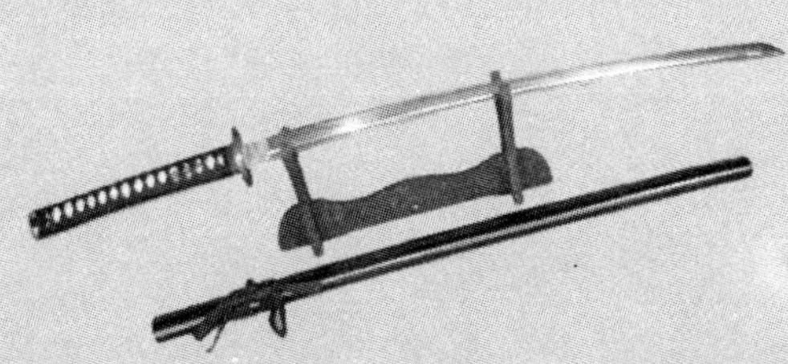

时光荏苒，岁月如梭，转眼间日本投降已经超过一个甲子了。而20世纪90年代以后，日本高速发展的经济增长已经难以为继，日本经过短暂的经济复苏，又进入新一轮的经济衰退期。在这期间，随着日元进一步的升值，日本的泡沫经济大崩坍，经济陷入了长期的停滞阶段。与此同时，随着日本首相参拜靖国神社和教科书事件，日本国内的军国主义出现死灰复燃的苗头，右翼势力开始抬头。这些不仅使日本发展前景堪忧，也给亚太地区的局势笼罩上了一层阴影。

日经平均指数最高点和泡沫经济的来临

经济学上有一个俗语，就是股市是一个国家经济发展的晴雨表，一个国家股市的波动在很大程度上能够反映这个国家经济状况的好坏，所以世界上不少国家的金融机构利用自己的业务知识和熟悉市场的优势，编制出反映股票市场变动情况的指数，并在社会上公开发布，作为市场价格变动的指标。不仅大多数的投资者据此预测股票市场的动向，检验自己投资的效果，而且舆论界乃至政界领导人等也以此为参考指标，来观察和预测社会发展形势。世界上比较著名的股市指数有美国的道·琼斯指数，英国的《金融时报》股票价格指数和香港的恒生指数等，而对日本来说这个晴雨表就是日经平均指数。

“日经平均股价指数”又名“日经225”是由日本经济新闻社编制公布的反映日本东京证券交易所225种股票价格变动的股票价格平均指数。该指数的前身为在美军占领时期1950年9月开始编制的“东证修正平均股价”，进入20世纪70年代，随着日本经济的蓬勃发展，日本迫切需要一个更为科学的股票指数，而这时候负责编制日本经济指数的日本新闻社留意到了美国在股市这方面的专家道·琼斯公司，他们

东京证券交易所

认为道·琼斯公司的计算方法非常成熟和先进，于是在 1975 年正式采用修正的美国道·琼斯公司股票价格平均数的计算方法计算日本股市波动，并将其所编制的股票价格指数定为“日本经济新闻社道·琼斯股票平均价格指数”。在十年之后，随着双方合同期满，日本新闻社又将这个指数改名为“日经平均股价指数”。

自从日本新闻社第一次发表指数，随后日经指数一直处于一种不瘟不火的状态。这个状况一直没有发生太大的改变，一直到了 20 世纪 80 年代，当时刚刚爆发了第二次石油危机，西方主要国家的经济发展都处于一种滞涨的局面，而这时候日本由于在第一次石油危机之后及时地调整生产结构，所以并没有受到这次危机的太大影响，日本经济仍然保持了非常快的发展速度，经济发展速度达到了 5% 左右，而这正是在其他发达国家都逐渐萧条的时期。全世界经济对日本的预期比较好，每年都有许多的投资涌入日本，所以日本的股市大涨，终于在 1984 年初首次冲破 10000 点。

冲破 10000 点之后，日经指数并没有下降的趋势，从此日本的股市走上了长达五年的牛市行情，即便在号称“黑色星期一”的 1987 年 10 月 19 日全球股市暴跌的时候，日本也没有受到太大的影响，仍然在有条不紊地持续升高，终于到 1989 年 12 月 29 日，日经平均指数到达其历史最高点 38915 点，是 1984 年的近四倍，股票市场总市值上涨到 611 万亿日元，东京股市一度成为仅次于美国纽约的第二股市。这时候的日本整个儿处在一种空前的繁荣情绪之中，日本人甚至开始做起了世界第一大国的美梦，当时的日本人都在算计按照这个速度什么时候日本就可以取代美国在世界上的地位。

当时日本一家著名报纸在采访了十多个大集团的企业家之后，乐观地预测，按照这个速度下去到 1990 年时，股价将持续上冲突破 50000 点。但是希望越大，失望就越大，进入 20 世纪 90 年代，日本的股价指数不但没有像预期的那样一路高歌，反而是大大缩水。1990 年 10 月 1 日，日本股市暴跌至 20221.86 点，不到一年时间日本股市暴跌了 48%，而日本股市总市值也蒸发了差不多 270 万亿日元以上。这次股市暴跌的影响很快就超出了股市的范围，股票的下跌也引起海内债券市场的恐慌，抛售股票、债券的资金迅速流向海外，日本金融市场秩序大乱，此后这个事件又在日本造成了大恐慌。不久之后，日本的房地产也开始暴跌，暴跌的股价和房价使居民持有的金融资产价格严重缩水，这又导致消费信贷压缩，居民花费锐减，日本内需不足，日本经济发展的动力又不复存在了。此后日本经济陷入长达十几年的萧条时期，一直到今天为止，日本的经济也没有走出这次困境。这次由于股市波动引起的日本经济危机使日本损失惨重，元气大伤，其严重程度在日本历史上仅次于20世纪二三十年代席卷全世界的那次大萧条。

此后日本股市一直处于下跌的状态。2003年4月，日经指数跌至了7607.88点，2008年10月，日经指数最低下探至6994点，这是自1984年以来的最低点。尽管近年来日本经济呈现复苏迹象，但日本股市目前也不过在16000点左右徘徊，连1989年的一半都不到。

关于日本的这次股市泡沫，不少经济学家认为主要是因为日本的盟友美国以邻为壑的政策造成的。20世纪80年代以后，日本经济在全世界的普遍萧条中一枝独秀，其出口贸易仍然保持了惊人的增长，日本贸易顺差不断激增。例如，仅在1985年日本的贸易顺差就达到了惊人的504亿美元，从二战初期的美国债务国一跃成为美国最大的债权国。与此同时，美国经济陷入

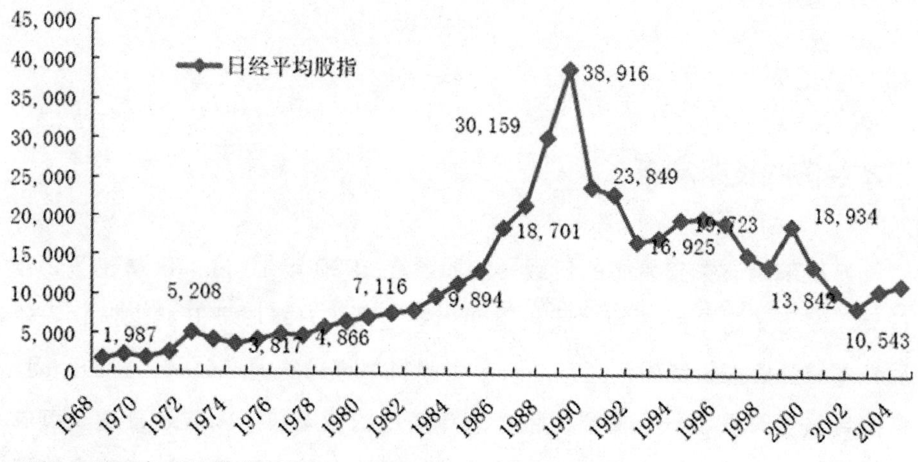

1968—2004年日经指数走势图

困境之中，美国认为自己的问题是出在与日本的贸易逆差太大，而逆差大的原因在于日元被低估了，为了保持日美贸易的平衡，日元必须升值。在美国不断的压力之下，日本被迫退让。1985 年 9 月，美英法德日五个主要发达国家一致达成了所谓的“广场协议”，日本被迫实行日元升值政策，随后日元兑美元的比率一路飙升，在不到两年的时间里，日元兑美元上升了近一倍。

日元升值之后，对美国来说目的是达到了，但日本产品的竞争力却被严重削弱，日本的出口贸易严重萎缩，日美贸易差额缩小，不少的美国企业因此而恢复了生机。为了应对日元的急速升值对国内出口产业的打击，日本政府决定改变传统的出口型贸易的路子，开始从国内寻找经济发展的动力，为此日本开始实行积极的金融政策，连续五次下调贴现率和银行利率，旨在通过增加投资和消费扩大内需。在这种低利率政策的作用下，货币供应量不断增大，形成了过剩的流动性资金，这些资金大量流入房地产和股票市场，造成了房市和股市的虚假繁荣，这为日本后来股市的崩溃埋下了隐患。从以上可以看到，日经指数的暴涨暴跌都与美国的政策息息相关，历史总是惊人地相似，今天的中国也像昨天的日本一样，成为美国的最大债权国，今天美国也在借助于贸易逆差向中国施压，逼迫人民币实行升值战略，大量向中国市场注入货币，我们应该对美国这个转嫁危机的算盘要有所警惕。

日本经济的长期停滞

自从东京证券交易所的日经平均股价在 1990 年 10 月 1 日跌破了 2 万日元，经历了这个所谓的“黑色星期一”之后，日本股票开始泡沫化。随后日本的企业大量倒闭，尤其是一个名叫料亭惠三的地产公司企业的倒闭，直接导致当时日本一个重要的银行东洋信用的金库破产，这是日本股市危机之后第一家倒闭的银行，这打破了“银行不会破产”的神话，日本的泡

沫经济宣告崩溃了。日本股市的泡沫化后来导致整个日本金融市场的崩溃，进而影响到日本的整体经济形势，从而终结了日本经济几十年高速增长的局面。

泡沫经济崩溃后，日本经济出现了非常大的问题。首先，日本金融受到股市泡沫的影响。股市泡沫之后，日本的大批企业倒闭，这些企业倒闭之后，它们之前忙于扩大投资时向银行预借的贷款就无法还上，随之而来的是银行不良债权的大量增加，银行坏账率的增多。据统计，仅在1992年9月，日本三家重要银行的不良债权和贷款就分别增加到12万亿日元，之后日本银行的不良债权就一直是不断增加的趋势。

除此之外，日本生产上也出现了问题。由于之前日本银行调低了利率，许多日本普通百姓看到把钱存在银行无利可图，便把大量的资金注入股市和房地产产业之中。但是由于股市的泡沫化，这些资金大部分随着股市的大跌被蒸发了，这样一来，日本国民被迫紧缩消费开支，所以又造成了日本国内的内需不足。内需的不足就造成了生产的过剩。在此期间，日本经济出现了三大过剩，分别是生产过剩、房地产过剩和人员过剩。1992年的时候，日本国内的生产制造业同发生股市泡沫之前相比，下降了接近20%；这一年，日本工厂的开工率就下降到了第一次石油危机爆发以来的最低水平。此外，由于经济的不景气，房地产也严重过剩了。在泡沫经济崩溃后，由于企业经营规模和事业领域的缩小，企业出现了人员过剩的局面，大量的工人失业进一步加剧了经济危机的严重程度。

由于泡沫经济崩溃及其后遗症的影响，日本经济陷入了长期的萧条时期。这个萧条时期从1990年3月开始一直持续到1993年10月，长达42个月。尽管1993年10月之后日本经济萧条的局面结束了，但是经济的复苏却十分乏力。从1993年10月之后，日本经济的增长率平均不到2%，而与此同时，在亚洲，中国大陆的经济增长率却超过8%，亚洲其他国家或地区的增长率也远远高于日本。这样一来，日本经济实力就相对被削弱了，其经济在亚洲经济的比重开始有所下降。

从1997年开始，随着亚洲金融危机的来临，日本经济再次进入衰退阶

东京证券交易所大厅

段。在随后的两年，日本经济居然出现了负增长，这种情况在战后的日本是绝无仅有的。总之，在 20 世纪的最后十年，日本失去了往日的辉煌，是日本战后最为萧条的十年，而在此之前近三十年，日本一直是世界经济的优等生。在这十多年间，日本年均实际经济增长率只为 1.0% 左右，而在投资方面一直处于一种负增长的境地；企业生产能力和国民生活水平基本上没有什么提高。相比之下，随着电子科技尤其是 IT 产业的兴起，美国的科技研发优势得以重新体现，其经济重新焕发了生机。从 1991 年 3 月起一直稳定而强劲地扩大，到 2000 年 9 月，景气扩大已持续了 115 个月，年均经济增长率为 3.2%，这个水平一直处于发达国家的最低水平。另外，西欧等国的经济发展状况也都明显地好于日本。这样，日本就沦为发达国家中经济发展水平最低的国家之一，20 世纪 80 年代日本被誉为世界经济火车头的时代已经一去不返了。

进入 21 世纪，日本经济停止了负增长，得到进一步的复苏，在 2000

年，日本的经济增长率达到3%。然而仅仅过了一年，日本经济又再次陷入危机，这一年经济增长率仅为0.2%，差一点就成了零增长。从2002年开始，日本终于再次获得了经济的复苏，随后的五六年中，日本经济一度达到了1.5%左右的增长率；这次景气从2002年2月开始，到2007年已持续了65个月，超过了此前日本历史上最为著名的三个景气时代：岩户景气、伊奘诺景气、平成景气，成为战后以来持续时间最长的景气。这次景气在增长的幅度上，虽然无法与此前的几个著名景气相提并论，但是与20世纪90年代的年均1%的增长率相比明显提高。

日本经济的这次景气复苏主要是东亚经济特别是中国经济增长带动的，由于中国经济持续发展，国内的需求急剧增加，需要大量的进口，而日本则借此实现了出口增加并以此带动了景气复苏，其中从2002年到2005年这几年，日本对华出口分别增加了34.3%、33.3%、20.5%和10.6%。由于当时中国旺盛的国内需求，日本在这几年间的生产也呈现出一派繁荣的景象。

然而，进入2008年，由于受国际金融危机的影响，日本经济再次出现负增长。历史进入了2010年，在这一年，日本经济在世界经济中所处的地位发生了翻天覆地的变化，日本已经不再是世界第二大经济体，它原来的地位已经由中国取代。根据国际货币基金组织的数字，2010年日本GDP为5.39万亿美元，而中国的GDP为5.75万亿美元。

屋漏偏逢连夜雨，正在日本失去了保持达几十年之久的世界第二经济大国地位的时候，2011年3月11日，日本近海发生了罕见的里氏9级的强震，地震引发的海啸冲击了大批地区和基础设施，这次严重的自然灾害已经造成了上万人死亡。而且日本最大核电站也是世界上最大的核电站——福岛核电站出现了核原料泄漏。这次核泄漏是自苏联的切尔诺贝利核电站事故以来最为严重的一次。根据相关专家的检测，这次核泄漏已经严重影响了核电站周边居民的生产和生活，有不少国家出于为自己国民负责的考虑，对部分原产自日本的产品实行了禁运，这沉重地打击了人们对当前日本经济形势的信心。

日本啊日本，你要向何方？

二战后，日本经过几十年的经济发展，已经成为一个举足轻重的世界经济强国。随着日本经济实力的增强，日本人心中的“大国意识”开始膨胀，由于战后美国出于一己私利，并没有对日本军国主义势力进行彻底的清算，在这种情况之下，日本的右翼势力死灰复燃，而在右翼势力的作用之下，日本政府渐渐显得无所适从，甚至有不少的日本内阁首相还作出了一些伤害亚洲邻国的事情。

日本战败之后，美国出于各种目的在相当长的时间内一直占领着日本，并且在日本进行了非军事化和民主化的改革。当时为了防止日本军国势力重新崛起并构成对美国和其他周边国家的威胁，日本在当时盟军最高司令部监督之下制定了一部新的宪法，这一部和平宪法对日本军备和其他的一些情况都进行了限制，尤其是日本宪法的第九条明确规定：日本“永远放弃以国家权力发动的战争、武力威胁或武力行使作为解决国际争端的手段。为达到此目的，不保持陆海空军及其他战争力量，不承认国家的交战权”，正因如此，这部日本宪法又被称为和平宪法。自从这部新宪法诞生以来，日本的右翼势力就不断地对它搞一些破坏活动，他们多次要求更改日本宪法，使日本成为正常的国家。在 20 世纪 80 年代之前，由于右翼势力受到了日本爱好和平的人们的抵制，所以并没有形成一个有影响的风潮。20 世纪 80 年代之后，随着日本经济的发展，不少日本的政治家和国民萌发了成为政治大国和军事大国的愿望，日本右翼势力重新赢得市场，再次掀起所谓的“改宪风潮”。

这次“改宪风潮”的直接起因是 20 世纪 90 年代初的海湾战争，在这次战争中，日本很多右翼分子看到了西方的盟国在海湾战争杀得很起劲，而作为盟国的日本却由于宪法第九条的规定不能向外派遣军队，所以日本没法参与这次轰轰烈烈的海湾战争，只有在旁边老老实实给美军提供资金的份。对此日本政界的不少人心生不满，例如当时自民党内部的有个高官就提出为了给世界和平作出更大的贡献，日本就必须向海外派兵，因此就有必要修改和

平宪法的第九条，此外还有其他的不少自民党高层都发表了类似的看法。这些位高权重的自民党高层的言论，一下子在日本右翼分子心中产生了共鸣，他们趁机把这个所谓的修宪活动风风火火地搞了起来。

此后的一段时间，随着日本政局的动荡和改组，日本进一步走向了“保守化”，日本主要的在野党——社会党内部也因为宪法的问题分为两个派别，此外日本还出现了一个以修改和平宪法为目的的日本新党。从此之后，作为战后日本基石的宪法不再是一个不可以讨论的问题了，越来越多的人对和平宪法提出了质疑，这也许是日本走向右翼化的一个重要标志。亚洲的周边各国应该对此有所警惕。

此外，日本右翼势力崛起还有一个表现，就是最近日本总有不少人站出来否认日本侵略的历史。例如20世纪80年代，就有日本的政治家站出来说：“南京大屠杀是捏造的，大东亚战争不是侵略战争……而是可以被允许和正当的。”还有日本官员表示，日本的战争是一个解放战争，它解放了被西方侵略者压迫的亚洲人民，等等。20世纪90年代，日本当时很有影响的媒体《财政界》登载“重新思考昭和之战”一文，提出日本应当从东京审判这种“定罪史观”中摆脱出来，“重新思考那次战争的意义”，这句话虽然说得比较隐晦，但是日本右翼势力为日本侵略翻案的野心昭然若揭。更有甚者，1996年11月28日，日本执政党——自民党外交调查会和外交部会决定要求外国国家元首和政界要人参拜靖国神社，那里面供奉着东条英机等第二次世界大战甲级战犯的牌位，而前首相日本小泉纯一郎甚至多次参拜靖国神社，就在前不久还有一个日本自卫队的军官公开宣扬侵略战争，为日本军国主义招魂。

此外，日本右翼势力还突出表现在现在日本的右翼组织众多，活动猖獗上。据日本警方2000年的统计结果，日本的右翼团体数约为900个，总人数约10万人，已接近战前右翼势力发展的顶峰时期。这些右翼分子十分猖狂地叫嚣要“打倒雅尔塔和波茨坦体制”，对内主张“废除占领宪法（现行和平宪法）”；对外则鼓吹排外主义和极端民族主义，要求日本政府推行强硬的外交政策。这些右翼分子不仅仅是满足于理论，他们还不断地抓住任何一个机会

来宣传自己并打击正义人士。例如这些右翼分子就曾多次威胁和打击正义人士，甚至于不惜采用一些暴力和暗杀的手段。

总之，近年来日本右翼势力十分猖狂。日本右翼势力猖獗的非常重要的一个原因就是，长期以来，人们一直没有对日本军国主义进行彻底的清算。例如作为日本最大战犯的日本天皇一直逃脱了被惩罚的命运，这也说明日本的民主化改造迄今为止并没有完成，日本民主的进程任重而道远。日本右翼势力的崛起不仅不利于亚太地区的稳定，而且也不利于日本成为所谓的政治大国。

图书在版编目（CIP）数据

你早该这么读日本．2 / 郝雍著．—长沙：湖南文艺出版社，2012.6
ISBN 978-7-5404-5566-8

Ⅰ．①你…　Ⅱ．①郝…　Ⅲ．①日本－历史－通俗读物
Ⅳ．① K313.09

中国版本图书馆 CIP 数据核字 (2012) 第 080337 号

上架建议：通俗历史

你早该这么读日本 2

作　　者：郝　雍
出 版 人：刘清华
责任编辑：丁丽丹　刘诗哲
监　　制：伍　志
特约编辑：王可飞　于向勇
封面设计：崔振江
版式设计：王可飞
出版发行：湖南文艺出版社
（长沙市雨花区东二环一段 508 号　邮编：410014）
网　　址：www.hnwy.net
印　　刷：三河市鑫金马印装有限公司
经　　销：新华书店
开　　本：787mm × 1092mm　1/16
字　　数：260 千字
印　　张：18
版　　次：2012 年 6 月第 1 版
印　　次：2012 年 6 月第 1 次印刷
书　　号：ISBN 978-7-5404-5566-8
定　　价：29.80 元
（若有质量问题，请致电质量监督电话：010-84409925）